उत्ताल उमंग

सुभाष घई की फिल्मकला

उत्ताल उमंग

सुभाष घई की फिल्मकला

प्रहलाद अग्रवाल

राजकमल प्रकाशन
नयी दिल्ली इलाहाबाद पटना

मूल्य : 295 रुपए

प्रथम संस्करण : 2007

प्रकाशक : राजकमल प्रकाशन प्रा. लि.
1-बी, नेताजी सुभाष मार्ग, दरियागंज
नई दिल्ली-110 002

शाखाएँ : अशोक राजपथ, साइंस कॉलेज के सामने, पटना-800006 (बिहार)
पहली मंजिल, दरबारी बिल्डिंग, महात्मा गांधी मार्ग, इलाहाबाद-1

website: www.rajkamalprakashan.com
email: info@rajkamalprakashan.com

आवरण-आकल्पन, ग्राफिक्स
एवं लेजर टाइपसैटिंग : उज्ज्वल अग्रवाल, सतना (म.प्र.)

मुद्रक
बी.के. ऑफसेट
नवीन शाहदरा, दिल्ली-110 032

Uttal Umang : Subhash Ghai ki Filmkala (Film)
by **Prahlad Agarwal**

ISBN : 978-81-267-1404-9

तीसरी पीढ़ी की प्रथम मुक्तामणि

मेधा

के लिए

जो जितेन्द्र-नम्रता के जीवन को आलोकित करे

इस शुभकामना के साथ

हजार बार ज़माना इधर से गुजरा है
नई-नई सी है कुछ तेरी रहगुज़र फिर भी

अनुक्रम

कहना चाहिए कि सुभाष घई की फिल्मकला पर यह किताब श्री अशोक महेश्वरी के विराट आग्रह का ही सुफल है। उनके प्रोत्साहन के बगैर शायद यह कभी नहीं लिखी जाती। सुभाष घई पिछले तीन दशक से सृजनरत हैं। एक नाचीज से शुरू हुई उनकी रचना-यात्रा शिखर-संधान करते हुए आज भी जारी है। 'कालीचरण' की शुरुआत का अनजाना व्यक्तित्व हिन्दी सिनेमा में एक प्रतिमान की तरह स्थापित हो चुका है। इस तरह कि उसकी कठोरतम आलोचना भी की जा सकती है लेकिन उपेक्षा नहीं। आज सुभाष घई एक विशाल कारपोरेट साम्राज्य के शीर्षपुरुष हैं। उनकी निर्माण संस्था के अन्तर्गत अनेक फिल्मकार फिल्में बना

रहे हैं। फिल्म निर्माण से सम्बन्धित अनेक उपक्रमों के वे मालिक हैं। उन्होंने अपनी पिछली कई फिल्में खुद ही प्रदर्शित की हैं और अब वितरण व्यवसाय में भी प्रवेश कर चुके हैं। उनका इरादा फिल्म निर्माण से सम्बन्धित प्रशिक्षण देने वाला एक विराट संस्थान भी आरम्भ करने का है, कहा जाता है कि जिसकी सारी तैयारियाँ पूरी कर ली गई हैं। पर हमारे लिए या कहना चाहिए कि सिनेमा के आशिकों के लिए सबसे बढ़कर महत्व का उनका फिल्मकार व्यक्तित्व है जिसने उन्हें लाखों दिलों की चाहतों में शामिल किया है। हमारी यह किताब सुभाष घई के फिल्मकार व्यक्तित्व से ही मुखातिब है जिसका हमसे पिछले तीन दशकों में लगातार प्रगाढ़ सम्बन्ध बनता चला गया। फिल्मकार और दर्शक के बीच का ऐसा रिश्ता जहाँ किसी मध्यस्थ की गुंजाइश नहीं होती। जहाँ किसी फिल्मकार के काम का आकर्षण उसकी सफलता-असफलता से बढ़कर होता है। 'यादें' और 'किसना' हमने तब देखी जब वे असफल घोषित हो चुकी थीं। हमने कभी कोई फिल्म उसकी आलोचना या समीक्षा करने की दृष्टि से नहीं देखी। सिनेमा देखना हमारे लिए आनन्दोत्सव है। हमने पचासों वे फिल्में जिन्होंने टिकिट खिड़की पर घनघोर निराश किया एकाधिक बार देखी हैं।

'कर्ज' से 'खलनायक' तक सुभाष घई ने यह कभी जाना ही नहीं कि असफलता किसे कहते हैं। यूँ यह शुरुआत तो 'कालीचरण' से ही मानी जानी चाहिए। यह नहीं है कि 'कर्ज' से 'सौदागर' तक उन्होंने एक से बढ़कर एक महान फिल्में बनाई थीं। यह कि 'कालीचरण' से 'सौदागर' तक उनकी फिल्मों में लगातार वह तत्व मौजूद होता था जिनसे बुद्धि निराश होकर भी बेहतर पाने की उम्मीद नहीं छोड़ती थी। खूबसूरती और बदसूरती के द्वंद्वात्मक तिलिस्म को माधुर्य रस में घोलकर परोसने में वे माहिर हैं ही, सो उनकी फिल्मों के साथ दर्शकों की संलग्नता बनी रहनी स्वाभाविक है। उनकी फिल्मों से दर्शक ठगा गया महसूस नहीं करते। या कहें कि ठगे जाकर भी ठगा महसूस नहीं करते। आज टिकिट खिड़की पर अपनी दो निर्देशकीय असफलताओं–'यादें' और 'किसना'–के साथ सुभाष घई एक खूबसूरत मुकाम पर खड़े हैं। वह मुकाम जो हर बड़े फिल्मकार की जिन्दगी में–और फिल्मकार ही क्यों हर फनकार की जिन्दगी में आता ही आता है, जहाँ उसे खुद ही खुद को खारिज करना होता है। जो नहीं कर पाते वे वी. शांताराम और देवानन्द की तरह अपने अतीत राग को स्वयं-सम्मोहक चोला पहनाते रहते हैं या फिर राजकपूर की तरह 'जिस देश में गंगा बहती है' के आदर्श को 'राम तेरी गंगा मैली' में उलटते हैं। यह काम उनके ही सुपुत्र रणधीर कपूर उनसे बहुत पहले 'आवारा' को 'धरम करम' में उलटकर कर चुके थे। पर वे सफल नहीं हुए

इसलिए कि उन्होंने राजकपूर का अनुकरण करने की कोशिश की थी। और राजकपूर इसलिए सफल हुए क्योंकि उन्होंने खुद को नई पीढ़ी की नजर से 'बॉबी' में ही देख लिया था। वह आदमी 1973 में इक्कीसवीं नहीं, बाईसवीं सदी की लड़की की बात कर रहा था। राजकपूर 'मेरा नाम जोकर' के बाद बेगाने समय में रचना कर रहा था। वह इस तेज रफ्तार को अपने बेटों की पीढ़ी की आँखों से देख रहा था। अपनी यादों पर मरता था और यौवन के सपनों पर जीता था। यह हमारा सौभाग्य है कि स्वर्णयुग की त्रिमूर्ति की दो मूर्तियाँ–दिलीप कुमार और देव आनन्द–आज भी हमारे साथ मौजूद हैं। पर राजकपूर भी अपने सिनेमा की शक्ल में कहीं गहरी शिद्दत से मौजूद है, बेशुमार युवा फिल्मकारों के प्रेरणास्रोत की तरह भी।

सुभाष घई भी आज बेगाने समय में अपनी फिल्में बना सकने की जद्दोजहद में हैं। इस समय वे अपनी निर्माण संस्था के अन्तर्गत अनेक नए-पुराने मनोरंजनवादी और कलाप्रेमी सभी क़िस्म के फिल्मकारों को अवसर दे रहे हैं। एक्टर बनने की चाहत, जिसने खुद एक्टर बनाए भी, अब अनेक नए-पुराने फिल्मकारों की सरपरस्त शख्सियत बन रही है। पर इन सारे तिलिस्म की जड़ में वही जादू है जिसे दर्शक सुभाष घई को जगाते हुए देखना चाहते हैं। शांताराम पुतलों को खड़ा कर अद्भुत रचनाएँ कर डालते थे। सितारों के नखरे उन्हें कभी सहन नहीं हुए। उन्होंने हर बार धारा के विरुद्ध बहकर अपने वर्चस्व को प्रमाणित किया। उन्होंने रोजगारी कही जाने वाली सफलताओं से भी अपने चरण-चुम्बन कराए। वे 'के'अक्षर के अंधविश्वास जैसे टोटकों और न्यूमरोलॉजी से परिचालित होकर नाम की स्पैलिंग बदलने वाले और गंडा-ताबीज सुमरने वाले आधुनिक पुरुष नहीं थे। अमावस्या के दिन भी अपनी फिल्म का मुहूर्त करने से न हिचकने वाले मेहनतकश थे जिनका गीता-रामायण पर मत्था टेकने में नहीं, उनके द्वारा दी गई 'कर्म के नैरन्तर्य' की नसीहत में यकीन था। दरअसल उनकी फिल्मों का मुहूर्त और प्रीमियर होता ही नहीं था। काम की और प्रदर्शन की शुरुआत होती थी। शांताराम से बड़ी व्यक्तित्वस्वरूपा संस्था हिन्दी सिनेमा में कोई दूसरी नहीं। इसे कमल हासन में जरूर देखा जा सकता है लेकिन हिन्दी के कमल हासन में नहीं।

सुभाष घई का सिनेमा स्वर्णयुग के सिनेमा के साथ जुड़ी हुई एक कड़ी ही है। वह अपने समकालीन फिल्मकारों से नितान्त भिन्न है। एक पुरजोर कोशिश है यह जादू जगाने की जिसने सुनहरा दौर खड़ा किया था। सुभाष घई ने एक निर्देशक के रूप में जब पहली दस्तक दी तब निर्देशक अपने वर्चस्व को सितारों के हाथों खो चुका था। तब घई ने निर्देशक का माथा ऊँचा करने की सार्थक

कोशिश की। उन्होंने अपनी विरासत के हर कोने से वह सबकुछ ग्रहण किया जो पुरलुत्फ था। घई के सिनेमा पर जितना प्रभाव अपनी विरासत का है उतना पाश्चात्य सिनेमा का नहीं है। वे बेशक हिन्दी सिनेमा की दिलों में उतरने वाली ताकत के सूत्रों के गहरे जानकार हैं। उनका सिनेमा बुद्धि के द्वार पर दस्तक देने के पहले दिलों में उतरता है। वे भी कला फिल्मों के अनेक महानायकों की भाँति पूना फिल्म इंस्टीट्यूट से डिप्लोमा करके निकले थे, पर उन्होंने मुख्यधारा के सिनेमा में ही अपने लिए जगह तलाश ली। उनमें मनोज कुमार, राजकपूर, देव आनन्द, दिलीप कुमार वगैरह सबका प्रभाव रेखांकित किया जा सकता है। पर वे अपनी फिल्मों के जरिये समूचे सुभाष घई के आस्वादन का आमंत्रण परोसते हैं।

सुभाष घई का समूचा सिनेमा हमने उसके प्रथम प्रदर्शन काल में देखा है, 'कालीचरण' से 'किसना' और 'इकबाल' तक। सुभाष घई का सिनेमा हमने उस नादान उम्र में नहीं देखा जिसमें शांताराम, देबकी बोस, नितिन बोस, महबूब, सोहराब मोदी, बिमल राय, राजकपूर, गुरुदत्त वगैरह का सिनेमा देखा। सुभाष घई का सिनेमा हमने स्कूल से तड़ी मार कर नहीं देखा। किसी की मेहरबानी से नहीं देखा। परिवारजनों औंर हितैषियों की कोपदृष्टि का शिकार होकर भी नहीं देखा। सुभाष घई का सिनेमा हमने उस दौर में भी नहीं देखा जब हम जीविकोपार्जन की विभिन्न कारगुजारियों में जुटे विश्वविद्यालयीन शिक्षा प्राप्त कर रहे थे और हर परीक्षा की पूर्व रात्रि पर सिनेमा देखने जरूर जाते थे। अग्रजों के आक्षेप पर हमारा जवाब होता था–सिनेमा देखने नहीं जाएँगे तो पेपर बिगड़ जायेगा। इस जवाब की पुष्टि हमारे प्रथम श्रेणी और मेरिट लिस्ट के परीक्षा परिणाम करते थे। सुभाष घई का सिनेमा हमने सिनेमा देख सकने के अपने साधनसम्पन्न दौर में देखा है। सुभाष घई की पहली फिल्म देखने के पहले हम दुनिया भर के तमाम बेहतरीन और ढेरों बदतरीन सिनेमा देख चुके थे। 1960 से 70 के बीच गुजरे जमाने की तमाम विख्यात फिल्में हमने ढूँढ़-ढूँढ़ कर देखीं।

सुभाष घई का सिनेमा हमने कस्बों और नगरों के अच्छे और खराब तथा

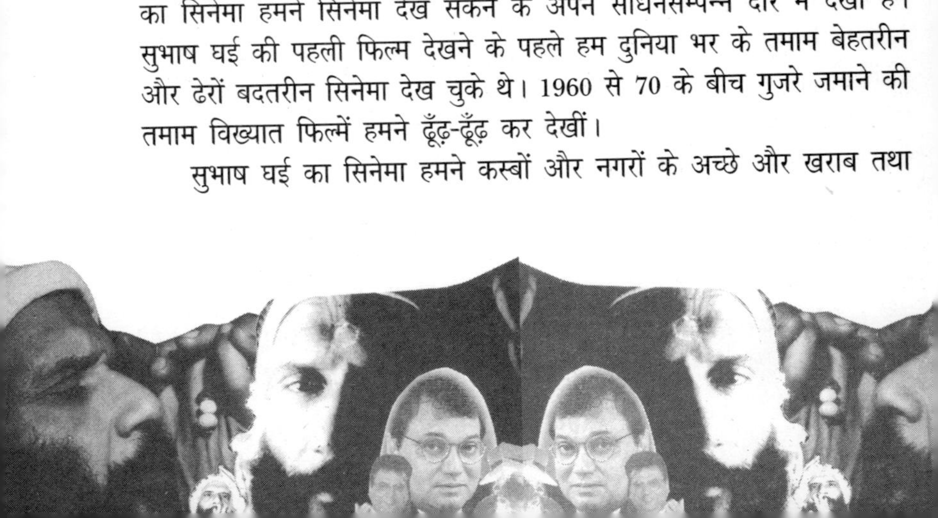

महानगरों के भव्य सिनेमाघरों में देखा है और अब आधुनिकतम अति महँगे मल्टीप्लैक्सों में देखते हैं। हमें वीडियो पर सिनेमा नहीं लुभाता और टेलीविजन पर दस-दस मिनट के टुकड़ों में तो हम फिल्म देख ही नहीं सकते। आज हमारे पास अपनी पसन्द का बहुतेरा सिनेमा घर पर मौजूद है। फिल्म प्रदर्शित होने के चौबीस घंटों के भीतर अब उसकी बाजार में सीडी हाजिर होती है। तब भी हमारे लिए फिल्म देखने का मतलब सिनेमाघर में फिल्म देखना है। 'किसना' की सीडी हमारे अपने छोटे से शहर में फिल्म प्रदर्शित होते ही उपलब्ध थी। यहाँ तक कि छोटे-मोटे वीडियो हॉलों में भी उसके प्रदर्शन हो रहे थे। पर हमने 'किसना' दिल्ली में देखी। सिनेमाघर में फिल्म देखने का अर्थ सिर्फ बड़े पर्दे पर सिनेमा देखना नहीं होता। वह हमें स्वप्नसृष्टि के उस संसार में ले जाने वाला रोमांच होता है जिसे हम सैकड़ों लोगों के बीच होते हुए भी एकान्तिक अपनेपन के साथ महसूस करते हैं। बाहर का अँधेरा पर्दे की छवियों से गहन अंतरंगता के साथ एकात्म होने का अवसर देता है। यह कि हम समाज के बीच होते हुए भी व्यक्तिगत स्तर पर भावनात्मक रूप से ऊर्जस्वित होते हैं। सिनेमाघर में सिनेमा देखना उत्सवधर्मिता है।

बचपन से अपनी अब तक की सतत यात्राओं में हमने अनगिनत कस्बों, नगरों और महानगरों के सिनेमाघरों में फिल्में देखीं। सिर्फ फिल्में ही नहीं रामलीला, रामलीला, नौटंकी, नाटक, पारसी थियेटर के प्रदर्शन, लोकनृत्य और संगीत, शास्त्रीय संगीत की महफिलें वगैरह तमाम प्रदर्शनकारी कलाओं के प्रति हमारा गहरा आकर्षण बचपन से रहा और इनके आस्वादन का कोई मौका गँवाना हमें कभी कुबूल नहीं हुआ। हमें आज भी दस-ग्यारह वर्ष की उम्र में जबलपुर की प्लाजा टाकीज में अपने पिता के साथ देखे गए पृथ्वीराज कपूर के चार नाटकों के दृश्य आँखें मूँदते ही सिनेमा के पर्दे की छवियों की तरह गुजरते महसूस होते हैं। इसी तरह कलकत्ते मे देखे गए उत्पल दत्त के नाटक और मूनलाइट थियेटर में पारसी थियेटर के प्रदर्शन हमें भुलाए नहीं भूलते।

सिनेमा नजर से नजर का खेल है। दिल का मुआमला है। यह समाज के आखिरी आदमी तक पहुँचने की शक्ति रखने वाला माध्यम है। सिनेमा दूसरी अन्य सभी कलाओं से ग्रहण करता है। एक दृष्टि से देखा जाए तो सिनेमा विभिन्न

कलाओं को आम आदमी तक पहुँचाने का माध्यम है। इसलिए सिनेमा सदैव सरलता की ओर उन्मुख होता है। निश्चित रूप से यह लेखक का माध्यम नहीं है। अधिक से अधिक यहाँ लेखक का दृष्टिकोण उभर सकता है। लेकिन सिनेमा निर्देशक की नजर से ही रचा जाता है। यहाँ तक कि सिनेमा के पर्दे पर उभरने वाली सगुण छवियों का असर भी तब तक पुरअसर नहीं होता जब तक उनके समायोजन से कोई निर्गुण छवि कशिश की तरह प्रेक्षक के भीतर नहीं उभरती। यह निर्गुण छवि निर्देशक है। फिल्म से जुड़े हर व्यक्ति के निर्देशक की दृष्टि की केन्द्रीयता से सम्बद्ध हुए बगैर कोई सिनेकृति जन्म नहीं लेती। सुभाष घई ने उस दौर में इस निर्गुण छवि की तरह खुद को साबित किया जब निर्देशक अपने प्रथम पुरुष के आसन से खिसक चुका था। हिन्दी सिनेमा का सुरीला सम्मोहक दौर गुजर चुका था। मनमोहन देसाई और प्रकाश मेहरा की तो खैर बात ही छोड़िए यश चोपड़ा जैसे गहन रोमैंटिक अपनी ही खड़ी की गयी दीवार को लाँघने में अक्षम हो रहे थे।

1975 में अमिताभ बच्चन का सार्वभौम राज्याभिषेक हो चुका था। वे एक तरह से प्रतिद्वंद्वितावहीन थे। दूसरी तरह से वे सफलता का एकमात्र पैमाना बन चुके थे। हालत यह थी कि मूलधारा की लगभग हर फिल्म, निर्देशक द्वारा सितारों के आगे आत्मसमर्पण कर देने की गाथा बयान करती थी। यह नहीं कि इस दौर में कोई प्रतिभा सम्पन्न नई पीढ़ी उभरी ही नहीं। उलट यह है कि इस दौर में जितने प्रतिभासम्पन्न लोग आए उतने हिन्दी सिनेमा में एक साथ पहले कभी नहीं आए पर वे सिनेमा के रंगीन रोजगार के तिलिस्म को भेद ही नहीं सके और उनमें से अधिकांश आज उसी रंगीन तिलिस्म की गिरफ्त में हैं। वह तिलिस्म जिसके विरुद्ध वे खड़े हुए थे। सिनेमा को रोजगार से अलग कर देखने का नजरिया इतना घातक हुआ कि एक समूची पीढ़ी का बेहद महत्वपूर्ण सिनेमा दर्शकों तक पहुँच ही नहीं सका। एक अतिवाद के विरुद्ध दूसरे अतिवाद ने मध्यमार्गी समरसता का जैसे पूर्ण निषेध कर दिया। बीसवीं सदी के आखिरी चंद सालों में जो युवा पीढ़ी उभरकर सामने आई, उसने एक बार फिर अपने नए जमाने के सिनेमा के लिए जगह बनाने की खातिर रोजगार के तिलिस्म को भेदा। यदि 1970 के कला सिनेमा आन्दोलन ने दो-ढाई सौ सीटों के सिनेमाघरों के बारे में तब सोचा होता तो यह कभी विफल नहीं होता। आज के युवा फिल्मकार सिर्फ मल्टीप्लैक्सों से महज तीन दिन की कमाई कर लेने की कूबत पर अपने ढंग की प्रयोगवादी फिल्में बना रहे हैं। राम गोपाल वर्मा द्वारा प्रवर्तित इस रास्ते पर आज यश चोपड़ा और सुभाष घई सहित अनेक फिल्मकार चल रहे हैं। अब उनकी निर्माण कम्पनियाँ एक नहीं, एक साथ

अनेक फिल्में बना रही हैं। यह कोई नई कारगुजारी भी नहीं है। सिनेमा के आरम्भिक युग का स्टूडियो सिस्टम नया चोला धारणकर उपस्थित हुआ है। रणजीत मूवीटोन के सरदार चंदूलाल शाह की तरह आज हर कारपोरेट कम्पनी अपना एक विस्तृत दायरा बना रही है। कहा जाता था कि जितने सितारे रणजीत में हैं उतने आसमान में भी नहीं हैं। सरदार चंदूलाल शाह की सरपरस्ती में रणजीत के अंतर्गत अनेक फिल्मकारों ने विविध फिल्मों का निर्माण किया था। कला सिनेमा के फिल्मकार आत्ममुग्धता में उस जरूरी संघर्ष से नावाकिफ ही बने रहे जिससे उन्हें सबसे पहले जूझना था। कोई भी फिल्म दर्शकों तक पहुँचे बगैर अपनी सार्थकता सिद्ध नहीं कर सकती। श्याम बेनेगल, मृणाल सेन, गोविंद निहलानी, कुमार शाहनी, ऋत्विक घटक, बासु भट्टाचार्य, यहाँ तक कि केतन मेहता और प्रकाश झा प्रभृति अनेक फिल्मकारों की फिल्में हमें किन मुश्किलों से सिनेमाघरों में देखने को मिली हैं यह हम जैसे सिनेमा के आशिक ही जानते हैं।

1970 में 'मेरा नाम जोकर' का डूबना स्वर्णयुग के अवसान की अंतिम घोषणा थी। बाजार में जॉनी ने जोकर को पराजित कर दिया था। नवनिर्माण का आदर्श मुरझा चुका था। शालीनता को चमक-दमक खारिज कर रही थी। सर्वशक्तिमान राजेश खन्ना का उदय हो चुका था। महबूब, बिमल राय, गुरुदत्त तो पहले ही विदा हो चुके थे, वी. शांताराम होते हुए भी गौरव की वस्तु थे। हिन्दी सिनेमा में प्रत्यक्ष रूप से उनका हस्तक्षेप महत्वहीन था। राजकपूर अपने जीवन के अन्त तक सिनेमा बाजार में भी अपने वर्चस्व को कायम रख सके लेकिन वे अपनी राह पर अकेले ही थे।

स्वर्णयुग के अन्तिम चरण में अपने विख्यात अग्रज बी. आर. चोपड़ा की छत्रछाया में पहली बार 1959 में 'धूल का फूल' से निर्देशक के रूप में सामने आने वाले यश चोपड़ा ने 'धर्मपुत्र', 'वक्त', 'आदमी और इन्सान', 'इत्तफाक' बी. आर. फिल्म्स के लिए ही निर्देशित की थीं। इनमें 'वक्त' और 'धूल का फूल' बी. आर. फिल्म्स की सबसे कामयाब फिल्मों में हैं। निस्सन्देह बी. आर. चोपड़ा का हिन्दी सिनेमा में अप्रतिम योगदान है। दूरदर्शन पर 'महाभारत' धारावाहिक उनकी अनुपम रचना है, लेकिन निर्देशक के रूप में यश चोपड़ा उनसे बहुत आगे जाते हैं। बी. आर. चोपड़ा के लिए यह भी सम्मान की वस्तु है कि उनके अनुज ने किसी क्षेत्र में उनसे आगे बढ़कर दिखाया और यह परम्परा आदित्य चोपड़ा ने अपने पिता यश चोपड़ा से भी आगे बढ़कर कायम रखी। 1973 में यश चोपड़ा

ने अपनी निजी फिल्म कंपनी कायम की और राजेश खन्ना, राखी, शर्मिला टैगोर के साथ 'दाग' के प्रेम त्रिकोण के जरिए छा गए। लेकिन यश चोपड़ा के वास्तविक वर्चस्व की शुरुआत 1975 में हुई जब उन्होंने यश जौहर के लिए अमिताभ बच्चन के साथ 'दीवार' बनाई। आज तीन दशक बाद भी यह वर्चस्व बरकरार है। यश चोपड़ा और यश जौहर से बढ़कर उनके बेटों की रचनात्मक अंतरंगता इक्कीसवीं सदी के पहले दशक में अपने सर्वोच्च मुकाम पर है। आदित्य चोपड़ा और करण जौहर दो अलग-अलग फिल्म संस्थानों के मालिक होते हुए एक-दूसरे की रचनात्मकता में अंतरंग सहयोगी हैं। आज ये हिन्दी सिनेमा के सबसे बड़े साम्राज्य हैं।

राजेश खन्ना का प्रभामंडल जितना विराट और विकराल था उतना ही अल्पजीवी भी साबित हुआ। वस्तुतः वे संक्रमण काल के महानायक थे। 1970 तक आते-आते राज-दिलीप-देव की त्रयी ही नहीं, शम्मी कपूर, राजेन्द्र कुमार धुँधलाने लगे थे। राजेश खन्ना की मनमोहक रेशमी अदाओं ने इस धुँधलाहट को खारिज कर रोमैंटिक नायक को एक नया चेहरा दिया। पर यह नए जमाने का नायक नहीं था। यह स्वर्ण युग के सौंदर्य की पुनर्निर्मिति मात्र था। जमाना करवट ले रहा था और वह करवट लेता हुआ चेहरा सबसे पहले 1973 में 'जंजीर' में अमिताभ बच्चन के रूप में सामने आया जिसे 1975 में 'दीवार' ने अपने जमाने के विद्रोही युवा के प्रतीक-रूप में बदल दिया। आजादी के स्वप्नों से मोहभंग को सलीम-जावेद ने बड़ी खूबसूरती से प्रतिशोध से जलते चेहरे में बदल दिया। राजेश खन्ना ने तो स्टार को सिर्फ सुपरस्टार ही बनाया था, अभिनेता के रूप में एकल वर्चस्व की शुरुआत की थी लेकिन विद्रोही युवा की छवि समूचे नायकत्व पर छा गई। जितेंद्र, ऋषि कपूर जैसे चिकने-चुपड़े चेहरे भी तमंचे चलाने लगे। एक से दस तक अमिताभ ही अमिताभ थे। यह कि जिन फिल्मों में अमिताभ नहीं थे उसकी छवि के डुप्लीकेट थे। 1975 से 1995 तक के दो दशक हिन्दी सिनेमा की बहुआयामिता को संकीर्णता में समेटने वाला समय था। यह अमिताभ बच्चन की प्रतिभा का ही कमाल नहीं था, फिल्मकार व्यक्तित्व के पराजित होने की सूचना भी थी।

1970 से 1995 के बीच सिनेमा दो विपरीत ध्रुवों पर खड़ा था। एक ओर सितारा वर्चस्व के तले दबा व्यावसायिक सिनेमा था और दूसरी ओर श्याम बेनेगल, मृणाल सेन, बासु भट्टाचार्य, एम.एस. सथ्यू, मणि कौल, गोविन्द निहलानी, सईं परांजपे जैसे अनेकानेक प्रतिभासम्पन्न फिल्मकारों का समानांतर सिनेमा। इसके ही साथ-साथ स्वर्णयुग की परछाईं जैसी ऋषिकेश मुखर्जी, बासु चटर्जी, गुलजार जैसे

फिल्मकारों की एक मध्यमार्गी धारा भी थी। 1985 तक पहुँचते-पहुँचते जहाँ समान्तर सिनेमा अपने ही अंतर्विरोधों का शिकार हो गया वहीं मध्यमार्गी धारा भी विलुप्त हो गई। हिन्दी सिनेमा लगातार आर्थिक आतिशबाजियों का दिलफरेब तमाशा बनता चला गया। इस बीच अभिनेता के हाथों निर्देशक का कठपुतली बन जाना सहज संभाव्य था, हालत यह हो गई कि मामूली अभिनेता भी अपने किसी चमचे को निर्देशक की कुर्सी पर बिठाने में सक्षम थे। यश चोपड़ा, मनमोहन देसाई, रमेश सिप्पी अमिताभ की डोर से बँधे थे। प्रकाश मेहरा तो अमिताभ के एंग्रीयंगमैन भव्य-आतंक के निर्माता ही थे। इनकी तमाम महान सफलताएँ अमिताभ के साथ दर्ज हैं। अमिताभ की छवि के आतंक ने 1975 के बाद लगभग हर नायक व्यक्तित्व को ग्रस लिया।

सैद्धान्तिक रूप से भले ही यह कहा जाता रहे कि फीचर फिल्म के निर्माण का कप्तान निर्देशक होता है, किन्तु 1975 से लगातार दो दशकों तक हिन्दी सिनेमा अभिनेता के वर्चस्व के नीचे दबा कराहता रहा। इस बीच सुभाष घई एकमात्र चमत्कार की तरह हैं, वह निर्देशक जिसने अपनी फिल्मों के जरिये एक निर्देशक के वर्चस्व को प्रमाणित करने का दुस्साहस किया। इस दुस्साहस को साहित्य के नजरिये से नहीं समझा जा सकता। यह सिनेमा की निर्मिति का अपरिहार्य मायावी दुस्साहस है। सुभाष घई ने एक से बढ़कर एक विलक्षण काम किये। उन्होंने शत्रुघ्न सिन्हा के नायकत्व को 'कालीचरण' में पुख्ता आधार दिया। दिलीप कुमार और राजकुमार जैसे दो विपरीत ध्रुवों को एक धरातल पर खड़ा किया। दिलीप कुमार की अभिनय-यात्रा के उत्तरार्द्ध को उन्होंने 'विधाता', 'कर्मा', 'सौदागर' की त्रयी प्रदान की है। सितारों का सदुपयोग ही नहीं किया, सितारों को गढ़ा भी।

वे सगुण छवियों के सम्मोहन से अनभिज्ञ तो खैर क्या होते, आए ही थे हीरो बनने के लिए, वे उन पर आसक्त भी हैं। उन्होंने कहीं कहा भी है कि उनकी फिल्मों की हीरोइन और कैमरा सृजन के समय हर पल साथ होना चाहिए। इसकी गवाही 'राम लखन', 'सौदागर', 'परदेस' और सबसे बढ़कर 'ताल' देती है। 'परदेस' से सुभाष घई के कैनवास पर नारी चरित्र अधिक जगह घेरने लगे। जहाँ एक ओर उन्होंने स्थापित सितारों का प्रयोग किया वहीं उससे भी बढ़कर चरित्र भूमिकाओं के लिए प्रेमनाथ, अमरीश पुरी, अजीत, अनुपम खेर जैसे अनेक अभिनेताओं का सटीक उपयोग किया। आज सुभाष घई के सामने अपने समकालीनों की चुनौती नहीं है, अपनी अगली पीढ़ी के नजरिये की चुनौती है। 'ताल' वह फिल्म है जो इस उम्मीद से बाँधे रखती है कि सुभाष घई का कोई

'अंदाज', कोई 'गाइड' या कोई 'मदर इंडिया' अभी बकाया है। हिन्दी सिनेमा के सबसे मलिन दौर के तेजस्वी फिल्मकार से ऐसी उम्मीद करना गैरवाजिब नहीं है। इसलिए भी कि आज युवा रचनाशीलता बेखौफ नई जमीन तोड़ रही है।

1975 से 95 के दरमियानी दो दशकों में हमने सबसे कम फिल्में देखीं। यानी सबसे कम नई फिल्में देखीं। यह हिन्दी सिनेमा का सबसे बंजर समय है। सबसे बुरी बात यह हुई कि इस दौर में हिन्दी सिनेमा की बहुआयामिता नष्ट हुई। रोजगारी सफलता और कलात्मकता के दो अलग-अलग फार्मूले बन गए। उन्होंने सिनेमा को लगातार मोनोटोनस बनाया। ऐसे समय में सुभाष घई से हमारा परिचय एक दर्शक की तरह 'कालीचरण' के जरिये हुआ। हमारे 'कालीचरण' देखने जाने का एकमात्र सबब शत्रुघ्न सिन्हा थे। तब हम सुभाष घई के नाम से भी परिचित नहीं थे। पर 'कालीचरण' में शत्रुघ्न सिन्हा के नायकत्व को स्थापित करने के लिए उसके लोकप्रिय खलनायकत्व को निर्देशक का बड़ी चतुराई के साथ भुनाना विलक्षण था। 'कालीचरण' वह फिल्म है जिसमें नायक से अधिक प्रखर बिम्ब चरित्र-नायकों के हैं। प्रेमनाथ और अजीत के चरित्र इतने विराट हैं कि उनके बीच से नायक को सर्वोच्च पर उभारना निर्देशकीय क्षमता के बगैर नामुमकिन है। डैनी का चरित्र गढ़ा ही गया कालीचरण के अतीत की मलिनता को नैतिकता के साबुन से धोने के लिए। 'कालीचरण' ने हमारे भीतर सुभाष घई के निर्देशक व्यक्तित्व का रेखाचित्र बना दिया।

हमने उनकी दूसरी फिल्म 'विश्वनाथ' बड़ी हसरतों के साथ देखी थी और सिर्फ इस सबब से नहीं देखी थी कि उसके नायक शत्रुघ्न सिन्हा हैं। 'विश्वनाथ' में हमारी उम्मीदें शत्रुघ्न से बढ़कर सुभाष घई पर टिक गई थीं। यह वह दौर था जब शत्रुघ्न सिन्हा भी अमिताभ को चुनौती देते नजर आने लगे थे। पर 'विश्वनाथ' 'कालीचरण' से दो कदम आगे बढ़ने की जगह एक कदम पीछे जाकर खड़ी हुई। इसलिए कि 'विश्वनाथ' का पर्यवसान निर्देशक के हाथों से फिसलकर नायक के महिमामंडन में हुआ। यह फिल्म शत्रुघ्न सिन्हा के व्यक्तित्व को चमत्कार में बदलने की कोशिशों में 'कालीचरण' की खूबियों का चमकीला प्रदर्शन बनकर रह गई। इसमें सुभाष घई से बढ़कर शत्रुघ्न सिन्हा ने निराश किया। इसलिए कि वे उसी धोखे का शिकार हो गए जिससे अभिनेताओं की एक पूरी पीढ़ी आहत हो रही थी।

यह एक संयोग ही है कि हमने सिनेमा पर अपना पहला आलेख 'विश्वनाथ' फिल्म पर ही लिखा था। शीर्षक था–'विश्वनाथ बाबू, आप मुकद्दमा हार गए हैं'। तब तक हमने सिनेमा पर लिखना तो दूर, कभी इसके बारे में सोचा भी नहीं था।

साहित्य की दुनिया में रहते हुए ऐसा विचार कभी आया ही नहीं। उच्च कक्षाओं में साहित्य के अध्यापन और साहित्यिक लेखन के परिदृश्य में सिनेमा एक बहुत हल्की चीज था। हमारे सिनेमा-प्रेम से हमारे प्राध्यापक और साहित्यिक मित्र एक तरह से दुखी ही होते। पर असलियत यह है कि सिनेमा और साहित्य का परस्पर अत्यंत घनिष्ठ सम्बन्ध है।

यह आलेख हमने किसी योजना के तहत नहीं लिखा था और न इसके प्रकाशन के संदर्भ में कोई विचार हमारे भीतर था। न ही हम यह जानते थे कि यह कहाँ छप सकता है। जिस साहित्य संसार से हमारा परिचय था, वहाँ इसके प्रकाशन की कोई गुंजाइश नहीं थी। वस्तुतः यह आलेख ही क्या था–एक सिनेमा के दर्शक का आत्मीयतापूर्ण आस्वाद कथन था। इसे लिखने के बाद हम भूल ही गए पर इसे हमारी स्वर्गीया कथाकार पत्नी वर्तिका अग्रवाल ने एक लोकप्रिय फिल्म पत्रिका में प्रकाशनार्थ भेज दिया। चंद दिनों में ही वह आलेख उस पत्रिका में महत्त्वपूर्ण ढंग से प्रकाशित हो गया और लौटती डाक से पत्रिका के संपादक-मालिक महोदय का आग्रहपूर्ण पत्र भी हाजिर हुआ कि आप लगातार प्रकाशनार्थ सामग्री प्रेषित करते रहें। उन्होंने कुछ कलाकारों के नाम भी सुझाए। इस शुरुआत के बाद सन् 1978-79 के दौरान ही हमारे पचासों आलेख उस फिल्म पत्रिका सहित अनेक जगहों पर प्रकाशित हो गए। हमारे सिनेमा पर लिखने की सामर्थ्य तब भी इतनी ही थी और शायद आज भी उतनी ही है कि हमने दुनियाभर का तमाम सिनेमा मुहब्बत से देखा है। हमारे इस लेखन को तब भी कोई खास अच्छी नजर से नहीं देखा जाता था और शायद आज भी परिदृश्य कुछ खास बदला नहीं है सिवाय इसके कि उसे हर जगह खास अहमियत मिलने लगी। 1978 में हुई इस शुरुआत के बाद हिन्दुस्तान की तमाम पत्र-पत्रिकाओं में फिल्मों पर हमारे आलेख प्रकाशित होने लगे। बीसवीं सदी के आखिरी दशक में साहित्य की गंभीर पत्रिकाओं ने भी सिनेमा के महत्व को स्वीकार कर उसे अपने दायरे में लेने की शुरुआत की। यह हमारा सौभाग्य ही है कि अत्यंत लोकप्रिय फिल्म पत्रिकाओं से लेकर श्रेष्ठतम साहित्यिक पत्रिकाओं तक में हमारे अनगिनत आलेख प्रकाशित हुए। राधाकृष्ण प्रकाशन, मेधा बुक्स और राजकमल प्रकाशन जैसे हिन्दी के श्रेष्ठ प्रकाशन संस्थानों ने सिनेमा से सम्बन्धित हमारी पुस्तकें प्रकाशित कीं।

आज जब सिनेमा की सफलता-असफलता का मापदंड एकमात्र बॉक्स-ऑफिस पर जा टिका है तब सिनेमा के सन्दर्भ में एक गम्भीर परिष्कृत रुचि का निरन्तर विकास हो रहा है। आज हिन्दी सिनेमा की मूलधारा पर जिस तरह बुद्धिजीवियों का ध्यान आकृष्ट हो रहा है वैसा पहले कभी नहीं हुआ। हिन्दी सिनेमा की

क्लासिकीय कृतियों का भी ऐसा बौद्धिक विवेचन और उत्साहपूर्ण स्वागत नहीं हुआ जैसा 'लगान' और 'मुन्नाभाई एम.बी.बी.एस.' जैसी फिल्मों का आज देखने को मिलता है। बौद्धिकता के लिए भी यह अपरिहार्य होता जा रहा है। यह शुभ लक्षण है। बाइस वर्ष पूर्व प्रकाशित राजकपूर के कृतित्व पर सिनेमा पर हमारी पहली किताब 'आधी हकीकत आधा फसाना' को भी आज तक पाठक ही नहीं, हमारी नई किताबों की समीक्षा करते हुए प्रबुद्ध आलोचक भी स्मरण करते हैं।

जिस प्रकार सिनेमा की निर्मिति धन के बगैर असंभव है, उसी प्रकार सिनेमा देखने का शौक भी। एक बार मृणाल सेन ने कहा था कि वे मूर्खों के लिए फिल्में नहीं बनाते और अपनी फिल्में बहुत कम लागत में बनाने में यकीन रखते हैं। पर इस मूरख ने उनकी लगभग हर फिल्म देखी है और उनकी एक-एक फिल्म देखने में हमें जितना धन खर्च करना पड़ा उसमें अमिताभ बच्चन जैसे महामहिम सितारों की दस-बीस फिल्में देखी जा सकती थीं। इसलिए कि अकसर उनकी फिल्में महानगरों और फिल्म-समारोहों में ही देखने को मिल पाती थीं। 1980 के बाद सिनेमा देखने के हमारे इस शौक को सिनेमा ने ही पूरा किया। सिनेमा पर हमारे लेखन ने बेशुमार दोस्त बनाए। इन्हीं दोस्तों ने हमारे लिए बड़ी से बड़ी कीमत पर सिनेमा देखने के साधन जुटाए।

हिन्दी सिनेमा वस्तुतः हिन्दुस्तानी सिनेमा है। इसे समूचे हिन्दुस्तान में विविध भाषा-भाषी दर्शकों का स्नेह प्राप्त है। तमिल, मलयालम, तेलुगु, कन्नड़ और बांग्ला का सिनेमा समृद्ध होने के बावजूद जहाँ क्षेत्रीय सीमाओं में बँधा हुआ है, वहीं हिन्दी सिनेमा की पहुँच कमोबेश पूरे हिन्दुस्तान में है और अब वह विदेशों में भी अपनी पहुँच बना रहा है। कारण है कि हिन्दी सिनेमा में सिर्फ हिन्दी भाषाभाषी क्षेत्रों की प्रवृत्तियों का उद्घाटन होने की जगह एक मिश्रित वातावरण दिखलाई पड़ता है। फिल्मी भाषा में जिसे कहा जाता है कि हिन्दी फिल्म खिचड़ी की तरह होती है। अन्य क्षेत्रीय भाषाओं की फिल्मों का निर्माण जहाँ बहुधा उसी भाषा के फिल्मकारों और कलाकारों के द्वारा होता है वहीं हिन्दी सिनेमा के अधिकांश फिल्मकार और कलाकार गैर हिन्दी भाषाभाषी क्षेत्रों से आते रहे हैं। किसी भी क्षेत्रीय भाषा के फिल्मकार और कलाकार का सपना हिन्दी सिनेमा में अपना वर्चस्व स्थापित करना होता है। आरम्भ से लेकर आज तक यह स्थिति बनी हुई है।

इस तरह हिन्दी सिनेमा ने समूचे हिन्दुस्तान को एकसूत्र में जोड़ने का काम किया। हिन्दी भाषा का सबसे बढ़कर प्रचार हिन्दी सिनेमा के माध्यम से हुआ।

वहीं दूसरी ओर एक नुकसान भी हुआ कि हिन्दी भाषी क्षेत्रों की वास्तविकता हिन्दी सिनेमा में बहुत कम उभरी। हिन्दी भाषी राज्यों की सरकारों ने भी सिनेमा को प्रोत्साहित करने के लिए कोई कदम नहीं उठाए। सिनमाघरों की सबसे दयनीय दशा भी हिन्दी क्षेत्रों में ही है। यदि इस ओर व्यवस्था ने समुचित पहल की होती तो हिन्दी सिनेमा भी मुम्बई से विकेन्द्रित होकर कम से कम हिन्दी भाषी प्रदेशों की राजधानियों तक अवश्य पहुँचता और इस क्षेत्र के प्रतिभा-सम्पन्न व्यक्तियों को सिनेमा की श्रेष्ठ निर्मिति के लिए अवसर प्राप्त होते। हिन्दी सिनेमा को जो अपनी जड़ों से जुड़ा हुआ महसूस नहीं किया जाता उसका सबसे बड़ा कारण यही है। जब सत्यजीत राय हिन्दी में फिल्म बनाते हैं तब उसकी पटकथा अंग्रेजी में तैयार की जाती है। अब तो हिन्दी सिनेमा में ऐसे गिने चुने लोग ही रह गए हैं जो हिन्दी में बात तक करना पसंद करते हों। वे अपनी महिमा अंग्रेजी में बात करने में ही देखते हैं। हिन्दी की रोटी खाने वालों का इससे बढ़कर दूसरा कोई पाखंड नहीं हो सकता। हिन्दी जैसी अत्यंत समृद्ध भाषा के साथ हो रहा यह भीषण दुर्व्यवहार सोची-समझी हुई साजिश का हिस्सा है। हिन्दी का सिर्फ एक शब्द किस तरह जादू जगा सकता है इसका सिर्फ एक ही उदाहरण पर्याप्त है। 'कौन बनेगा करोड़पति' के पुनर्प्रसारण पर 'केबीसी टू' में 'टू' को जिस तरह अमिताभ बच्चन ने 'द्वितीय' बनाकर और 'द्वितीय' को तरह-तरह से उच्चारित कर आकर्षण पैदा कर दिया वह स्वयं साक्ष्य है। यह अमिताभ बच्चन का व्यक्तिगत करिश्मा है और वे यह इसलिए कर सके क्योंकि उनकी जड़ें हिन्दी भाषा और साहित्य से जुड़ी हुईं हैं। हिन्दी सिनेमा के अधिकांश कलाकारों की मातृभाषा हिन्दी नहीं रही है, पर पहले जहाँ वे हिन्दी सीखने का उपक्रम करते थे वहाँ आज के हिन्दी भाषी कलाकार तक अंग्रेजी निपोरकर अपनी दरिद्रता का परिचय देते हुए गर्व महसूस करते हैं। दुख यह होता है कि अनेक महानुभाव बहुत घटिया अंग्रेजी, वह भी बहुत घटिया तरीके से और कुछ तो बाकायदा अटक-अटक कर भी बोलते हैं। बचकानी अंग्रेजी में कब टूटी-फूटी हिन्दी शामिल हो जाए यह कहना मुश्किल है।

अब वह समय है जब हिन्दी भाषी क्षेत्रों की प्रतिभाओं को इस क्षेत्र में आने का अवसर मिल सकता है। हिन्दी भाषा की भोजपुरी और छत्तीसगढ़ी बोलियों की बहुत मामूली और किंचित फूहड़ फिल्मों तक की अपार सफलताओं ने यह साबित किया है कि हिन्दी में क्षेत्रीय सिनेमा की भरपूर गुंजाइश है। तकनीकी समृद्धि ने सिनेमा की निर्मिति आज जितनी आसान की है उतनी वह पहले कभी नहीं थी। आज हिन्दी सिनेमा में करोड़ों रुपए भव्य सेटों के निर्माण और विदेशी लोकेशनों पर शूटिंग करने में उड़ाए जाते हैं दर्शकों को लुभाने की खातिर। और ऐसी

अधिकांश कोशिशें टिकिट खिड़की पर भी ढेर होती रहती हैं। वहीं दूसरी ओर पच्चीस-तीस लाख की लागत में बनाई गई भोजपुरी फिल्म 'ससुरा बड़ा पइसे वाला' अपनी लागत का सौ गुने से अधिक वसूल करती है। यह नहीं कि वह सिर्फ छोटी जगहों पर ही सफल होती है, क्रॉसओवर फिल्मों के मक्का-मदीना मल्टीप्लैक्सों में भी वह बड़ी-बड़ी चमकीली फिल्मों के छक्के छुड़ा देती है। अब 'नदिया के पार' को कस्बों में सुपरहिट बनाने वाले दर्शक महानगरों में भी इतनी संख्या में पहुँच गए हैं और उनकी औकात भी मल्टीप्लैक्सों में सौ-दो सौ की टिकिट खरीदने की हो गई है जिससे कि 'ससुरा बड़ा पइसे वाला' महानगरों में भी कामयाब होती है। ठीक उसी तरह जैसे एन.आर.आई. डॉलर बरस रहे हैं उसी तरह क्षेत्रीय सिनेमा पर सौ के नोट। प्रचार के बूते साबित चाहे जो किया जाता रहे लेकिन जमीन से जुड़ी लगन से बनाई गई फिल्में दर्शकों को हमेशा आकर्षित करती हैं।

हिन्दी सिनेमा की साहित्य से दूरी होने का यही बड़ा कारण है। हिन्दी में जितनी अन्य भाषाओं की साहित्यिक कृतियों पर फिल्म बनी हैं उसका दशमांश भी हिन्दी साहित्य की कृतियों पर आधारित फिल्में नहीं बनी हैं। वी. शांताराम से लेकर श्याम बेनेगल तक ने मराठी और देबकी बोस से बिमल राय तक ने बंगला साहित्य की कृतियों का जैसा उपयोग हिन्दी सिनेमा में किया वैसा अपवादों को छोड़कर हिन्दी साहित्य की कृतियों की ओर फिल्मकारों का ध्यान कभी आकृष्ट नहीं हुआ। राजेन्द्र यादव, मन्नू भंडारी, फणीश्वरनाथ रेणु, कमलेश्वर की कहानियों पर मध्यमार्गी फिल्मकारों ने 'सारा आकाश', 'रजनीगंधा', 'तीसरी कसम', 'फिर भी' जैसी खूबसूरत फिल्में बनाईं हैं। हिन्दी के क्षेत्रीय सिनेमा के विकसित होने से ही साहित्यिक कृतियों का फिल्मांकन संभव हो सकता है। यदि कम लागत में क्षेत्रीय प्रतिभाओं द्वारा साहित्यिक कृतियों का सिनेमाई रूपान्तरण हो तो उनकी सफलता असंदिग्ध है। आज के भड़कीले दौर में यह अधिक मुमकिन है। जब घना अँधेरा होता है तभी उजाले की उम्मीद सबसे बढ़कर होती है। सातवें दशक का कला सिनेमा एक दृष्टि से हिन्दी का क्षेत्रीय सिनेमा भी है। क्या यह आश्चर्यजनक नहीं है कि अकूत यश और दौलत लूटने वाले अमिताभ बच्चन को 'ब्लैक' में सार्थकता महसूस होती है। अमिताभ बच्चन के करोड़ों के विज्ञापन सिनेमा के पर्सोना की कीमत पर ही खड़े होते हैं। हिन्दी सिनेमा आज जिस काल्पनिक स्वप्नलोक में दमक रहा है उस इन्तहा की कोई नई इब्तिदा अवश्यम्भावी है।

यह विडम्बना है कि हिन्दी भाषी क्षेत्रों में सिनेमाघरों की स्थिति सबसे दयनीय है। लगभग आधे सिनेमाघरों में तो नई फिल्में प्रदर्शित ही नहीं होतीं। पुरानी फिल्मों के पुनर्प्रदर्शन का तो अब दौर ही समाप्त हो चुका है। एक तिहाई सिनेमाघरों में

'जेड' श्रेणी की कही जाने वाली उन फिल्मों का प्रदर्शन किया जाता है, जिनमें कस्बाई दर्शक मुँह छिपाकर प्रवेश करते हैं। इन फिल्मों में अधकचरे सेक्स और विकृत हिंसा के अतिरिक्त और कुछ नहीं होता। ये पच्चीस-पचास लाख की नाकुछ लागत में तैयार हो जाती हैं। इनमें प्रदर्शन के समय स्थानीय रूप से अवसर के अनुकूल ब्लू फिल्मों के अंश भी जोड़ देने में कोई गुरेज नहीं किया जाता। यदाकदा इनके विरुद्ध प्रशासन सक्रिय भी होता है लेकिन यह सिलसिला लगभग एक दशक से अबाध रूप से चल रहा है। बेहद फूहड़ नामों वाली इन फिल्मों का आज बड़ा बाजार बन चुका है। इनका कोई आधुनिक प्रचार तंत्र भी नहीं होता। ये हर क्षेत्र के अनगढ़ लोगों द्वारा बनाई जाती हैं। इनमें अभिनेता, निर्देशक, संगीतकार वगैरह सब कौड़िया मोल होते हैं। पर ये हिन्दी क्षेत्रों के सिनेमा व्यवसाय में अपना खासा दखल बना चुकी हैं। जितने सुविधासम्पन्न सुरुचिपूर्ण सिनेमाघर हैं वे बड़े निर्माताओं की फिल्मों को पूरे नहीं पड़ते। आधी जगहों पर आधी फिल्में तो प्रदर्शित ही नहीं हो पातीं। आधी से अधिक फिल्मों को पहले तीन दिनों में भी दर्शक नहीं मिलते। इसलिए दो-तीन सौ दर्शक क्षमता वाले सिनेमाघरों यानी कस्बाई मल्टीप्लैक्सों के विकास द्वारा सिनेमा व्यवसाय को बहुत आसानी से लाभदायक बनाया जा सकता है। इस कारपोरेट समय में भी घनघोर कमाई वाला यह क्षेत्र अब तक अनछुआ है, यह आश्चर्य की बात है।

आज हिन्दी सिनेमा एक खूबसूरत मोड़ पर खड़ा हुआ है। इस हसीन उम्मीद से खुद को बावस्ता रखने में क्या बुराई है कि आज की प्रतिभासम्पन्न पीढ़ी अवसर का चेहरा पहचानेगी, पीठ देखकर हाय-हाय नहीं करेगी। आज की तरह का खालीपन हमेशा आमंत्रित करने वाला होता है। इसी ने यश चोपडा और सुभाष घई जैसे रूमानियों को भी आत्मविस्तार से जोड़ा है। यश चोपड़ा जहाँ अपने बेटे की आँखों से देखते हैं वहीं सुभाष घई के पास अभी अपनी भविष्यदृष्टि का ही आधार है। यही आधार दो-तीन सालों में एक फिल्म बनाने वाले सुभाष घई को एक साथ कई फिल्में बनाने के लिए प्रेरित करता है। जहाँ वे अब्बास-मस्तान के निर्देशन में 'एतराज' बनाते हैं, वहीं नागेश कुकनूर को 'इकबाल' जैसी साफ सुथरी और प्रेरक फिल्म बनाने का अवसर देते हैं। निश्चित ही सुभाष घई जैसा फिल्मकार जिसने भारतीयता को अपनी फिल्मों में महफूज रखने की हमेशा कोशिश की है, इस सत्य को भी समझने की जरूरत महसूस करेगा कि जब तक हिन्दी सिनेमा का वास्तविक दर्शक सिनेमाघरों तक नहीं पहुँचेगा तब तक हिन्दी सिनेमा को बहुआयामी नहीं बनाया जा सकेगा। यह एक बड़ा भ्रम है कि दर्शक टेलीविजन या वीडियो पर फिल्म देख लेने के कारण सिनेमाघरों की ओर उन्मुख नहीं होते।

यह स्थिति उच्च वर्ग की हो सकती है सामान्य सिनेदर्शक की नहीं। जब तक हिन्दी भाषी क्षेत्रों के कस्बों और नगरों में सिनेमाघरों के नवनिर्माण और विकास की दिशा में कदम नहीं उठाए जाएँगे तब तक नए प्रयोग वाहवाही भले ही जुटा लें, सिनेमा के आज के भड़कीले माहौल में जगह नहीं बना सकेंगे। आज टिकिट खिड़की पर हिन्दी सिनेमा की कमाई सिर्फ महानगर के मल्टीप्लैक्सों और हिन्दी भाषी क्षेत्रों के बड़े नगरों तक सीमित हो गई है। सिर्फ बड़ी मछलियाँ ही अपनी चंद फिल्मों के लिए डॉलर और सौ-सौ के नोट वसूलने में कामयाब हो पाती हैं। इसलिए छोटे निर्माता सुरक्षात्मक दायरे में रहकर अभिव्यक्ति के नए प्रयोगों का खतरा उठाने की जुर्रत नहीं कर पाते। इसमें दर्शकों का नहीं उन सिने व्यवसाइयों का कुसूर है जिन्होंने असली दर्शकों को वीडियो पर फिल्म देखने की मजबूरी में डाल रखा है। यदि ऐसा न होता तो 'पेज थ्री' जैसी फिल्म जो रिलीज होने के तीन-चार सप्ताह बाद छोटे शहरों तक पहुँची, उसको दर्शकों का विराट समर्थन नहीं मिलता क्योंकि उसकी सीडी पहले ही सर्वत्र उपलब्ध थी और सिनेमाघरों में पहुँचने वाले दर्शक भी बड़ी संख्या में उसे देख चुके थे। हिन्दी सिनेमा का इतिहास ही इस बात का गवाह है कि प्रदर्शन की संभावनाओं की लगातार तलाश किए बगैर सिनेमा का विकास नामुमकिन है। जो हश्र इस दृष्टि के अभाव में कला सिनेमा का हुआ, वही स्थिति आज हिन्दी सिनेमा की मूलधारा के लिए भी बन गई है।

कला के किसी भी क्षेत्र में निर्मित होने वाली हर कृति के अद्वितीय होने का भ्रम पालना बेवकूफी है परन्तु बेहतर कृतियों की संरचना की संभावना के लिए उनका सर्वसुलभ होना आवश्यक है। आज हिन्दी सिनेमा में जिस संभावनापूर्ण नई पीढ़ी ने कदम रखा है वह तब ही अपने दायरे का विस्तार और शिखर आरोहण कर सकती है जब निचली पायदान पर खड़े हुए अटूट सिनेमा प्रेमियों के लिए सिनेमाघरों में फिल्म देख सकने का विस्तार हो। आज जहाँ सुविधासम्पन्न जमात के लिए मनोरंजन के बहुविध साधन मौजूद हैं और उनका निरन्तर विस्तार हो रहा है, वहीं आम आदमी से उसका सर्वसुलभ मनोरंजन का साधन सिनेमा लगभग छिन चुका है। अब सिनेमाघर इंडियंस के लिए के लिए सुरक्षित होते जा रहे हैं, भारतीयों की गुजर वहाँ कम से कम रह गई है।

सुभाष घई के सिनेमा की जड़ें भारतीयता में ही हैं। इसे उनकी सबसे बड़ी ताकत या कमजोरी कुछ भी कह लीजिए पर वे अपने सिनेमा में आज तक भारतीय मनीषा के उज्ज्वल तत्वों की अनदेखी कभी नहीं कर सके। उनसे 'मिस्टर या मिस' या 'नील-एन-निकी' जैसी फिल्मों की उम्मीद नहीं की जा सकती, भले ही अन्य निर्देशक उनकी निर्माण संस्था के अंतर्गत फिल्मों का सृजन करें। आज निश्चित

रूप से सुभाष घई सृजन के उस दोराहे पर खड़े हैं जहाँ वे अपने मुकाम से फिसल भी सकते हैं और आगे बढ़कर नई संभावनाओं के लिए द्वार भी खोल सकते हैं।

सुभाष घई की फिल्मकला पर यह किताब 'कालीचरण' से 'किसना' तक उनके रचनात्मक अवदान को रेखांकित करने की एक विनम्र कोशिश है। इस सद्भावना के साथ कि आज भी उनका सर्वश्रेष्ठ बकाया है और वे अपने शानदार अतीत को संभावनापूर्ण भविष्य में प्रक्षेपित करने में अवश्य कामयाब होंगे।

पहली दस्तक : पहला आरोहण

'कालीचरण' हम शत्रुघ्न सिन्हा के लिए देखने गए थे लेकिन जब सिनेमाघर से बाहर निकले तब हमारे दिलो दिमाग में सुभाष घई थे। तब हम सुभाष घई के बारे में खास कुछ नहीं जानते थे। हम ही क्या लाखों-लाख सिनेदर्शक नहीं जानते थे। यह तो 'कालीचरण' के साथ उनके भी हिट हो जाने पर खबर हुई कि वे फिल्मफेयर युनाइटेड प्रोड्यूसर्स स्टार कान्टेस्ट में राजेश खन्ना के साथ चुने गए थे। इसके पहले पूना फिल्म इंस्टीट्यूट से ऐक्टिंग में डिप्लोमा कर चुके थे। उन्होंने 'उमंग', 'ग्रहण', 'आराधना', 'दो बच्चे दस हाथ' वगैरह कुछ फिल्मों में अभिनय किया और बहुत जल्द समझ गए कि हीरो बनने की जगह हीरो बनाना

ज्यादा बेहतर होगा। फिल्मों में छोटी-मोटी सहायक भूमिकाओं में खप जाने के लिए वे नहीं बने थे।

इस दिशा में सबसे पहले उन्होंने प्रकाश मेहरा के लिए 'आखिरी डाकू' और दुलाल गुहा के लिए 'खान दोस्त' फिल्में लिखीं। पर सिनेमा में लेखक की हैसियत से भी अपनी जगह बनाना उनका मकसद नहीं था। उनकी निगाह फिल्म निर्माण और निर्देशन पर थी। दरअसल वे समूची फिल्म की धड़कन बनना चाहते थे। रचना का केन्द्रबिन्दु। वे निर्देशक के रूप में सामने आए एन.एन. सिप्पी निर्मित 'कालीचरण' से, जिसके नायक शत्रुघ्न सिन्हा थे। एन.एन.सिप्पी ने उन्हें निर्देशक के रूप में पहला अवसर दिया और अपनी पहली ही फिल्म में सुभाष घई ने एक निर्देशक के रूप में अपना सिक्का जमा दिया। ऐसा निर्देशक जो व्यावसायिक सफलता के एक-एक नुस्खे की बारीक-से-बारीक पहचान रखता है। उन्होंने अपनी पहली ही फिल्म में शत्रुघ्न सिन्हा को नायक के रूप में पहली सुपर हिट फिल्म देकर चमत्कार ही कर दिया था।

'कालीचरण' शत्रुघ्न सिन्हा के लिए मनचाही मुराद की तरह थी। यह उनकी उल्टी चाल, उनके नकार की सर्वश्रेष्ठ अभिव्यक्ति बनी। एक नकारात्मक चरित्र को घई ने नायक के रूप में स्वीकार्य बना दिया था।

हमारे भीतर सुभाष घई की एक तस्वीर बन गई। जिसे हमने बनाया था। सिनेमाई छवियों का यही वैराट्य है। वे यथार्थ और कल्पना के बीच अजब घालमेल से बनती हैं। सिनेमा का हर दर्शक इन्हें अपनी-अपनी तरह से बनाता, बिगाड़ता और निहारता है। अभिनेता की छवि तो दर्शक के सामने स्पष्ट होती है, पर निर्देशक अपनी रचनात्मकता की गहनता से ही अपनी छवि बना सकता है। ऐसे चंद निर्देशक होते हैं जिनकी फिल्में सबसे पहले उनके नाम से जानी जाती हैं। वह निर्गुण ब्रह्म की तरह पर्दे पर चमकने वाली सगुण छवियों के रूप में स्वयं ही अवतरित होता है। दर्शक जब यह महसूस करते हैं कि सिनेमा के पर्दे पर संचालित होने वाले क्रियाकलापों की डोर किसी अदृश्य हाथों में है। वही सूत्रधार है। तब ही किसी निर्देशक की छवि निर्मित होती है।

सुभाष घई की यह तस्वीर ऐसे नौजवान की तस्वीर थी जो हिन्दी सिनेमा का दिलोजान से आशिक है। जिसे अपनी 'देसी' सिनेमाई परंपरा का गुरूर है। इस परंपरा की एक-एक ताकत से करीबी जान-पहचान है। दुनिया भर के सिनेमा से वाकफियत है। खासतौर से उस सिनेमा का दिलोजान से आशिक है जो लाखों-लाख दर्शकों को मुग्ध करने में कामयाब हुआ है। चाहे वह पश्चिम का सिनेमा हो या हमारा अपना। उसके पास यह समझ भी शुरू से ही भरपूर थी कि

व्यावसायिक रूप से सफल हुए बगैर यहाँ पर अपना वजूद बनाए रख पाना नामुमकिन है।

सुभाष घई का इस मायानगरी में कोई फादर या गॉडफादर नहीं था। उनके साथ सिर्फ उनका हौसला था। कुछ कर गुजरने की उत्ताल उमंग थी। सिनेमा से जुड़ने के तमाम किस्सों के मर्म से भी जरूर वाकफियत थी। तब ही शत्रुघ्न सिन्हा से उनकी मैत्री 'कालीचरण' के रचनात्मक अंजाम तक पहुँची। यह मैत्री कुछ-कुछ गुरुदत्त और देव आनन्द की मैत्री की तरह ही परवान चढ़ी होगी। गुरु और देव आनन्द की मैत्री का प्रतिफलन 'बाज़ी' में हुआ था और सुभाष घई-शत्रुघ्न सिन्हा की मैत्री का प्रतिफलन 'कालीचरण', 'विश्वनाथ' में हुआ। बाद में न गुरु और देव की रचनात्मक सहभागिता जारी रह सकी थी और न घई-सिन्हा की। उनके बीच मुहब्बत-नफरत का भी वही किस्सा है जो कुछ-कुछ देव-गुरु के बीच था। अब यह अलग बात है कि देवआनन्द, देवआनन्द हैं—और शत्रुघ्न सिन्हा, शत्रुघ्न सिन्हा। ठीक उसी तरह गुरुदत्त और सुभाष घई। इनके बीच कोई तुलना नहीं हो सकती।

यह वह जमाना था जब शत्रुघ्न सिन्हा नायक बनने के लिए जद्दोजहद कर रहे थे। उनके अभिनेता की कूबत को कुबूल कर लिया गया था लेकिन वे खलनायक थे। अपने चेहरा-मोहरा और कड़कदार आवाज से वे अपनी फिल्मों में नायकों पर इक्कीस पड़ जाते थे। उनकी छोटी-सी उपस्थिति भी फिल्मों में खासतौर से पहचानी जाती थी। 'खिलौना' और 'रामपुर का लक्ष्मण' इसी दृष्टि से सबसे महत्वपूर्ण हैं। अपनी इसी सामर्थ्य के बल पर शत्रुघ्न सिन्हा हीरो बनने के लिए हाथ-पैर मार रहे थे। 'सबक', 'गाय और गौरी' जैसी कई बी ग्रेड की फिल्मों में नायक के रूप में आ चुकने के बाद भी शत्रुघ्न सिन्हा अपने समकालीन अमिताभ बच्चन से ही नहीं, विनोद खन्ना से भी बहुत पीछे थे। बावजूद इसके कि वे 1971 में ही 'मेरे अपने' में विनोद खन्ना को जबर्दस्त टक्कर दे चुके थे। शत्रुघ्न मनमोहन देसाई की पसंद थे लेकिन खलनायक के रूप में। वे मनमोहन देसाई की फिल्म 'नसीब' में सहनायक तो बने किन्तु नायक नहीं बन सके। सुभाष घई ने शत्रुघ्न सिन्हा को पहली बार नायक के रूप में 'कालीचरण' के जरिए स्टार हीरो

बनाया। 'कालीचरण' से पहले शत्रुघ्न सिन्हा कोई चालीस-पचास फिल्मों में छोटी-मोटी मामूली भूमिकाओं से लेकर सहनायक, खलनायक, नायक तक की भूमिकाएँ निभा चुके थे पर स्टार हीरो उन्हें 'कालीचरण' ने बनाया। इसके बाद पचासों फिल्मों में शत्रुघ्न सिन्हा ने अपने जमाने की तमाम बड़ी नायिकाओं के साथ नायक की भूमिका निभाई। हेमा मालिनी, श्रीदेवी, जयाप्रदा, राखी, जीनत अमान, परवीन बॉबी, शबाना आजमी, स्मिता पाटिल, अपर्णा सेन, मौसमी चटर्जी, रेखा, अनीता राज, नीतू सिंह वगैरह अनेक नायिकाओं के साथ शत्रुघ्न सिन्हा की फिल्में आईं और रीना राय के साथ उनकी कामयाब सितारा जोड़ी भी बनी। उन्होंने सत्रह फिल्मों में एक साथ काम किया। इन तमाम उपलब्धियों के बावजूद शत्रुघ्न सिन्हा की 'कालीचरण' के बाद 'विश्वनाथ', 'काला पत्थर', 'शान', 'क्रान्ति', 'नसीब', 'कालका', 'समय की धारा' आदि चंद ही ऐसी फिल्में हैं जो याद आती हैं। शत्रुघ्न सिन्हा की ऊर्जस्विता का एक-दो प्रतिशत भी हिन्दी सिनेमा में इस्तेमाल नहीं हो सका। वे हिन्दी सिनेमा के राजकुमार से कम कठिन सितारे नहीं हैं। महागुणी आई.एस. जौहर की भाँति वे भी अपनी प्रतिभा का सर्वोत्कृष्ट दुरुपयोग करने में सिद्धहस्त हैं। आई.एस. जौहर निर्देशित और अभिनीत लगभग सभी फिल्में हमने देखी हैं और शत्रुघ्न सिन्हा के नाम के कारण भी हमने ढेरों वाहियात फिल्में देखी हैं। आई.एस. जौहर का फिल्मफेयर में प्रकाशित होने वाला 'क्वेश्चन बॉक्स' हमने प्रकाशन के अंत तक बगैर चूके पढ़ा है। हमारे लिए फिल्मफेयर की शुरुआत ही जौहर के पन्ने से होती थी। उनके जवाब अकसर सूत्रवाक्यों की तरह होते थे। उनके जवाबों से बड़बोले सवाल शर्मिंदा हो जाते और चुटीले सवाल जगमगा उठते थे। लेकिन उन्हीं के उत्तराधिकारी शत्रुघ्न सिन्हा का सवाल-जवाब का पन्ना दो-चार अंकों के बाद फिर कभी उस शिद्दत से नहीं पढ़ सका। वे हमेशा अपने व्यक्तिगत आग्रहों के शिकार होते हैं। इसीलिए वे आगे चलकर अपने नकार की सकारात्मक अर्थवत्ता दर्शकों के भीतर स्थापित नहीं कर पाते, अमिताभ बच्चन की तरह। इसका सबसे प्रमुख कारण शत्रुघ्न का 'डिप्लोमैट' न होना है। अक्खड़पन में डूबे गहरे स्वाभिमान ने उन्हें सिनेमा और राजनीति दोनों जगह शीर्ष तक नहीं पहुँचने दिया। एकल नायक के रूप में उनकी सर्वश्रेष्ठ फिल्म

'कालीचरण' है। शत्रुघ्न सिन्हा के नायकत्व की सिनेमाई छवि की यही परिमिति है कि उसकी पहली ऊँचाई उसका शीर्ष भी है।

'कालीचरण' से यदि शत्रुघ्न सिन्हा को फायदा हुआ तो सुभाष घई को भी हुआ। शायद ज्यादा ही हुआ, क्योंकि वे उस फायदे का असली फायदा उठा सके। उनके सामने खुद शत्रुघ्न सिन्हा ने तत्काल दूसरी फिल्म परोस दी–'विश्वनाथ'। इसके साथ ही धर्मेन्द्र, जीनत अमान, शशि कपूर, प्रेमनाथ, प्राण, अमरीश पुरी जैसे सितारों के साथ रणजीत विर्क की 'क्रोधी' भी शुरू हुई। लेकिन यह 'विश्वनाथ' ही नहीं 'गौतम गोविन्दा' और 'कर्ज़' के भी बाद पूरी होकर प्रदर्शित हो सकी। इसकी व्यावसायिक असफलता का एक छोटा-मोटा कारण यह भी था। जो फिल्में घिसट-घिसटकर बन पाती हैं उनसे निर्देशक ही नहीं अभिनेताओं का भी अंतरंग लगाव नहीं रह जाता। अपने निर्माण में बिखराव के कारण भी अच्छी विषयवस्तु और समर्थ अभिनेताओं के बावजूद 'क्रोधी' असफल हुई।

'विश्वनाथ' सफल हुई। 'कालीचरण' को 'विश्वनाथ' का चोला पहना दिया गया था। सुभाष घई अपनी इस कोशिश में कामयाब हुए। यह फिल्म पूरी तरह शत्रुघ्न सिन्हा केन्द्रित थी। इसमें घई ने कालीचरण की ही तरह तपे-तपाए चरित्र अभिनेताओं का उपयोग किया था। लेकिन तब भी प्राण और प्रेमनाथ तक 'कालीचरण' की तरह प्रभावी नहीं बन सके। गोलू गवाह की निराली भूमिका में अपने अद्वितीय अभिनय के बावजूद प्राण फिल्म की जीवनी शक्ति से नहीं जुड़ते। 'विश्वनाथ' पूरी तरह अपने समय की अमिताभ बच्चनीय कथाशैली का अनुगमन कर लेती है। यह वह दौर था जब अमिताभ बच्चन के प्रतिद्वंद्वी के रूप में शत्रुघ्न और विनोद खन्ना उभर रहे थे, उभारे जा रहे थे। 'विश्वनाथ' के शत्रुघ्न सिन्हा अनचाहे-अनजाने अमिताभ बच्चन की स्थापित छवि की कॉपी बन गए। कई जगहों पर दर्शक 'दीवार' के संवादों का सीधा प्रक्षेपण पाते हैं। 'विश्वनाथ' में जब शत्रुघ्न सिन्हा अपनी बहन रीता भादुड़ी से कहते हैं–'आज क्या नहीं है हमारे पास', तो उसका जवाब है–'माँ नहीं है।' दर्शक को तुरन्त 'दीवार' याद आती है। यदि आपको 'विश्वनाथ' का मधुर गीत–'जब जब जो जो होना है, तब तब सो सो होता है', याद हो तो आपको 'पड़ोसन' में हास्य अभिनेता आगा भी इस मुहावरे

को बार-बार दोहराते हुए याद आ जाएँगे—'बिन्दु की माँ, जब जब जो जो होना है, तब तब सो सो होता है।'

'विश्वनाथ' भी चली लेकिन 'कालीचरण' के पीछे रही और साबित यही हुआ कि विश्वनाथ बाबू मुकद्दमा हार गए हैं। 'कालीचरण' में चरित्र की कोख से नायकत्व पैदा होता है। 'विश्वनाथ' में महानायकत्व चरित्र को दबोच लेता है। प्रतिशोध विचार पर हावी हो जाता है। विश्वनाथ का जाँबाज चरित्र उन्माद में बदल जाता है। परिवर्तनकारी दृष्टि अवतारवादी तिलिस्म का शिकार हो जाती है। यह बात शत्रुघ्न सिन्हा नहीं समझ सकते थे लेकिन शायद सुभाष घई समझ सके थे। और शायद बाद में शत्रुघ्न सिन्हा भी समझे वर्ना 'कालका' जैसी विलक्षण फिल्म कैसे बनाते! 'कालका' से लेकर 'अन्तर्जली यात्रा' तक कुछ करने की छटपटाहट शत्रुघ्न में सदैव बनी रही है और आज भी वह अपनी श्रेष्ठतम सिनेमाई अभिव्यक्ति की तलाश में है।

'गौतम गोविन्दा' में शत्रुघ्न के साथ शशि कपूर भी आ जाते हैं। इसलिए परम्परागत नायकत्व स्वाभाविक रूप से शशि कपूर की झोली में गिरता है और शत्रुघ्न सिन्हा महत्वपूर्ण होते हुए भी अधिक से अधिक चरित्रनायक रह जाते हैं। शायद सुभाष घई अपने भीतर यह स्वीकार कर लेते हैं कि अब शत्रुघ्न सिन्हा के नायक चरित्र को और अधिक विकसित कर सकने में वे असमर्थ हैं। 'गौतम गोविन्दा' अपने प्रखर विचार, मधुर संगीत के बावजूद सुभाष घई की रचनायात्रा में एक भूली-बिसरी स्मृति की तरह ही मौजूद है। 'एक ऋतु आए, एक ऋतु जाए, मौसम बदले न बदले नसीब' जैसा मधुर और भावनापूर्ण गीत भी अब शायद ही कभी दिखलाई-सुनाई पड़ता है। यह आनन्द बख़्शी के सर्वश्रेष्ठ गीतों में से एक है। यह गीत न केवल समूची फिल्म के विचार को जुबान देता है अपितु मानवीय अस्मिता के शिखर की पहचान की भी अभिव्यक्ति करता है। आनन्द बख़्शी सुभाष घई के यूँ ही अति आत्मीय नहीं बने थे। उन्होंने सुभाष घई की फिल्मों के लिए गीत नहीं लिखे अपितु सुभाष घई की फिल्मों में डूबकर उनके किस्से को काव्यात्मक तरलता देने का प्रयास किया है।

सुभाष घई यह अच्छी तरह जानते हैं कि कमजोर-से-कमजोर नायक को भी

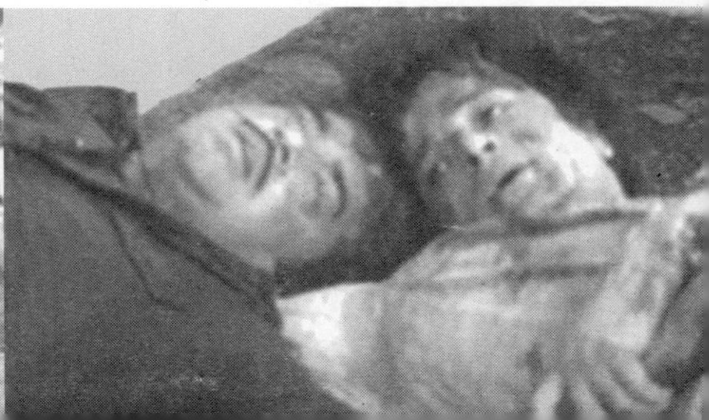

सशक्त चरित्र अभिनेताओं के जरिए टाँगे रखा जा सकता है। वे 'कालीचरण' से ही सशक्त चरित्र अभिनेताओं और खलनायकों की पूरी टीम के साथ उतरते हैं। उनकी रामलीला और महाभारत में अकेले राम-रावण और कौरव-पाण्डव नहीं होते, उनकी समूची फौज होती है। अपने तरह के हनुमान, मेघनाद, शकुनि, अर्जुन, दुर्योधन, द्रोपदी वगैरह-वगैरह मौजूद होते हैं। प्रेमनाथ, अमरीश पुरी, प्राण, मदनपुरी, अजीत, शम्मी कपूर, संजीव कुमार, अनुपम खेर जैसे चरित्र कलाकारों को उन्होंने बहुत ही खूबसूरती से अपनी फिल्मों में प्रस्तुत किया है। सितारों के मामले में सुभाष घई उस जौहरी के मुताबिक हैं जो खूबसूरत आभूषण की निर्मिति में एक-एक नगीने को पूरी चमक-दमक के साथ बारीक खूबसूरती में पैबस्त करता है।

'कालीचरण' से 'क्रोधी' तक सुभाष घई की पाँचों फिल्मों के रावण मण्डली के सरताज प्रेमनाथ हैं। यदि राजकुमार और शत्रुघ्न सिन्हा कठिन सितारे हैं तो प्रेमनाथ को महाकठिन सितारा समझा जाना चाहिए। उनके जैसा विलक्षण, अहंकारी अभिनेता हिन्दी सिनेमा में दूसरा नहीं। अपने बहनोई राजकपूर की 'आग'(1948) और 'बरसात'(1949) से शुरुआत करने वाले ग्रीक देवता जैसी शख्सियत के धनी प्रेमनाथ बहुत जल्द सहनायक से नायक और फिर फिल्मकार भी हुए। मधुबाला से उनका रोमांस खासा चर्चित हुआ लेकिन बेल मुँडेर नहीं चढ़ सकी। उन्होंने बीना राय से विवाह किया। बाद में कई फिल्मों की असफलताओं ने उन्हें परिदृश्य से बाहर कर दिया। वे वर्षों यायावरी करते रहे और विजयआनंद की 'जॉनी मेरा नाम' के साथ 1970 में एक बार फिर वे पर्दे पर खलनायक की तरह आए और छा गए। अपने दूसरे अवतार में प्रेमनाथ ने पहले से बहुत-बहुत बढ़कर सफलता हासिल की।

सुभाष घई ने प्रेमनाथ को 'कालीचरण' में एक जाँबाज पुलिस अफसर बनाया, जिसमें 'दो आँखे बारह हाथ' के जेलर के आदर्शवाद का जरा सा छौंक लगाया– 'विश्वनाथ' में वह जी.एन.के. हो गया। सभ्यता की नकाब में छुपा हुआ दरिन्दा। 'गौतम गोविन्दा' में वह मगरूर राजा साहब है और 'कर्ज़' में सबसे छोटी लेकिन सबसे प्रभावशाली भूमिका में हैं–सर जूडा। वह जो गूँगा है। वह जो सिर्फ इशारों से बोलता है। वह जो अपने एक हाथ में थामे हुए शराब के गिलास को दूसरे

हाथ की उँगलियों से तबले की तरह खनकाता हुआ निहायत ठण्डा मृत्यु आदेश प्रसारित करता है। वह सर जूडा 'कर्ज़' के बहुत कम दृश्यों में उपस्थित होता है लेकिन समूची फिल्म में अन्तर्धारा की तरह बहता रहता है—आतंक का अंधकार बनकर। 'कालीचरण' नें अजीत और प्रेमनाथ के बीच ही असली मुकाबला है। अजीत के लॉयन के तमाशे (LION - NO17) को आज भी उसका बेटा टेलीविजन पर जीवित रखे हुए है। 'कालीचरण' ने लॉयन को अजीत का ट्रेडमार्क बना दिया था। उसके बाद न जाने कितनी फिल्मों में अजीत लॉयन हुए और न जाने कितने और-और लॉयन हुए। अजीबोगरीब नाम होते है सुभाष घई की फिल्मों में खलनायकों के—लॉयन, खोका, जी.एन.के., सर जूडा, डॉ. डैंग—तुरन्त आकर्षित करने वाले। जो नाम से बढ़कर मानवीय दुष्प्रवृत्तियों की अभिव्यक्ति करते हैं।

यह आकस्मिक नहीं है कि सुभाष घई को अपनी फिल्मों के छोटे-छोटे नाम पसन्द हैं—'क्रोधी'-'कर्ज़'-'ताल'-'यादें'-'कर्मा'-'विधाता'-'सौदागर'-'परदेस'- 'खलनायक' के अतिरिक्त भी वे अपनी फिल्मों के नामकरण में दो शब्दों से आगे नहीं बढ़ते। व्यक्तिगत नामों के शीर्षक वाली उनकी फिल्मों में भी नायक किसी विशेष विचार की ही अभिव्यक्ति होते हैं। सुभाष घई उन निर्देशकों में हैं जिनकी दृष्टि के केन्द्र में समूची फिल्म का नायकत्व होता है। यदि वह एक चरित्र हो तो उसे भी असीम धाराओं के माध्यम से अभिव्यक्त होना पड़ता है। इसीलिए उनके सितारों के साथ मतभेद भी होते हैं और चरित्र नायक बहुत शिद्दत के साथ फिल्मों में उभरकर आते हैं। उनकी फिल्मों में चरित्र अभिनेता अपनी चमक से अन्ततः फिल्म के नायकत्व को ही महिमामण्डित करते हैं और नायक की आनुषंगिक कमियों को भी छिपा लेने में सफल होते हैं।

आगे चलकर शत्रुघ्न सिन्हा के साथ उनकी पटरी नहीं बैठती। दरअसल अब न शत्रुघ्न सिन्हा को सुभाष घई की जरूरत रह जाती है और न सुभाष घई के निर्देशकीय विकास के लिए शत्रुघ्न सिन्हा उपयोगी रह जाते हैं। 'गौतम गोविन्दा' के बाद 1980 में 'कर्ज़' से सुभाष घई एक हस्ती बन जाते हैं। 'कर्ज' ही वह फिल्म है जिसने सुभाष घई को पहली बार सुभाष घई साबित किया। वे 'कालीचरण' में सफल होकर 'विश्वनाथ' में खुद को दोहराते हुए 'गौतम गोविन्दा'

की लड़खड़ाहट से 'कर्ज़' में इस तरह उबरते हैं कि खुद एक मिसाल बनकर सामने होते हैं और इसी के साथ 'क्रोधी' की असफलता भी छिप जाती है। एक अच्छे विचार के बावजूद 'क्रोधी' पूरी तरह लुंजपुंज फिल्म थी। नवेन्दु घोष जैसे समर्थ व्यक्ति ने इस फिल्म की पटकथा लिखी थी। मजा ये कि इस फिल्म की सबसे बड़ी खामियाँ इसकी पटकथा और निर्देशन ही थे।

'कर्ज़' में पुनर्जन्म का अनेकानेक बार दोहराया हुआ नुस्खा ही सुभाष घई ने इस्तेमाल किया है लेकिन अपनी तरह से। 'महल','मधुमती' से लेकर 'महबूबा' तक कई-कई तरह से इस विषय को संगीतमय फिल्मों में ढाला गया और वे हर बार सफल हुईं। 'कर्ज़' सफल ही नहीं हुई उसने सुभाष घई को प्रतिष्ठित भी किया। ऋषि कपूर के कैरियर की सर्वश्रेष्ठ फिल्मों में एक 'कर्ज़' भी है। नायक केन्द्रित और टीना मुनीम के नायिका होने के बाद भी सिमी गरेवाल इस फिल्म की बहुत बड़ी ताकत हैं। सिमी गरेवाल के कैरियर की भी यह एक श्रेष्ठ फिल्म है।

इसी फिल्म से सुभाष घई ने अपनी रचनात्मक प्रतिबद्धताएँ तय कीं। मधुर संगीत के प्रति उनका आकर्षण 'कालीचरण' से ही देखा जा सकता है। वे वहाँ भी अनुकूलता न होने के बावजूद चार-पाँच गीतों के लिए गुंजाइश निकाल ही लेते हैं। यहाँ तक कि 'क्रोधी' जैसी फिल्म में भी वे 'मानो हमारा अहसान कि लड़के ने हाँ कर दी' जैसे गीत चस्पा करने से नहीं चूकते। पर वे पहली बार 'कर्ज़' को म्यूजिकल बनाते हैं या बना पाते हैं। ऋषि कपूर की नृत्य प्रतिभा का सर्वश्रेष्ठ इस्तेमाल करते हैं और 'ओम शान्ति ओम' के द्वारा हिन्दी सिनेमा में एक चिरनूतन संगीतात्मक दृश्य की निर्मिति करते हैं। 'पैसा ये पैसा' गीत में वे स्वयं भी एक पल के लिए टपोरी दर्शक की तरह दर्शन देते हैं। इस बार उन्हें दर्शक खूब अच्छी तरह पहचान लेते हैं कि हाँ यही हैं जनाब सुभाष घई। और यदि सुभाष घई को यह मुगालता हो कि दर्शक उन्हें उनकी फिल्मों के गानों के मध्य ढूँढ़ा करते हैं तो शायद बहुत गलत मुगालता नहीं है। बेशक बेशुमार दर्शकों को उनकी एक झलक का इंतजार होता है। इस तरह घई अपनी हर फिल्म में पल दो पल को अवतरित होने वाले विश्वविख्यात फिल्मकार अल्फ्रैड हिचकॉक की नकल करते हैं या अपने भीतर छिपे अभिनेता को सांत्वना देते हैं या अपने दर्शकों को निराकार

निर्देशक के साकार दर्शन देने का बहाना ढूँढ़ते हैं—क्या कह सकते हैं।

'कर्ज़' शायद वह पहली फिल्म है जो पुनर्जन्म के अंधविश्वास को कहीं एक तर्क की कसौटी भी देती है। भावना के उत्ताप को गहरा आधार भी देती है। तुलसी हाय गरीब की कबहुँ न निष्फल जाय। पुनर्जन्म दूसरी शक्ल में होता है, कहीं और होता है किन्तु भावना उसे खोज लेती है। अनाचार अपने अंजाम तक पहुँचता है। ऋषि कपूर का खूबसूरत अल्हड़पन, टीना मुनीम की अधखिली कली की मासूमियत, राजकिरण की दीवानगी की बेचारगी और सबसे बढ़कर सिमी गरेवाल के खूँख्वार लालची सौन्दर्य का सम्मोहन गूँथकर एक ऐसा संगीतमय ऑपेरा निर्मित करते हैं सुभाष घई जो दर्शक की रग-रग में उतर जाता है। इसके पीछे वे बड़ी चतुराई से सर जूडा की रावण मण्डली को खड़ा कर देते हैं।

'कर्ज़' का निर्माण मुक्ता फिल्म्स के बैनर के अन्तर्गत किया गया था लेकिन इसके निर्माता के रूप में सुभाष घई का नहीं, जगजीत खुराना और अख़्तर फारुखी का नाम था। जाहिर है कि 'कर्ज़' के साथ ही या इसके पहले ही सुभाष घई के दिमाग में खुद ही निर्माता बनने का कीड़ा कुलबुलाने लगा था। यह कोई नई बात नहीं थी। हिन्दी सिनेमा के इतिहास में हर समर्थ निर्देशक ने यही किया है या इसके लिए मजबूर हुआ है। अंततः अपने कल्पनालोक की रचनात्मक अभिव्यक्ति की सम्पूर्णता के सृजन में अपने कंधों पर ही आर्थिक जिम्मेदारी उठानी पड़ती है। स्वयं निर्माता न होने पर बड़े-से-बड़े निर्देशक को भी अपनी कल्पनाओं के घोड़ों को उस तरह दौड़ाने की सुविधा नहीं होती जिस तरह वह चाहता है। कहीं न कहीं निर्माता की सोच-विचार की लगाम उसकी गति में बाधक बन जाती है। इसके साथ ही निर्देशक अपनी निर्मिति का पूरा आर्थिक लाभ भी तब ही पाता है जब वह निर्माता भी हो। खासतौर से जब किसी निर्देशक की फिल्में लगातार सफल हो रहीं हों तो वह अपने हुनर से दूसरों का घर क्यों भरते रहना चाहेगा। निर्माता होकर ही निर्देशक के दोनों हाथों में लड्डू हो सकते हैं।

'कर्ज़' मूलरूप में एक मधुर प्रेमकथा है। पुनर्जन्म का नुस्खा जिसका आधार है। समसामयिक व्यावसायिक अर्थवत्ता से जोड़ने के लिए अपराध और प्रतिशोध का नेपथ्य रचा गया है। हीरो पॉप सिंगर है लेकिन गाता है—ओम शान्ति ओम।

उसके जीवन मूल्य शुद्ध भारतीय हैं। सब कुछ है, सब तरह का है, फिर भी दिल है हिन्दुस्तानी। मानवीयता से ओतप्रोत। यह वह फिल्म है जिसमें निर्देशक की एकाग्रता भंग नहीं होती। कोई ट्रैक, साइडट्रैक की तरह नहीं चलता। प्रेमनाथ का मौन खलनायकत्व 'कर्ज़' की सबसे बड़ी जरूरत थी। उनका वाचाल स्वरूप फिल्म की पूरी संरचना को ही फुसफुसा देता। उस भावप्रवण आवेग को खण्डित कर देता जिसमें पूरी फिल्म समेकित होती है। इसलिए भी कि 'कर्ज़' में उनका मुकाबला करने के लिए अक्खड़ शत्रुघ्न सिन्हा नहीं थे, मासूम ऋषि कपूर थे। सुभाष घई ने सर जूडा को गूँगा बनाकर न केवल 'कर्ज़' को प्रेमनाथ की वाचालता से मुक्ति दिलाई है, वरन् प्रेमनाथ को भी अपने अभिनय का नया आयाम खोलने का अवसर दिया। घई बेशक प्रेमनाथ की छवि का इस्तेमाल करते हैं, बखूबी इस्तेमाल करते हैं, उनसे चीख-चीखकर जोरदार संवाद उगलवाते हैं लेकिन तब भी दोहन नहीं करते। प्रेमनाथ घई की पाँच फिल्मों में हैं और हर जगह उनकी छवि को एक नए गैटअप में पेश किया गया है। बिल्कुल मुख़्तलिफ किरदारों में। कमाल के अलग-अलग मैनरिज़्म में।

'कर्ज़' में ऋषि कपूर कामदेव हैं। ओम शान्ति ओम गीत का समापन जिस अंदाज में ऋषि कपूर करते हैं उससे दर्शकों को वही रोमांचक उत्तेजना मिलती है जो वह नायक के द्वारा खलनायक को उठा-उठाकर पटके जाने पर प्राप्त करता है। ऋषि कपूर इस गीत के जरिए अपने चाहने वालों की रगों में जुनून की तरह उतरते हैं। टीना मुनीम अपनी छोटी-सी उपस्थिति में कुछ कमजोर नहीं है पर उनकी मासूमियत की छटाएँ ऋषि कपूर और सिमि गरेवाल के बीच दुबक-सी गई हैं। 'कर्ज़' टीना मुनीम को बेहद खूबसूरती से पेश करती है। सिमी की भूमिका में ग्लैमर से विषाद तक इतने रंगबिरंगे शेड्स हैं, जिन्हें उसने विश्वस्तरीय अभिनय क्षमता के प्रतिमानों को आईना दिखलाते हुए अंजाम दिया है। 'कर्ज़' में सिमी की कामुक शालीनता दुनिया की किसी भी अभिनेत्री के लिए चुनौती है। आईने में नीचे ऋषि की तस्वीर के ऊपर उभरता सिमी का प्रतिबिम्ब और बीच में लिखा हुआ I Love You एक बिम्ब की तरह अंकित हो जाता है। जुगुप्सा तक सम्मोहक बन जाती है। अदाकार और निर्देशक की दृष्टियुति ही बेमिसाल अभिव्यक्तियों

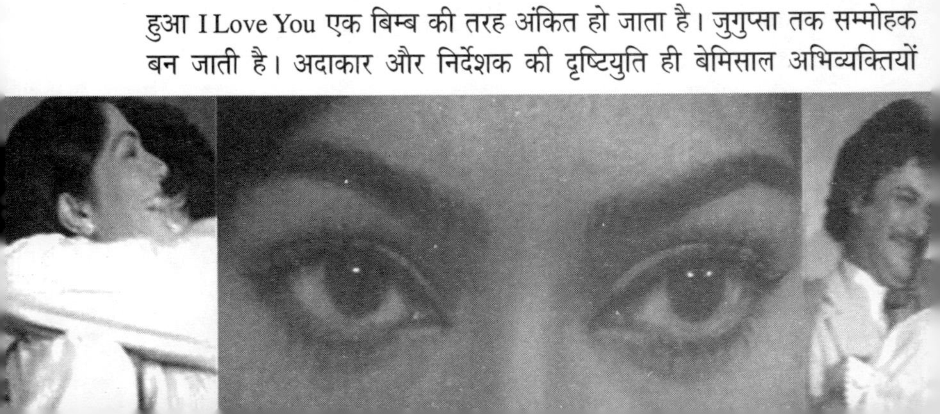

को प्रस्तुत कर सकतो है।

'कर्ज़' से सुभाष घई शत्रुघ्न सिन्हा से और शत्रुघ्न सिन्हा सुभाष घई से मुक्त होते हैं। पर वे एक-दूसरे से मुक्त कभी नहीं होते। उनके बीच मुहब्बत और नफरत का अटूट रिश्ता हमेशा बरकरार रहता है। मुहब्बत और नफरत एक ही सिक्के के दो पहलू हैं। असल चीज तो गहराई है, डूबना है, किसी का मौजूद होना है। शायद दुश्मन दोस्त से अधिक शिद्दत से मौजूद होता है। दुश्मनी की भी शर्त वही है जो दोस्ती की है। सच्ची होनी चाहिए। कोई हँसी खेल नहीं है दुश्मनी पालना। शत्रुघ्न सिन्हा सुभाष घई की असफलताओं का मजाक उड़ाते हैं। सुभाष उस मजाक का दर्द महसूस करते हैं। शत्रुघ्न का मानना है कि घई उनके मजाक को नहीं समझते। शत्रुघ्न सिन्हा यदि मान सकते हैं तो खुद को घई का गॉडफादर मान सकते हैं। वे यह कभी स्वीकार नहीं कर सकते कि भले ही सुभाष घई उनकी ही मेहरबानियों के द्वारा 'कालीचरण' और 'विश्वनाथ' का निर्देशन पाने में सफल हुए हों लेकिन वे फिल्में बनाई सुभाष घई ने ही थीं और उनके अभिनेता की शक्ति को सार्थक दिशा दी थी। शत्रुघ्न सिन्हा अधिकांशतः जितने तर्क देते हैं, जो उनकी दृष्टि में सुभाष घई के विरोध में होते हैं लेकिन वस्तुतः वे उनकी सुभाष घई से गहरी संलग्नता की कोख से पैदा हुए होते हैं। शत्रुघ्न सिन्हा ने सुभाष घई की बुरी फिल्मों के रूप में 'त्रिमूर्ति', 'खलनायक' और 'सौदागर' के ही नाम ज्यादातर लिए हैं। 'त्रिमूर्ति' विशेष रूप से निशाने पर आई क्योंकि यह सुभाष घई की पहली सबसे बड़ी व्यावसायिक असफलता थी। इसके निर्देशक भले ही वे नहीं, मुकुल आनन्द थे लेकिन यह माना गया कि सुभाष घई ने निर्देशक के काम में जबर्दस्त हस्तक्षेप किया था और क्लाइमेक्स को पूरी तरह फिर से फिल्मांकित किया गया था। हालांकि जो ऐसा न हुआ होता तब भी मुकुल आनंद की रचनात्मकता 'त्रिमूर्ति' में शायद ही सहज भावात्मक उत्ताप पैदा कर पाती। स्व. मुकुल आनंद सिने तकनीक के कितने भी गहन जानकार रहे हों लेकिन मानवीय रिश्तों की अनुराग दीप्ति को सहजता में नहीं पकड़ पाते थे। वे तकनीकी गहराइयों में उतरना जानते थे, मानव मन की गहराइयों में उतरना नहीं। इसका सबसे बड़ा उदाहरण 'खुदा गवाह' है। 'त्रिमूर्ति' अपने गठन के स्वरूप में सुभाष घई शैली की

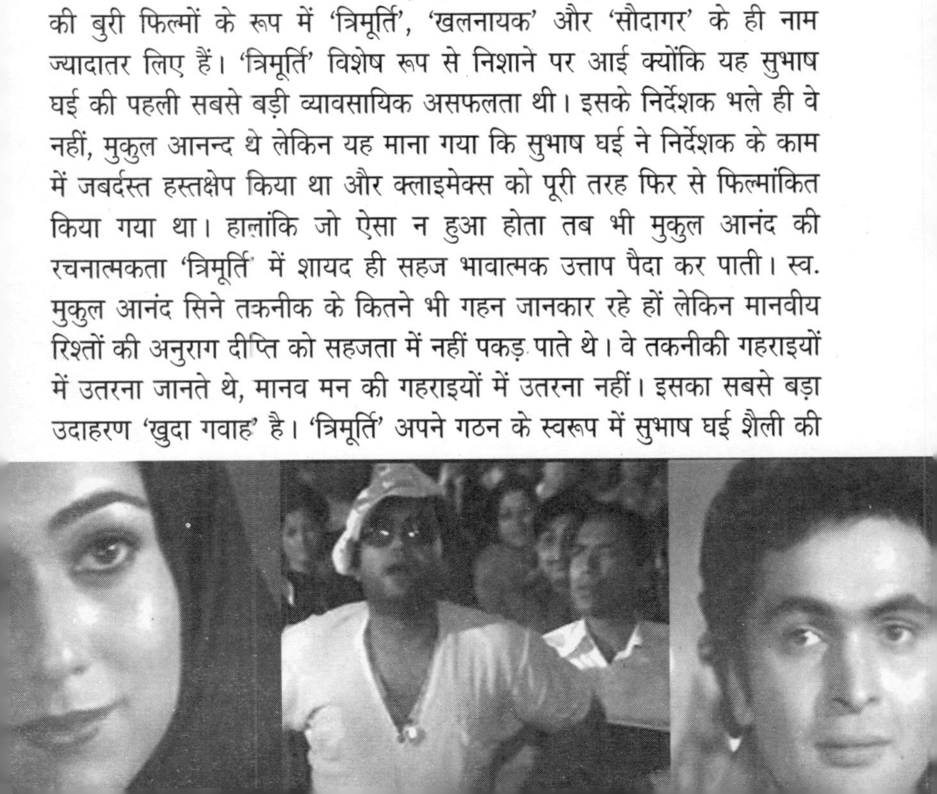

ही गवाही देती है। आज जिस तरह मुक्ता आर्ट्स के अन्तर्गत घई अन्य निर्देशकों की कम लागत की या साधारण लागत की फिल्में बना रहे हैं 'त्रिमूर्ति' इसके विपरीत घई की भव्यतम फिल्म थी जिसमें तमाम नामचीन सितारे और तमाम सर्वश्रेष्ठ साधन और साज़-ओ-सामान मौजूद थे। 'खलनायक' और 'सौदागर' व्यावसायिक रूप से सफल फिल्में थीं और 'सौदागर' के लिए घई को पहला और अब तक का एकमात्र फिल्म फेयर अवार्ड भी मिला था लेकिन निस्संदेह शत्रुघ्न सिन्हा बिलकुल सच कहते हैं–'सौदागर' और 'खलनायक' भी कमजोर फिल्में थीं। खासतौर से इसलिए क्योंकि वे सुभाष घई के निर्देशन में बनी थीं। 'कर्मा' के साथ ही सुभाष घई उस सीमा को लाँघते हैं जहाँ पर किसी निर्देशक को उसके किसी भी कीमत पर सफल हो जाने के प्रयास की सफलता पर सराहा जा सके। 'सौदागर' और 'खलनायक' में घई सहज नहीं रह पाते। यहाँ उनका शोमैन निर्देशकीय क्षिप्रता को दबा लेता है। सितारों के व्यक्तित्व निर्देशकीय बारीकियों को उभरने नहीं देते। 'सौदागर' में दिलीप कुमार और राजकुमार आमने-सामने इस तरह खड़े होते हैं कि वे यथार्थ की जगह मिथक बन जाते हैं। अपने केंचुल से तनिक भी बाहर न निकलने वाले वे सितारे चमत्कार जरूर पैदा करते हैं लेकिन सिनेमा चमत्कार पर नहीं, आनन्द उद्रेक पर ही जाकर टिकता है। उनकी जुगलबंदी कोई मिसाल नहीं बन पाती।

अपनी गहरी अंतरंगता के ही कारण शत्रुघ्न सिन्हा यह नहीं कहते कि कम से कम तीन ऐसी फिल्में भी हैं जिनके लिए सुभाष घई को सराहा जाना चाहिए–कालीचरण, कर्ज़ और कर्मा। यह अलग बात है कि हमें एक निर्देशक के रूप में सुभाष घई की अब तक की सर्वश्रेष्ठ फिल्म 'ताल' लगती है। अपनी तमाम लेखकीय कमियों के बावजूद।

'कर्ज़' के साथ ही सुभाष घई की रचनायात्रा का पहला अध्याय पूरा होता है। 'कर्ज़' की रोमांचक सफलता ने चार सालों से घिसट-घिसटकर बन रही 'क्रोधी' की व्यावसायिक असफलता को ढँक लिया था। 'कर्ज़' कितनी बड़ी हिट हुई इसका अनुमान सिर्फ इसी तथ्य से लगाया जा सकता है कि सुभाष घई को अपनी अगली फिल्म 'विधाता' के लिए गुलशन राय ने पूरी दरियादिली के साथ सारे

साज़-ओ-सामान परोस दिए। वे गुलशन राय जो फिल्म बाजार की रग-रग पहचानते थे, वितरण और प्रदर्शन के क्षेत्रों में एक महत्त्वपूर्ण हस्ती थे। जिन्होंने 1970 में त्रिमूर्ति फिल्म्स की स्थापना कर विजय आनन्द के निर्देशन में देवआनन्द के सहयोग से 'जॉनी मेरा नाम' बनाई थी। बावजूद इसके, फिल्म की संरचना पसन्द न आने पर उनके निर्देशक विजय आनन्द से मतभेद हुए और वे निर्देशक पर निर्माता का रुतबा गालिब करने में कामयाब हुए। इसके लिए उन्होंने निर्देशक के ही बड़े भाई देवआनन्द, जो फिल्म के नायक भी थे, को मध्यस्थ बनाया और अपने मनोनुकूल फिल्म को रूपाकार दिलाने में सफलता पाई। अब यह भी यकीन का ही करिश्मा है कि 'जॉनी मेरा नाम' जबरदस्त हिट हुई। यानी साबित यही हुआ कि गुलशन राय सही थे। 1975 में त्रिमूर्ति फिल्म्स के लिए यश चोपड़ा ने 'दीवार' निर्देशित कर सफलता का एक नया इतिहास ही लिख दिया। इससे भी बढ़कर यह कि उसने हिन्दी सिनेमा को वह महानायक दिया जो आगामी तीन दशक तक अपनी छवि के बूते एकछत्र शहंशाह बना रहा। 'दीवार' की सफलता को यश चोपड़ा ने ही एक बार फिर 1977 में 'त्रिशूल' में दोहराया। 'जॉनी मेरा नाम', 'दीवार' और 'त्रिशूल' ने गुलशन राय को मालामाल कर दिया।

उस समय के सबसे बड़े निर्माताओं में शुमार होने वाले गुलशन राय ने सुभाष घई को अपनी अगली फिल्म की कामयाबी की जिम्मेदारी सौंपी। हवा का रुख भाँप लेने की महारत रखने वाले गुलशन राय ने घई नाम के नए घोड़े पर दाँव लगाने को वक्त की चतुराई समझा। गुलशन राय भव्यता प्रेमी हैं। घई का भी भव्यता के प्रति गहरा आकर्षण है। इन दोनों के बीच पटरी बैठने से 'विधाता' का निर्माण भव्य स्तर पर हुआ। इसके लिए उन्होंने घई को हर साधन मुहैया कराया। इसमें अपने समय के अनेक श्रेष्ठ कलाकार मौजूद थे—दिलीप कुमार, संजीव कुमार, शम्मी कपूर, संजय दत्त अमरीश पुरी, पद्मिनी कोल्हापुरे, सुरेश ओबेरॉय, डॉ. श्रीराम लागू वगैरह। सुभाष घई 'विधाता' को कामयाब तमाशा बनाने में सफल हुए। बुद्धिमानों को तो खैर अँगुलियाँ उठानी ही थीं लेकिन 'सात सहेलियाँ खड़ी-खड़ी, फरियाद सुनाए घड़ी-घड़ी' गाने पर देशव्यापी विवाद छिड़ गया था। यह विवाद इक्कीसवीं शताब्दी के प्रायोजित प्रचारमण्डित विवादों से जरा अलग था। यह विवाद कहीं न कहीं घई के

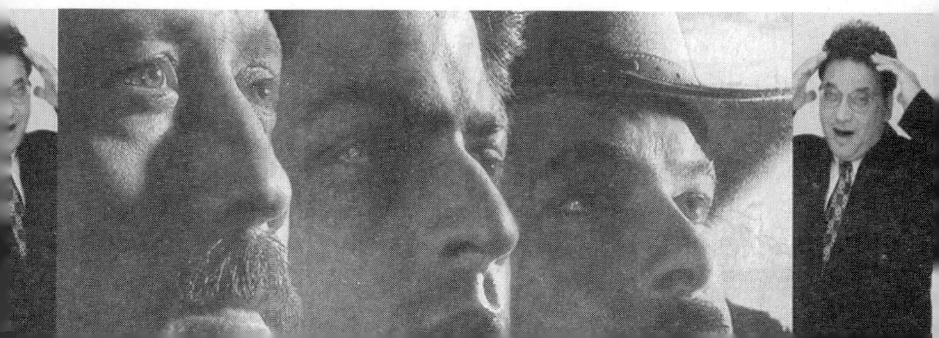

एसथैटिक सेन्स पर भी सवाल उठाता था...

...1964 में राजकपूर की 'संगम' के लिए 'मैं का करूँ राम मुझे बुड्ढ़ा मिल गया' बड़ी मजबूरी में गाया था लता ने और प्रतिरोध स्वरूप फिल्म नहीं देखी थी लेकिन 2000 में वही लता मंगेशकर कहती हैं कि आज के फिल्मी गानों के मुकाबले तो मुझे 'बुड्ढा मिल गया' भजन की तरह लगता है।

वे जो 'मेरे अँगनें में तुम्हारा क्या काम है'-'सोए गोरी का यार, बलम तरसे, रंग बरसे'-'सात सहेलियाँ खड़ी-खड़ी'-'चोली के पीछे क्या है' की शरारतों की शालीनता का आनन्द और प्रेमोन्माद के ताप को न उठा सकें वे लोकरस में नहीं डूब सकते। 1964 की 'संगम' का 'बुड्ढा मिल गया' 2004 में भी चुहलबाजियों के लिए प्रतिमान है। विभिन्न बोलियों के हमारे लोकगीतों में जो परिस्थितिजन्य और अवसर अनुकूल इशारेबाजी है, उसे अश्लील मान लेना नैतिक सरकशी के सिवा और क्या है!

1982 में 'विधाता' के साथ ही सुभाष घई अपने रचनात्मक जीवन के दूसरे अध्याय में प्रवेश करते हैं—एक सफल निर्देशक की तरह और उससे भी बढ़कर एक ऐसे कामयाब निर्देशक की तरह जिस पर निर्माता यकीन कर सकें। 'विधाता' भले ही घई को एक निर्देशक की क्षमता के मूल्यांकन में 'कर्ज़' से आगे न ले जाती हो लेकिन उन्हें एक सबसे बड़े तमाशेबाज़ के रूप में जरूर पुख़्ता करती है। यह भी साबित करती है कि वे सितारा बहुल बड़े कैनवास की फिल्म को सफलतापूर्वक निभा ले जा सकते हैं। यही वह समय है जब घई की आँखों में अनेक सुनहरे सपने झिलमिलाने लगते हैं।

'विधाता' में दिलीप कुमार ही नहीं, संजीव कुमार और शम्मी कपूर भी पटकथा और निर्देशन की सीमाओं से उस पार खड़े दिखलाई देते हैं। इसमें ऐसा कुछ खास नहीं है। ज्यादातर फिल्में सितारों के बोझ से ही दबी होती हैं। लेकिन 'विधाता' में अदाकारों की यही स्वच्छन्दता टकराव के मधुर क्षणों की निर्मिति भी करती है। इन तीनों के बीच समूचा घटनाक्रम गुँथा हुआ है। ये तीनों एक-दूसरे से वैचारिक मुठभेड़ के बंधन से भी बँधे हुए हैं। जहाँ दिलीप कुमार अपना विधाता आप बनता है वहीं उसका दोस्त शम्मी कपूर एक ज़र्रा है, एक बेहद मामूली आदमी। उसके लिए

ज़िन्दगी तकदीर का तमाशा है, तदबीरों का खेल नहीं। वह अपने दोस्त के टूटे हुए दिल की तकलीफ से नावाकिफ नहीं है। वह उस पीड़ा की गहराई में उतरकर उद्वेलित हो उठता है। जिसे जिन्दगी से बड़ी चीजों की ख्वाहिश नहीं। जो यह मानता है कि बनाने-बिगाड़ने वाला आदमी नहीं, कोई और है। आदमी तो बस उसके हाथों की कठपुतली है। और संजीव कुमार वह फरिश्ता है जो जीवन को दूसरों के सुख-सौभाग्य के लिए समर्पित कर जीवन की सार्थकता उपलब्ध करता है।

दिलीप कुमार के अमीर बनने के बाद जब शम्मी कपूर पहली बार उसके भव्य महलनुमा घर में पहुँचता है और उसके द्वारा दी गई शानदार पार्टी में शरीक होता है तो वह हाथ में जाम लिए अपनी तकदीर पर इतराता और चमक-दमक में डूबकर घबराता, बस एक ही बात बार-बार अपनी जुबान पर ले आता है, अपने यार से पूछता है, यार के यारों से पूछता है और दिलीप कुमार को हर पल अपनी बेवकूफी से गहरी मुश्किल में डालता है–'यार तू बस ये बता कि इतना अमीर कैसे बन गया।' 'विधाता' में आप सब कुछ भूल सकते हैं, शम्मी कपूर की यह छवि नहीं भूल सकते। हाथ में जाम लिए हुए शम्मी कपूर अपनी मासूम जिज्ञासा से विचलन की अभिव्यक्ति को मनभावन अंदाज देते हैं।

'विधाता' सुभाष घई का पहला बड़ा तमाशा है। यही फिल्म उनके शोमैन व्यक्तित्व की नींव डालती है। वह निर्देशक जो मामूली से मामूली सन्दर्भ को विशाल फलक पर फैलाना चाहता है, जिसकी नजर में ज़र्रा भी आफताब हो सकता है। 'विधाता', 'कर्मा' और 'सौदागर' सुभाष घई के तीन बड़े तमाशे हैं। शोमैन की जादूगरी के तमाशे।

'विधाता' व्यावसायिक रूप से तो सफल थी ही और सिनेमा की दुनिया में आदि से लेकर आज तक अपने पैर मजबूती से जमाए रखने के लिए इससे बड़ी सफलता और कोई नहीं रही। आज इक्कीसवीं सदी के पहले दशक में तो व्यावसायिक सफलता ही एकमात्र मानदंड बन गई है जिसने बड़े-से-बड़े निर्देशक के दृष्टिपथ को संकुचित करने में कोई कसर नहीं छोड़ी। आज का कोई बड़े-से-बड़ा निर्देशक भी 'कागज के फूल' और 'मेरा नाम जोकर' जैसी बेवकूफियों की कल्पना तक नहीं करता।

जब सुभाष घई ने 'विधाता' बनाई तब निर्देशक के रूप में वे कुल पाँच वर्ष पुराने थे। दिलीप कुमार जैसी किंवदंती का एक नए निर्देशक द्वारा अपनी फिल्म में सफलतापूर्वक उपयोग कर लेना कोई कम बड़ी उपलब्धि नहीं थी। वह भी उस समय जब संजीव कुमार और शम्मी कपूर जैसे जबरदस्त अभिनेता और वे भी पटकथा में अपनी जबरदस्त वैचारिक उपस्थिति से गढ़े गए चरित्रों में हों। यह संरचनात्मक सफलता 'विधाता' में सुभाष घई की उपलब्धि है। विशेष रूप से दिलीप कुमार और संजीव कुमार के बीच वैचारिक टकराव के दृश्य बहुत मेहनत, गहरी संवेदनशीलता और लेखकीय सक्षमता से निर्मित हुए हैं। अनेक समर्थ अभिनेताओं के बीच टकराव को सम्पूर्ण दृश्य की सार्थक परिणति तक पहुँचा लेना आसान काम नहीं है। इस बात को वे ज्ञानीजन नहीं समझ सकते जो दिलीप कुमार, संजीव कुमार या नसीरुद्दीन शाह के अभिनेता व्यक्तित्व के ताप के मूल्य को स्वीकार नहीं करना चाहते। हिन्दी सिनेमा में ये तीनों अभिनेता अपने आजीवन आचरण से यह प्रमाणित करते हैं कि अभिनेता के उदात्त आनन्द को जीना इनकी चरम उपलब्धि है। यह वे कहते नहीं हैं, उनका आचरण कहता है। एक बार का आचरण तक लाखों बार के कहने से ज्यादा प्रभावशाली है। इनके ओछेपन की कहीं परछाईं भी नहीं मिलती। ये व्यवसाय के चक्रव्यूह में घिरकर भी उसके आगे समर्पित नहीं हुए। अपना रचनात्मक आनन्द इनके लिए सर्वोपरि रहा।

सुभाष घई के तीनों बड़े तमाशों के केन्द्रीय चरित्र दिलीप कुमार ही हैं लेकिन वहाँ शम्मी कपूर, संजीव कुमार, नसीरुद्दीन शाह और राजकुमार के चरित्र भी अपनी समूची ताकत के साथ उभरते हैं। उनकी भूमिकाएँ संक्षिप्त हो सकती हैं, कमजोर नहीं। संजीव कुमार, नसीरुद्दीन शाह और राजकुमार के लिए तो इन फिल्मों के बारे में लिखते हुए अनेक समीक्षकों ने कहा ही था कि उन्होंने दिलीप को अपनी प्रतिभा से परास्त कर दिया है। यह भी एक दूसरे तरह का ही अतिवाद है। दिलीप, संजीव, नसीर ही नहीं हिन्दी सिनेमा में अनेकानेक ऐसे अभिनेता हैं जो अतुलनीय हैं। पृथ्वीराज कपूर और मोतीलाल से लेकर आज अमिताभ बच्चन तक इनकी लम्बी यशस्वी परम्परा है। उसी तरह इन सितारों से फिल्मों को आलोकित करने वाले निर्देशकों की भी अटूट यशस्वी परम्परा है। इनके बीच टकराव की भी अनेक यशस्वी गाथाएँ अविस्मरणीय फिल्मों के रूप में दर्ज हैं। 'विधाता' को सुभाष घई इस रचनात्मक परिणति तक अवश्य पहुँचाते हैं। इसीलिए 'विधाता' आज भी दर्शकों को लुभाती है। इसने अपने आकर्षण को बरकरार रखा है।

'विधाता' वह फिल्म है जो घई के आगामी ख़्वाबों के लिए दर्शकों को उत्तेजित करती है। उन्हें एक ऐसे निर्देशक के रूप में प्रतिष्ठित करती है जिनकी फिल्मों

की दर्शक प्रतीक्षा करते हैं। जिसकी फिल्में उसके अपने नाम से पहले पहचानी जाती हैं, मात्र उसमें अभिनय करने वाले सितारों के नाम से नहीं। 'कर्ज़' और 'विधाता' ने घई को एक ऐसे फिल्मकार के रूप में दर्शकों के भीतर बैठा दिया जो अदृश्य होकर भी उनके दृष्टिपथ में होता है, जो अपनी फिल्मों के द्वारा अपने दर्शकों के साथ अमूर्त संवाद स्थापित करने में सक्षम होता है। बीसवीं सदी के आखिरी पच्चीस सालों में सुभाष घई ही एकमात्र ऐसे फिल्मकार हैं जिन्होंने निर्देशक के वर्चस्व को आलोकित किया। बीसवीं शताब्दी के अंतिम पाँच-सात वर्षों में ही नए निर्देशकों की वह पीढ़ी उभरकर सामने आई जो आज इक्कीसवीं शताब्दी में निर्देशकीय क्षमता को प्रतिष्ठित कर रही है। आदित्य चोपड़ा, करन जौहर, सूरज बड़जात्या, संजय लीला भंसाली, मधुर भंडारकर, फरहान अख़्तर, विधु विनोद चोपड़ा, राजकुमार हीरानी, रामगोपाल वर्मा, कुणाल कोहली प्रभृति निर्देशकों ने अपनी फिल्मों में सितारों की छवियों को गढ़ने और उपयोग करने की क्षमता को उद्घाटित किया है। उन्होंने पिछली पीढ़ी के निर्देशकों के सामने अपनी रचनात्मकता से नई चुनौतियाँ खड़ी की हैं। उन्हें इस बात के लिए आगाह किया है कि अब पुरानी पीढ़ी को भी नई पीढ़ी की क्षमताओं से टकराने की चुनौती उठानी पड़ेगी। आज की पीढ़ी वह पीढ़ी है जो अतीत के व्यामोह से ग्रस्त नहीं है। वह भविष्य के खौफ से भी बड़ी हद तक मुक्त है। उसके सामने वर्तमान अपनी सम्पूर्ण सार्थकता के साथ टकराने के लिए उपस्थित है।

जब 1976 में घई ने सिनेमा की दुनिया में निर्देशक की हैसियत से शुरुआत की थी तब उनका मुकाबला यश चोपड़ा, मनमोहन देसाई, प्रकाश मेहरा और रमेश सिप्पी जैसे अपने अग्रजों से था और उस समय राजकपूर भी मौजूद थे। 1985 में राजकपूर ने अपनी अन्तिम फिल्म 'राम तेरी गंगा मैली' बनाई थी और 1986 में 'कर्मा' के साथ ही घई अपनी निर्देशकीय क्षमता के शिखर पर पहुँचे थे। इसी ने उन्हें भविष्य का शोमैन बनाया था। आज इक्कीसवीं सदी में घई का मुकाबला अपने से अगली पीढ़ी के निर्देशकों के साथ है। उनके साथ जो जीवन की तीव्रतम रफ्तार के बीच धूम मचाने के लिए प्रतिश्रुत हैं। इनके बीच अपना वर्चस्व बनाए रखने के लिए घई को अपनी क्षमता के नए टापू का स्वयं निर्माण करना होगा। वे उनकी रफ्तार में शामिल होकर अपनी महिमा स्थापित नहीं कर सकते।

जीरो से हीरो तक

सुभाष घई के व्यक्तित्व की निर्मिति के दूसरे अध्याय की वास्तविक शुरुआत 'हीरो' से हुई जो उनके द्वारा स्वतंत्र रूप से निर्मित पहली फिल्म थी। इस दिशा में पहला कदम तो वे 'कर्ज़' के साथ ही उठा चुके थे लेकिन निर्माता के रूप में मुक्ता आर्ट्स प्रा.लि. के बैनर तले पहली बार 'हीरो' में ही सामने आए।

सिर्फ यही नहीं, 'हीरो' नए जमाने की फिल्म थी। हीरो नया था, उसका अन्दाज नया था। उसकी हीरोइन नई थी। 'हीरो' सुभाष घई ने जैकी श्रॉफ और मीनाक्षी शेषाद्री को पहली बार रज़तपट पर प्रस्तुत करते हुए बनाई थी और 'हीरो' जैकी-मीनाक्षी के लिए 'बॉबी' साबित हुई थी। यहाँ भी यही कहा जा सकता है

कि 'बॉबी' और 'हीरो' के चित्रांकन में वही अंतर है जो राजकपूर और सुभाष घई में है।

सुभाष घई राजकपूर नहीं हैं। यदि वे उनसे प्रभावित भी हैं तो सिर्फ उनके उत्तरार्द्ध से। 'संगम' से पहले के राजकपूर के साथ घई के सिनेमा की कोई संलग्नता नहीं है। राजकपूर ने 1973 में पचास साल की उम्र में 'बॉबी' बनाई थी। वह सिर्फ 'मेरा नाम जोकर' की असफलता से मुक्त होने का प्रयास नहीं था। वह अपने युग की कल्पनाओं की असफलताओं से मुक्ति की घोषणा थी। 'बॉबी' का नायक आगामी युगों का है। उसकी महबूबा बीसवीं तो क्या इक्कीसवीं भी नहीं, बाइसवीं सदी की है। जहाँ गरीबी अमीरी को मुँह चिढ़ाती है। जहाँ मछुआरा भी अमीर हो सकता है और अपनी परम्परागत लुंगी खोंसते हुए बड़े से बड़े अमीर से टकरा सकता है। जो तुम्हारी स्कॉच के आगे अपनी रम का ठसका दिखला सकता है। राजकपूर ने सिर्फ अपनी नहीं अपने युग की असफलता को भी स्वीकार किया था। उन्होंने सिर्फ मंटो की तरह कहा नहीं था या कहना जानते ही नहीं थे कि यदि मेरी रचना कुरूप नज़र आती है तो यह मेरा नहीं जमाने का दोष है। उसे मेरे नाम पर मंसूब मत करो। राजकपूर 'बॉबी' से 'राम तेरी गंगा मैली' तक हिन्दी सिनेमा की घनघोर उथल-पुथल भरी दुनिया में न केवल अपने अस्तित्व को बनाए रहे अपितु उस ऊँचाई को भी बरकरार रख सके जिसमें सिर्फ फिल्में ही बनाते रहने और फिल्मों में ही डूबे रहने की अपनी ख़्वाहिश को जिन्दा रख सके। इतना ही नहीं मरते-मरते भी 'हिना' के रूप में अपना एक अधूरा सपना छोड़ गए जिसे उनके बड़े बेटे रणधीर कपूर ने अपने पिता से भी आगे जाकर पूरा किया। 'हिना' राजकपूर का अधूरा सपना हो सकती है लेकिन निर्देशक के रूप में पूरी तरह रणधीर कपूर की फिल्म है। राजकपूर की परछाईं तक से मुक्त हो पाना मुश्किल बात है। रणधीर कपूर ने इस नामुमकिन को मुमकिन बनाया है। वे राजकपूर के सौन्दर्यबोध के कोण से बिल्कुल अलग खड़े होते हैं। विलक्षण प्रतिभावान रणधीर हमेशा अपनी सीमाओं में डब्बू ही बने रहे। और सिर्फ 'हिना' ही नहीं राजकपूर की आँखों में ऐसे न जाने कितने सपने साकार होने को मचलते थे।

'बॉबी' के दस साल बाद 1983 में सुभाष घई ने 'हीरो' बनाई थी और जैकी-मीनाक्षी को उसी तरह रातों-रात सितारा बना दिया था जिस तरह 'बॉबी' ने ऋषि कपूर और डिम्पल कपाड़िया को। जैकी श्रॉफ और मीनाक्षी शेषाद्रि ने ऋषि कपूर और डिम्पल कपाड़िया की तरह सितारा गौरव प्राप्त किया।

और जब हमने इक्कीसवीं शताब्दी के सुप्रभात में फरहान अख़्तर की 'दिल

चाहता है' देखी तो 'हम हैं नए, अंदाज क्यों हो पुराना' में हमें 'हीरो' की अनुगूँज सुनाई देती रही। ये फरहान अख़्तर के नए जमाने के हीरो हैं। अक्षय खन्ना और सैफ अली खान कितने ऊँचे स्टार मैटीरियल हैं, फरहान की निर्देशकीय प्रतिभा ही 'दिल चाहता है' में उनके चरित्रों के व्यक्तित्व के निर्माण में चमत्कार करती है। सैफ ने आगे चलकर 'कल हो न हो'-'हम तुम' वगैरह में 'दिल चाहता है' में अर्जित इमेज को अपने व्यक्तित्व की तरह ढ़ालकर सफलता प्राप्त की। 'दिल चाहता है' सैफ के कैरिअर का टर्निंग प्वाइंट है। आमिर खान के साथ उनकी त्रयी अपने जमाने के नौजवानों की ख्वाहिशों का पुरअसर जुनून रचती है। फरहान अख़्तर 'दिल चाहता है' में अपने जमाने के युवा के दिशाभ्रम को ईमानदारी से उकेरते हैं और उसकी भावुक आकांक्षाओं का सुनहरा संसार खड़ा करते हैं। पर अपनी अगली फिल्म 'लक्ष्य' में उसी विषय को उठाते हुए दो कदम आगे की बजाय एक कदम पीछे जा पड़ते हैं। 'लक्ष्य' में 'दिल चाहता है' की सहजता पूरी तरह नदारद है। वहाँ कथानक की स्पष्टता का अभाव नायक के चरित्र को युवामन के साथ जोड़ने में सफल नहीं होता।

'हीरो' जैकी श्रॉफ को एक चमत्कार की तरह खड़ा करती है। चमत्कार शत्रुघ्न सिन्हा की 'कालीचरण' में भी है लेकिन वह सिर्फ सितारे का सदुपयोग है, उसकी सामर्थ्य का विस्तार है, पर 'हीरो' में वे सितारों का सृजन करते हैं। जैकी श्रॉफ को उन्होंने विवेक मुश्रान या अपूर्व अग्निहोत्री की तरह दिलीप कुमार, राजकुमार और शाहरुख खान जैसे बड़े सितारों की छाया में प्रस्तुत नहीं किया है। वही कथा का केन्द्रीय चरित्र है। एक बिल्कुल नये लड़के पर पूरी फिल्म खड़ी करने की जुर्रत करना कोई आसान काम नहीं था। वह भी उस समय जब सुभाष घई सबसे बड़े सितारों के साथ काम करने के लिए मशहूर हो चुके थे। 'विधाता' के बाद घई से दर्शकों की अपेक्षाएँ आकाश को छूने वाली हो चुकी थीं। ऐसे समय में यह यदि एक ओर उठाई गई बड़ी चुनौती थी तो निश्चित ही दूसरी ओर अपनी क्षमता पर अटूट यकीन भी शामिल था, वर्ना 'हीरो' उस रूपाकार में प्रस्तुत ही नहीं हो पाती जिसने उनकी क्षमता का लोहा मनवा दिया। मीनाक्षी शेषाद्री के रूप में 'हीरो' ने एक दूसरे सितारे को भी जन्म दिया, जिसकी प्रतिभा ने हिन्दी सिनेमा के

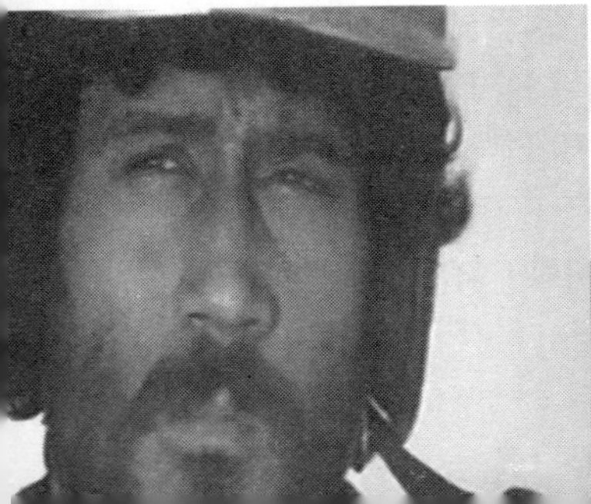

पतनशील दौर में कई नारीप्रधान फिल्मों को आलोकित किया। एकमात्र 'दामिनी' तक उसकी कीर्ति को अक्षुण्ण रखने के लिए पर्याप्त है।

वह जो कहते हैं कि सुभाष घई फार्मूलेबाज हैं तो यह मान लेने में कोई एतराज नहीं होना चाहिए। 'मुग़ल-ए-आज़म' और 'बॉबी' में सिर्फ देश, काल और वातावरण का ही तो अन्तर है वरना संघर्ष तो वही है—छोटे और बड़े का। ऋषि कपूर आधुनिक युग का शहजादा ही तो है और सम्पन्नता की जंजीरों में जकड़े महाअमीर प्राण शहंशाह नहीं तो और कौन हैं? वहाँ विद्रोह का कारण एक कनीज़ है और यहाँ भी एक नौकरानी की पोती। 'हीरो' में भी आधारभूत संघर्ष यही है। किसी गँवई के दर्शन में कह लें तो कुल जमा दो ही तो किस्से हैं—प्यार करेगा कि फाँसी पे चढ़ेगा। और जो द्वैत की सीमाओं से पार चले जाइए तो ये भी दो किस्से कहाँ हुए कुल जमा एक ही तो किस्सा है—जो कू-ए-यार से निकले तो सू-ए-दार चले।

'हीरो' ने सुभाष घई को स्टार मेकर बनाया। उन्होंने नकारात्मक दिखने वाले व्यक्तित्वों में सकारात्मकता की गहरी आभा पहचानने का अपना दावा 'कालीचरण' की ही तरह 'हीरो' में भी साबित किया। जैकी के व्यक्तित्व को प्रतिनायक की भूमिकाएँ ही शोभा देती हैं, बाद में भी ज्यादातर ऐसा ही माना गया। 'हीरो' जैकी की स्टार हीरो के रूप में पहली ही नहीं श्रेष्ठ फिल्मों में भी एक है। खासतौर से एकल नायक वाली फिल्मों में तो वह प्रतिमान है।

सुभाष घई अपनी अधिकांश फिल्मों के लेखक स्वयं ही हैं। 'कालीचरण' से लेकर 'किसना' तक कथा-पटकथा-संवाद लेखन में कहीं न कहीं उनकी भूमिका अवश्य रही है। 'हीरो' की पटकथा राम केलकर ने तैयार की लेकिन इसके कथा लेखक और संवाद लेखक सुभाष घई ही हैं। साफ है कि सुभाष घई उन निर्देशकों की श्रेणी में आते हैं जिन्हें पटकथा की सीमाओं में नहीं बाँधा जा सकता। जहाँ कथा लेखक और संवाद लेखक खुद निर्देशक ही है वहाँ पटकथा तैयार करने में निर्देशक द्वारा दिए गए कथा सूत्र ही विकसित होने हैं। राम केलकर, जैनेन्द्र जैन, एम.जी. हशमत, सचिन भौमिक, डॉ. राही मासूम रजा, नवेन्दु घोष, कमलेश पाण्डे, जावेद अख़्तर, जावेद सिद्दीकी आदि प्रसिद्ध फिल्म लेखकों की भी उनकी फिल्मों

के साथ पटकथा लेखक और संवाद लेखक के रूप में संलग्नता रही है लेकिन सुभाष घई की समूची रचनायात्रा में कथासूत्र उनके ही हाथों में रहे हैं। यह उनके रचनाकर्म की एक सीमा भी है।

'हीरो' सीधी-सादी प्रेमकथा है। एक ईमानदार भोले-भाले गरीब आदमी का बेटा पाशा नाम के खूँख्वार अपराधी के हाथों पलकर अपराधी बन जाता है। वह पाशा को जेल से छुड़ाने के लिए एक रिटायर्ड पुलिस अधिकारी की बेटी का अपहरण कर लेता है। इस दौरान उन दोनों में प्रेम विकसित होता है और जैकी दादा राधा का किशन बन जाता है। वह स्वयं पुलिस के आगे आत्मसमर्पण कर देता है। उसे दो वर्ष के कठोर कारावास की सजा मिलती है लेकिन अपने अच्छे आचरण के कारण उसे छः माह पहले ही रिहा कर दिया जाता है। रिटायर्ड पुलिस अधिकारी पिता एक मुजरिम को अपने दामाद के रूप में स्वीकार करने के लिए तैयार नहीं होता। उधर पाशा जेल तोड़कर भाग जाता है और प्रेम के द्वन्द्व के साथ खून-खराबे की गुंजाइश भी निकाल ली जाती है। फिर वही परम्परागत द्वन्द्व जिसका अन्त भी वही–जैसे उनके दिन फिरे, वैसे ही सबके दिन...

सिनेमा के लिए एक मुहावरा है कि यहाँ नई बोतल में पुरानी शराब ही बार-बार पेश की जाती है। शराब हर बार वही होती है बस बोतल बदल जाती है। उसका रंग-रूप-आकार-प्रकार बदल जाता है। लेबल बदल जाता है। कुल मिलाकर किस्सा यही हुआ कि किस्सा तो वही एक पुराना है बस सबका अपना-अपना कहने का अन्दाज अलग होता है। सुभाष घई ने हिन्दी सिनेमा में मुहब्बत के कामयाब किस्से को एक नए अन्दाज में अपनी तरह से 'हीरो' में पेश किया है। किसी भी लैला-मजनू, शीरीं-फरहाद, सलीम-अनारकली, रोमियो-जूलियट से लेकर बॉबी तक के मुहब्बत के अफसानों की श्रृंखला का एक और किस्सा। शांताराम से लेकर आज तक कोई बड़ा फिल्मकार मुहब्बत के अफसानों की इस अनवरत श्रृंखला में जुड़ पाने के मोह से मुक्त नहीं हो सका है। 'प्यार करने वाले कभी डरते नहीं, जो डरते हैं वो प्यार करते नहीं' गीत का चित्रांकन उन्होंने ठीक 'मुग़ल-ए-आज़म' के–'प्यार किया तो डरना क्या' के अन्दाज में किया है। टकराव के कोण भी वहीं से उठाए गए हैं। ठीक उसी की तरह शुरुआत होती है–'लोगों

से सुना है / किताबों में लिखा है / सबने यही कहा है / प्यार करने वाले कभी डरते नहीं / जो डरते हैं वो प्यार करते नहीं।'

यही बात राधा ने किशन से पहले ही कह दी थी—नतीजों से डरने वालों का प्यार झूठा होता है। प्यार कुर्बानी से ही अमर होता है...

...रब है क्या? रब इश्क है!

बस वही घर है खुदा का जिसमें ये मेहमान है!!

अब यदि इसके बहुत आगे जाकर 'ताल' में देखें तब भी वही है—'नीचे इश्क है / ऊपर रब है / इन दोनों के बीच में सब है।'

दोनों गीत आनन्द बख्शी ने लिखे हैं। आनन्द बख्शी सुभाष घई की फिल्मों के गीतों में उनकी कहानियों के मर्म को अनेक तरह से अपने गीतों के द्वारा व्याख्यायित करते हैं।

'हीरो' में छः गीत हैं। इन छहों गीतों के माध्यम से ही किस्से के घटनाक्रम को गूँथा गया है। गीत सुभाष घई की हर फिल्म में महत्त्वपूर्ण होते हैं लेकिन 'हीरो' एकमात्र फिल्म है जिसमें गीतों के जरिये किस्सा बयान किया गया है। नायिका के श्रृंगार का गीत—'निंदिया से जागी बहार, ऐसा मौसम देखा पहली बार' क्रूरता की पथरीली जमीन में कोमलता के अंकुरण का गीत है। यह गीत तक नायिका की निजी अभिव्यक्ति नहीं बना रह पाता। उसके साथ समूचा वातावरण सिमट आता है। पूरे गीत के दौरान घटनाओं के कथासूत्र विकसित होते चलते हैं।

इस अनुराग अंकुरण को प्रस्फुटित करने वाला गीत है- 'डिंग डाँग, ओ बेबी सिंग ए साँग'। इसमें उमंगों के प्रस्फुटन की उद्दाम अभिव्यक्ति होती है जिसमें नायक नायिका के साथ नायक के चार साथी तो शामिल हैं ही, खुद सुभाष घई भी पलभर के लिए दर्शन देते हैं। अपनी मस्ती में झूमते गाते जाते हुए युवकों की टोली की उपेक्षा पर मुँह चिढ़ाते हुए—'डिंग डाँग, सिंग ए साँग'।

प्रेम के पुष्पित-पल्लवित होने और आकांक्षाओं के उन्माद का आनन्द गीत है—मेरा साजन मेरा बालम / मेरा बालम मेरा साजन / मेरा मजनू मेरा रांझा / जानूऽऽऽ, तू मेरा जानू है तू मेरा दिलबर है / मेरी प्रेम कहानी का तू हीरो है!

फिल्म में जय-पराजय और आकांक्षाओं के उन्माद के निदर्शन के लिए इसे

एकाधिक बार अलग-अलग तरह से प्रयोग किया गया है। घई अकसर अपनी फिल्मों में एक आधार गीत अवश्य रखते हैं जिसका विभिन्न अवसरों पर अलग-अलग तरह से भी उपयोग किया जाता है।

प्रेम में मिलन के साथ वियोग अवश्यम्भावी है। यह भौतिक दूरी ही प्रेम की गहनता को प्रसारित करती है। वेदना की गहराई को–'बिछड़े अभी तो हम बस कल परसों / जिऊँगी मैं कैसे इस हाल में बरसों / मौत न आई तेरी याद तो आई / लम्बी जुदाई... / चार दिनों का साथ ओ रब्बा / होठों पे आई मेरी जान दुहाई-लम्बी जुदाई...' गीत के द्वारा उभारा है।

इस गीत के द्वारा ही वह कथा को संघर्ष और तनाव के मधुर क्षणों की ओर ले जाता है जिसमें प्रेमी–'प्यार करने वाले कभी डरते नहीं'–गीत के माध्यम से समाज की रूढ़ियों को चुनौती देते हैं। फिल्म के क्लाइमैक्स में संजीव कुमार और साथियों के ऊपर चित्रांकित- 'मुहब्बत ये मुहब्बत'–गीत फिल्म की कथा को जैसे एक काव्यात्मक परिणति भी देता है। देखिए किस तरह गीत का आरम्भ होता है और फिर उसका विकास–'कयामत है ये / नज़ाकत है ये / शरारत है ये / शिकायत है ये / शराफत है ये, अदावत है ये / इनायत है ये, इबादत है ये / कयामत, नजाकत, शिकायत, शराफत, इबादत, अदावत / मुहब्बत ये मुहब्बत, मुहब्बत ये मुहब्बत / मुहब्बत, मुहब्बत, मुहब्बत!'

सातवें दशक के बाद विशेष रूप से मुहम्मद रफी, मुकेश और किशोर कुमार के अवसान के बाद हिन्दी सिनेमा संगीत निरन्तर गुणवत्ता विहीन होता चला गया। हिन्दी सिनेमा के अन्यतम गीतकार शैलेन्द्र की कोई चार दशक पहले लिखी गई पंक्तियाँ आज के फिल्म संगीत पर सबसे सार्थक टिप्पणी के रूप में देखी जा सकती है–'टीन कनस्तर पीट-पीटकर, गला फाड़कर चिल्लाना / यार मेरे मत बुरा मान, ये गाना है न बजाना है!' ऐसे माहौल में भी सुभाष घई ने अपनी फिल्मों के संगीत को माधुर्य के साथ जोड़े रखा है। इस संदर्भ में उनका सबसे बड़ा करिश्मा 'ताल' है जिसमें वे नई पीढ़ी के सबसे चमत्कारी संगीतकार ए.आर. रहमान के साथ काम करते हुए पुरानी पीढ़ी की संगीत परम्परा के अनुकूल संगीत रचनाएँ कराने में सफल हुए हैं।

'हीरो' की सफलता का एक बड़ा कारण उसका मधुर गीत-संगीत भी है।

आनन्द बख्शी और लक्ष्मीकान्त प्यारेलाल के साथ उनका साहचर्य आजीवन बना रहा। इसके साथ ही नये नायक के लिए उन्होंने हमेशा की तरह अत्यन्त सशक्त सहायक भूमिकाएँ निर्मित की। वे चरित्र तो अत्यन्त प्रभावोत्पादक हैं ही जो बिन्दु, संजीव कुमार और शम्मी कपूर के द्वारा अभिनीत किए गए हैं। जैकी दादा के चारों मित्र भी कथासूत्र का महत्त्वपूर्ण हिस्सा बनते हैं। वे फिल्म के भावात्मक संसार से भी जुड़ते हैं। सुभाष घई अपनी फिल्मों में छोटे-छोटे चरित्रों को भी मूलकथा प्रवाह के साथ बड़ी खूबसूरती से जोड़ देते हैं। इस तरह वे कई अवांछित प्रसंगों को भी सफलतापूर्वक कथा के विकास का अंग बना पाते हैं और वर्णन के इकहरेपन को तोड़ते हैं।

अपनी उत्कृष्टता, सांगीतिक तरलता और लोकप्रियता के बावजूद 'हीरो', 'बॉबी' को नहीं लाँघ पाती। आखिर ऐसा क्या खास है राजकपूर में, जो घई के पास नहीं है। प्रेम की अभिव्यक्ति का इकहरापन हिन्दी सिनेमा में सिर्फ राजकपूर की मिल्कियत है। 'अति सूधो सनेह को मारग है, जहाँ नेकु सयानक बाँक नहीं!'— इस सयानेपन से घई मुक्त नहीं हैं। राजकपूर की प्रेमकथाओं में पेंच-दर-पेंच नहीं होते, बस एक ही राग होता है—लगन लगी...लगी...लगी...लगन लगी। उस लगन की दीवानगी ही 'बॉबी','संगम' और 'बरसात' की ताकत है। घई का सिनेमा किस्से के आयाम तलाशता है। व्यक्तियों के घटनाओं से संघर्ष प्रसंग निर्मित करता है। 'हीरो' में जैकी-मनीषा की प्रेमकथा कई घटनाक्रमों से विकसित होकर संघर्षरत होती है। वहाँ 'बॉबी' की तरह निरपेक्ष आवेग नहीं है।

'हीरो' के साथ ही सुभाष घई की रचनात्मक उमंग विशाल फलक पर अपनी रचनात्मकता को उकेरने के लिए बेताब हो उठती है। 'हीरो' के बाद वे एन.एन. सिप्पी के लिए 'मेरी जंग' बनाते हैं। 'मेरी जंग' सुभाष घई की ही 'विश्वनाथ' को अलग कोण से देखने का प्रयास था। इसका हश्र भी 'विश्वनाथ' की ही तरह हुआ। व्यावसायिक दृष्टि से भले ही यह असफल न हुई हो (और यह कोई बड़ी उल्लेखनीय सफलता भी नहीं थी) लेकिन नूतन, अनिल कपूर तथा अमरीश पुरी के सशक्त अभिनय के बावजूद निर्देशकीय दृष्टि से बहुत ढीली-ढाली फिल्म थी। इसकी पटकथा में झोल ही झोल थे। इसके लेखक थे जावेद अख़्तर। तब

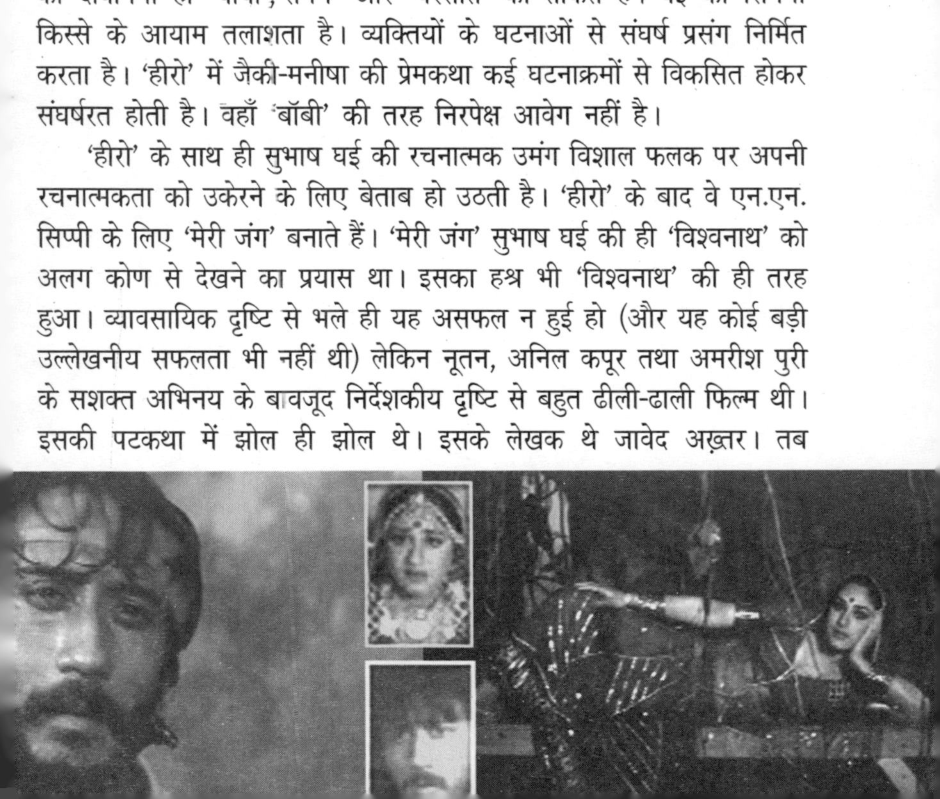

सलीम-जावेद की जोड़ी टूट चुकी थी और दोनों अलग-अलग असफल फिल्में लिख रहे थे—'जंजीर', 'शोले', 'दीवार', 'त्रिशूल' का जमाना गुजर चुका था।

सलीम-जावेद की जोड़ी ने अपनी पटकथाओं में अविश्वसनीय प्रसंगों को जिस गहरी विश्वसनीयता के साथ रचा था वह अलग-अलग सलीम और जावेद दोनों ही नहीं कर सके। यही उनकी असफलता का आधार कारण था। बाद में जावेद अख़्तर ने गीत लेखन के क्षेत्र में भी नए प्रतिमान रचे लेकिन बहुत दिनों के बाद 2004 में 'लक्ष्य' की पटकथा के साथ भी वे अपने पुराने जादू को नहीं जगा सके—'शोले', 'दीवार' का जादू। 'शोले' सिर्फ सफल फिल्म नहीं है। वह युगान्तरकारी फिल्म है। वह नायक गढ़ती है। उसका व्यक्तित्व गढ़ती है। जिन्दा समाज के घात-प्रतिघात रचती है। वह 'दो आँखे बारह हाथ' को दोहराती नहीं है। आज अपराधियों को सुधार की जरूरत नहीं है। वे हादसों के कारण या मानवीय लालच के कारण अपराधी नहीं बने उन्हें अपराधी बनाया गया है। अपराध समाज की रग-रग में पहुँच चुका है। वह पुलिस अधिकारी जिसने अकेले अपने बूते गब्बर सिंह जैसे दरिंदे पर काबू पा लिया था वह अपने दोनों हाथ कटवाने के बाद भी पुलिस और न्याय व्यवस्था पर भरोसा नहीं करता, दो अपराधियों पर भरोसा करता है। इसलिए कि उसने व्यवस्था का खोखलापन अपना सब कुछ खोकर देख लिया था। इससे बढ़कर सामाजिक व्यवस्था पर प्रश्नचिन्ह और क्या हो सकता है।

'शोले' ने गब्बर सिंह जैसे दुर्दान्त अपराधी को सबसे बड़ा हीरो बनाया था। धर्मेन्द्र, अमिताभ बच्चन के सामने भी सबसे पहले गब्बर खड़ा होता है। अमजद खान कहीं नहीं है। वह गब्बर सिंह है। वह गब्बर जिसका नाम लेकर माएँ अपने बेटों को डराती हैं, कहती हैं कि बेटा सो जाओ वरना गब्बर आ जाएगा, वह गब्बर बच्चों के खिलौनों का विज्ञापन करता है, वह गब्बर बच्चों के बीच बेइन्तहा लोकप्रिय होता है। 'लक्ष्य' में भी जावेद अख़्तर अपने जमाने के नौजवान की शक्ल पहचानने की कोशिश करते हैं लेकिन इकहरी दृष्टि उन्हें 'शोले' और 'दीवार' की ऊँचाइयों तक नहीं ले जा पाती। 'लक्ष्य' अधिक से अधिक हिन्दुस्तान के नव-धनाढ्य वर्ग के निठल्ले या अत्यधिक महत्त्वाकांक्षी नौजवानों के मनस्संसार को पहचानने की कोशिश करती है। वह आज के बहुसंख्यक नौजवानों का

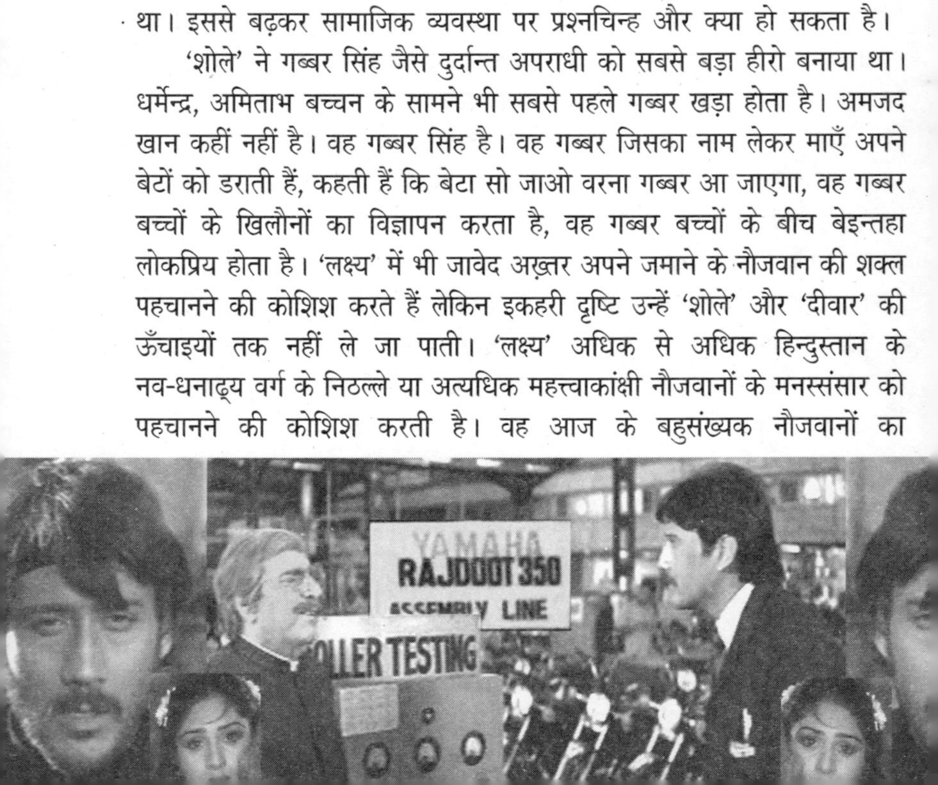

प्रतिनिधित्व नहीं करती। उसमें उन्हें अपनी छवि नहीं दिखाई देती। नायक का उत्थान भी उन्हें अपना उत्थान प्रतीत नहीं होता। जिसे लेखक एक बहुत महत्त्वपूर्ण सवाल की तरह उठाना चाहता है वह बहुत पहले से नासमझ से नासमझ आदमी के भीतर भी मौजूद है। प्रश्न दोहराए नहीं जाते। दोहराए गए सवालों के जवाब नहीं मिलते। सलीम-जावेद ने जिस तरह अपराध के बीच भी मुहब्बत की खुशबू अपनी पटकथाओं में पैदा की थी वह भी 'लक्ष्य' में नदारद है। यहाँ वे बेरोजगार नौजवान के भटकाव को रागात्मक सन्तुलन में स्थापित नहीं कर पाते। न ही आज के युवा को कोई सहज लक्ष्य इंगित कर पाते हैं, जो उसकी अपनी जिजीविषा की कोख से फूट पड़े और वह उत्थान का या पलायन का ही रास्ता बन सके।

'मेरी जंग' में नूतन ने अविस्मरणीय भूमिका अदा की थी। पटकथा की अनेक खामियों को उन्होंने अभिनय के सौन्दर्य से ढँक दिया था। वे मानवीय भावनाओं की बारीक से बारीक अभिव्यक्तियों को प्रस्तुत करने वाली समूचे हिन्दी सिनेमा की विलक्षण अभिनेत्री हैं। आगे चलकर सुभाष घई 'कर्मा' में उनके अभिनय की सामर्थ्य का सार्थक उपयोग कर पाने में सफल होते हैं।

'विश्वनाथ' और 'मेरी जंग' दोनों ही अदालत में होने वाले न्याय की सीमाओं की ओर इंगित करती हैं, पर अंततः अपराध और हिंसा के दुष्चक्र में ही निमज्जित हो जाती हैं। ये दोनों ही फिल्में अपने जिस तेवर के साथ आरम्भ होती हैं उसको अंत तक बनाए नहीं रख पातीं। 'विश्वनाथ' के शत्रुघ्न सिन्हा और 'मेरी जंग' के अनिल कपूर दोनों ही बारीक सच्चाइयों को सूरमाई अंदाज की प्रतिष्ठा में गर्क कर देते हैं। यहाँ तक कि नाटकीय संतुलन भी बरकरार नहीं रह पाता। ये फिल्में तर्क से शुरू होकर तमाशे में डूबती हैं। दोनों ही फिल्मों में निर्देशकीय दो नावों की सवारी और पटकथा की विसंगतियाँ उन्हें न घर का रहने देती है न घाट का।

'विश्वनाथ' और 'मेरी जंग' दोनों ही न्याय व्यवस्था के कमजोर पहलू पर सटीक टिप्पणी करने का प्रयास करती हैं। इन दोनों ही फिल्मों में कलाकारों ने उत्कृष्ट अभिनय किया, खासतौर से 'मेरी जंग' में अमरीश पुरी का चरित्र यदि सही ढंग से विकसित हो पाता तो यह उनके लिए एक अद्वितीय फिल्म होती। दरअसल हिन्दी का व्यावसायिक सिनेमा अकसर अनेक महत्वपूर्ण विषयों के साथ

ऐसी ही दुविधा का शिकार होता रहा है। वह असफलता के भय से और दर्शक को क्या चाहिए है, इसकी चिन्ता से कई बार न खुदा ही मिला न विसाल-ए-सनम की स्थिति में पहुँच जाता है। दर्शकों को क्या चाहिए, की चिन्ता के साथ यूँ तो हिट फिल्म बनाना भी नामुमकिन नहीं तो बहुत ही कठिन काम अवश्य है लेकिन इस चिन्ता के साथ कोई उत्कृष्ट फिल्म बनाना तो नामुमकिन ही है। निर्देशक के अंतःकरण की सच्चाई और अपनी रचना के प्रति यकीन ही दर्शकों की स्वीकृति में प्रतिफलित होता है।

एक फिल्मकार हमेशा वही बना सकता है जो खुद उसे चाहिए। जिसकी रचना के द्वारा वह तृप्त होता है। जो फिल्म दिल से निकलकर आती है वह कभी नाकामयाब नहीं होती। मुश्किल यह होती है दिल से बनाई जाने वाली फिल्में शत-प्रतिशत दिल से ही बनाई जा सकती हैं, वहाँ थोड़ी सी मिलावट भी नहीं चलती। 'विश्वनाथ' और 'मेरी जंग' निर्देशकीय दुविधा की मारी फिल्में हैं।

घई अपने विचलन को शायद पहचानते भी हैं और अंततः 1986 में अपने दूसरे दौर में अपने सबसे बड़े तमाशे 'कर्मा' के साथ सामने आते हैं। 'कर्मा' जो सिर्फ सुभाष घई को फिल्मकार की तरह ही नहीं, दिलीप कुमार को चरित्र नायक के रूप में भी तृप्त कर सकने वाली फिल्म है। 'कर्मा' आज 2005 में भी सुभाष घई की सर्वश्रेष्ठ सिनेमाई रचना है।

शीर्ष पर चरितनायक

जात न पुच्छै
पाँत न पुच्छै
न पुच्छैगा तेरा धरमा
रब तेरा पुच्छैगा ओ बंदे
क्या था तेरा करमा

'कर्मा' सुभाष घई का भव्यतम तमाशा है। देशभक्ति की दास्तान। फिल्म में वे सबसे पहले साफ-साफ कह देते हैं कि यह फिल्म लेखक की एक कल्पना है, इसका किसी जीवित या मृत व्यक्ति अथवा किसी घटना से कोई सम्बन्ध नहीं।

गरज ये कि ये एक अफसाना है और अफसाने में हकीकत तलाश कर किस्से का मजा बेमजा करना सिर्फ बेवकूफी है। जब फिल्मकार खुद ये घोषणा कर रहा है कि यह एक अफसाना है, हकीकत नहीं—तो इसे यथार्थवादी दृष्टि से देखना एक अहमकाना हरकत ही होगी। यूँ हमारे लिए तो सुभाष घई की यह घोषणा भी निरर्थक थी क्योंकि जिस तथ्य की ओर वे फिल्म के आरम्भ में इशारा करते हैं वह हमें पहले से ही पता था। तो यह सिर्फ एक औपचारिकता है। सुभाष घई के सिनेमा की कद्र करने वाले इस हकीकत से बखूबी वाकिफ हैं। हम सुभाष घई की किसी फिल्म को यथार्थवादी कृति की तरह देखने के लिए कभी नहीं गए। उन्होंने 'कालीचरण' में ही यह स्पष्ट कर दिया था कि वे बाहरी रेखाओं में यथार्थ को घेरकर प्रस्तुत करने वाले फिल्मकार नहीं हैं, वे तो हिन्दी सिनेमा की आदि परम्परा से जुड़कर नए क्षितिज तलाश करने वाले फिल्मकार हैं। उनका सबसे पहला उद्देश्य अपने दर्शकों का मनोरंजन करना है। इसके लिए वे अपनी कथा का जो ढाँचा तैयार करते हैं वह वस्तुतः किसी एक सूत्र की व्याख्या करने वाला होता है। 'कालीचरण' से लेकर आज तक उनके द्वारा निर्देशित किसी भी फिल्म में इस सच्चाई का अपहरण नहीं किया जा सका। 'कर्मा' देशप्रेम की उदात्त भावना को महिमान्वित करने वाली एक रूपक कथा है।

इसके कथासूत्र को इस प्रकार पकड़ा जा सकता है। विश्वनाथ प्रताप सिंह नाम का एक व्यक्ति जो देशभक्ति का प्रतीक है उसका सम्पूर्ण परिवार एक आतंकवादी सरगना के द्वारा नेस्तनाबूत कर दिया जाता है। वह जिस जेल का जेलर है, उसके सभी कैदियों को गोलियों से भून दिया जाता है। उसकी पत्नी इस भयानक हादसे को देखकर अपनी बोलने की शक्ति खो बैठती है। उसे यदि अफसोस है तो सिर्फ अपने बच्चों का नहीं, अपने उन कैदियों का जिन्हें वह अपने बच्चों की तरह प्यार करता था, अपने उन साथियों का जो उसके दिल में बसते थे। जब डॉ. डैंग जेलर से पूछता है कि उसके कितने बच्चे हैं तो उसका जवाब होता है—नब्बे करोड़। यह उसके लिए भारत की जनसंख्या नहीं, उसके अपने जिगर के टुकड़ों की तादाद है। वह व्यक्ति नहीं एक प्रतीक है। वह भारत की अस्मिता के रखवाले का बिम्ब है जिसका अपना व्यक्तित्व निजता की सीमाओं

को पार कर चुका है। उसका जीवन उसका अपना जीवन नहीं उसके अपने देश के लिए समर्पित जीवन है। वह मैं नहीं, हम है। उसके व्यक्तित्व में किसी तरह की संकीर्णता के लिए कोई जगह नहीं है।

विश्वनाथ प्रताप सिंह इस आतंकवादी सरगना से जूझने के लिए तीन उन कैदियों को चुनता है जिन्हें नृशंस अपराधों के लिए फाँसी की सजा दी जा चुकी है। कहानी का यह पेंच 'शोले' की याद दिलाता है। विश्वनाथ प्रताप सिंह सिर्फ एक जेलर ही नहीं अपितु तह में जाकर अपराधी के मनोविज्ञान को समझने की कोशिश करने वाला शख्स है जिसने इस संदर्भ में कई पुस्तकें लिखी हैं। इसके लिए उसे सरकार ने गोल्ड मैडल प्रदान किया है। पर उसकी कैदियों को सुधारने के लिए दी गई योजना को अस्वीकृत कर दिया जाता है। जब वह डॉ. डैंग के द्वारा उसका परिवार उजाड़ दिए जाने के बाद, अपनी नौकरी से इस्तीफा दे देता है तो सरकार उसका इस्तीफा स्वीकार नहीं करती अपितु उसकी योजना को स्वीकृति दे देती है और वह अपनी मर्जी के तीन कैदियों को चुनकर उनके साथ डॉ. डैंग के संहार के लिए खुफिया मिशन पर निकल पड़ता है।

यदि आप चाहें तो वी. शांताराम की 'दो आँखें बारह हाथ' याद आ सकती है। शांताराम को भी इस फिल्म के नायक के रूप में दिलीप कुमार ही पसंद थे, पर यह सुयोग संभव नहीं हो सका था। निस्संदेह कैदियों के सुधार के सूत्र को सुभाष घई वहीं से उड़ाते हैं। पर सिर्फ इतना ही। इसके आगे वे अपना किस्सा बिलकुल अलग गढ़ते हैं।

सुभाष घई की यह निश्चित मान्यता है कि जमाना बदलता है, कहानियाँ नहीं बदलतीं। जो कुछ बदलता है वह सिर्फ रूपाकार होता है। कहानी वही होती है सिर्फ पात्र बदल जाते हैं। जिन्दगी के शाश्वत मूल्य वही होते हैं। वही प्रेम में आत्मसमर्पण होता है। वही लालच का आत्मघाती स्वरूप होता है। वे ही विकृतियाँ होती हैं जो मनुष्यता के खूबसूरत संसार को बदसूरत बनाया करती हैं और इनमें वही आदिम संघर्ष होता है जिसकी गाथा हमारी रामायण है, महाभारत है। राम और कृष्ण हमारे ऐसे आदिकालीन चरित्र हैं जो सिनेमा में विभिन्न रूपाकार लेकर लगातार अपनी जीवन्त उपस्थिति बनाए हुए हैं। मानवीय जिजीविषा की हमारी

हर गाथा राम और कृष्ण के व्यक्तित्व से मुक्त नहीं हो सकती। ये लोक में डूबे हुए महानतम प्रतीक हैं। इन्हीं प्रतीकों को अलग-अलग रूपों में हजारहा हिन्दी सिनेमा ने पेश किया है और करता रहेगा।

सुभाष घई सबसे पहले सूत्र पकड़ते हैं, फिर उस सूत्र से उनके केन्द्रीय चरित्र का जन्म होता है। फिर उस केन्द्रीय चरित्र के नायकत्व की दसों दिशाओं को आलोकित करने वाले चटख चरित्र गढ़े जाते हैं, तब कहीं जाकर उनके इर्द-गिर्द कहानी का ताना-बाना तैयार किया जाता है जिसे चुटीले संवादों से सजाने में पूरी मशक्कत की जाती है।

'कर्मा' का सूत्र है सकर्मक देशप्रेम। इस सूत्र के गर्भ से राणा विश्वनाथ प्रताप सिंह नायक के रूप में जन्म लेता है। उसके नायकत्व की दसों दिशाओं में सुभाष घई फाँसी की सज़ा पाए तीन कैदियों को खड़ा करते हैं। इनके साथ एक पूर्व कैदी (दारा सिंह) भी है जो परिस्थितिवश हत्या करने के लिए मजबूर हो गया था। राणा की सिफारिश से ही उसे सजा में छूट मिली थी। वह राणा का अत्यंत विश्वासपात्र है।

आदर्शवाद सुभाष घई के पास भी है। 'प्रेम से एकता है—एकता से प्रेम है' की घोषणा वे 'ओ माही न जइयो परदेस' गीत के बीच फूलों से लिखकर करते हैं। फूलों की सेज पर पनपता प्यार। और जैसे इतने पर ही संतोष नहीं होता तो खुद रजतपट पर आकर दर्शन देते हैं—बड़ी ही भावविह्वल मुद्रा में। 'प्रेम से एकता है—एकता से प्रेम है' की पुष्पांकित छवि को देखते हुए कंधे पर एक हाथ से साइकिल टाँगे दूसरे हाथ से हवाई चुम्बन उछाल देते हैं। बस इसी संदेश के इर्द-गिर्द एक मजेदार तमाशा खड़ा करते हैं। इसके लिए वे अपने समय के श्रेष्ठतम कलाकारों का बेहद उपयुक्त समन्वय करते हैं।

दिलीप कुमार सुभाष घई की खास पसन्द हैं। उनकी तीन फिल्मों में दिलीप कुमार हैं। तीनों ही फिल्मों में चरित्र नायक के रूप में। उनकी यही तीन फिल्में उनके सबसे बड़े तमाशे हैं। सुभाष घई ही नई पीढ़ी का वह निर्देशक है जिसने दिलीप कुमार जैसे महानायक को अपने कैरियर के दूसरे अध्याय में सर्वश्रेष्ठ चरित्र ही नहीं दिए अपितु उस चरित्र के इर्द-गिर्द घूमती हुई समूची फिल्में दीं।

'विधाता'-'कर्मा' और 'सौदागर' में भी 'कर्मा' सबसे बढ़कर है। इस भूमिका में दिलीप कुमार अपनी उस ऊर्जा का रजतपट पर प्रक्षेपण करते हैं—चौंसठ साल की उम्र में—जिस पर पैंतीस-चालीस के अमित ऊर्जावान शाहरुख भी रश्क कर सकते हैं। अमिताभ बच्चन ने 'कभी खुशी कभी गम' का चुलबुलापन भी कहीं दिलीप कुमार में ही झाँका है। 'कर्मा' में दिलीप कुमार अपनी समूची विविधता के साथ मौजूद हैं। उनके सामने कैदियों के रूप में अनिल कपूर और जैकी श्रॉफ ही नहीं, नसीरुद्दीन शाह जैसे विकट अभिनेता भी हैं। इनके बीच तनाव की एक-एक बारीक रेखा से दिलीप कुमार के चरित्र को आलोकित किया गया है। इसमें जैकी, अनिल और नसीर तीनों को अपना सर्वश्रेष्ठ कर गुजरने का मौका हासिल हुआ। नसीरुद्दीन शाह मुख्य धारा की जिन फिल्मों में सबसे सहज और विलक्षण लगते हैं उनमें 'कर्मा' भी एक है। जैकी श्रॉफ और अनिल कपूर की प्रेमिकाओं के रूप में श्रीदेवी और पूनम ढिल्लो मात्र सौन्दर्य सृष्टि के लिए ही प्रयुक्त नहीं होतीं अपितु उन्हें भी नाटकीय चतुराई के साथ कथासूत्र से जोड़ दिया गया है।

फिल्म में कई गीत हैं और 'ओ मेरे भइया दे दारू' जैसा गीत भी जिसे छिछोरपन के नजरिये से भी देखा जा सकता है लेकिन सुभाष घई ने उस छिछोरपन को चरित्रों की मानसिकता की सटीक टिप्पणी में बदल दिया है। वे जैकी और अनिल के इस गीत के साथ नसीरुद्दीन शाह को भी शामिल कर देते हैं और वह गीत एक नया रंग, एक नया अर्थ लेकर उभरने लगता है—'कुछ ऐसे यहाँ पर बन्दे हैं, मुँह गोरा काले धन्धे हैं'—ये भले हम बुरों से कहीं ज्यादा बुरे हैं। हमारे अपराध हमारी मजबूरियों की कोख से पैदा हुए थे—तुम्हारे अपराध उस जहनियत के अपराध हैं, जो लाखों की मेहनत को लूटकर अमानवीय अश्लील लीला करना चाहती है। इनका छिछोरापन सामाजिक दोगलेपन पर एक सुविचारित टिप्पणी की तरह उभरकर आता है।

वे कह रहे हैं—भइया बहुत दिनों के बाद आज दारू मिली है। तुम सभ्य लोग तो सभ्य ढंग से भजन कीर्तन करते हुए नित्य ही मदिरापान कर लिया करते हो, लेकिन हमारा यह जो साहब है यह बड़ा सख्त आदमी है, राई-रत्ती हिलने नहीं देता। आज बड़ी मुश्किल से मौका हाथ लगा है। सो हमें पीने दो। और तुम भी बहुत इतराओ मत। हमें तुम्हारी सारी असलियत मालूम है। कितने ऊँचे आदमी

हो तुम! अपनी माटी, अपनी माँ तक का सौदा कर लेने वाले। जैकी, अनिल और नसीर की इस त्रिवेणी में अंततः दारा सिंह भी दारू की बोतल लिए हुए शामिल हो जाते हैं और फूहड़पन की आरंभिक प्रतीति एक पुरलुत्फ तमाशे के रस में परिपूर्ण होती है और जुड़ जाती है वह चिरंतन अनुगूँज–दिल दिया है जाँ भी देंगे ऐ वतन तेरे लिए...

इस गीत का आरम्भ भी गहरी शिद्दत के साथ होता है और खिलंदड़ेपन में झूमता हुआ यह अपनी अंतिम परिणिति तक पहुँचता है। उसकी आरंभिक फूहड़पन की प्रतीति अंततः लोकरंजक तमाशे में संपूर्ण होती है।

सावन का मस्त महीना है
क्या सागर है क्या मीना है
ये पीना भी कोई पीना है
जीना है - जीना है - जीना है
तो मुँह से सटाकर बोतल पीने दे दारू
दे दारू - दे दारू - ओ मेरे भैया दे दारू
बड़े दिनों के बाद मिली है ये दारू

जैकी, अनिल, नसीर, श्रीदेवी, पूनम और खुद दिलीप कुमार के साथ यदि फिल्म की अंतरात्मा के रूप में नूतन न हों तो समझ लीजिए कि 'कर्मा' पूरी तरह निष्प्राण है। जैसे कुछ शेष बचता ही नहीं। अपने नायक की तमाम विवशताओं से सहृदयता और पूर्ण उत्तरदायित्व के साथ जुड़ी हुई स्त्री, उसकी पराजय और हताशा से आहत होकर भी अपने उत्प्रेरक तत्व को प्रज्ज्वलित रखने वाली आदिशक्ति–ऐसा व्यक्तित्व कि समूची गाथा का प्रत्येक चरित्र अपने हर कर्म के मध्य उसी की छाया से शीतलता प्राप्त करता है। वह कठिन-से-कठिन परिस्थितियों के बीच से गुजर कर भी राह बनाने की प्रेरणा देने वाली ऐसी मनमोहक शक्ति है जिस पर एक बार जान देना हजारों जन्म लेने के बराबर होता है। वह माँ नहीं मातृशक्ति है। वही देश की मिट्टी है।

दिलीप कुमार और नूतन, नूतन और दिलीप कुमार हिन्दी सिनेमा के दो कालजयी कलाकार हैं। यदि दिलीप कुमार अद्वितीय हैं तो नूतन भी अद्वितीय से

कम कुछ नहीं हैं। महानतम निर्देशकों ने उन्हें केन्द्र में रखकर अपनी सर्वश्रेष्ठ कृतियों का सृजन किया। दोनों में एक गहरी समानता है। दोनों ही अपने चरित्रों की जड़ तक प्रवेश करते हैं। पेचीदगियों की बड़ी बारीक बारीकियों में जाते हैं, अपनी आँखों की अभिव्यक्तियों से अनेकानेक संवादों को निरर्थक बनाते हुए। 'कर्मा' से पहले दिलीप कुमार और नूतन की कोई फिल्म नहीं आ सकी थी। यह समूचे हिन्दी सिनेमा के विरल दुर्योगों में एक है। इसे संयोग में 'कर्मा' में सुभाष घई ने बदला। यद्यपि तब तक दिलीपकुमार और नूतन दोनों ही चरित्र भूमिकाओं में आ चुके थे लेकिन सुभाष घई ने 'कर्मा' में उन्हें वास्तविक नायक-नायिका के रूप में प्रस्तुत किया। इन दोनों महान कलाकारों ने इस सत्य को साबित किया कि नायकत्व की कोई उम्र नहीं होती। कोई विशिष्ट रूपाकार नहीं होता। निस्संदेह सुभाष घई उन निर्देशकों में हैं जिन्होंने अपने अग्रज महान कलाकारों की अपरिमित ऊर्जस्विता का अपनी फिल्मों में प्रयोग करने का हर संभव प्रयत्न किया।

दिलीप कुमार निर्देशकों के कामकाज में हस्तक्षेप करने के लिए विख्यात रहे हैं। नितिन बोस और महबूब खान जैसे दिग्गजों के साथ उनकी कशमकश होती थी। फिर सुभाष घई की क्या बिसात है। सुभाष घई तो उनके बेटे की उम्र के ठहरे। सो यह सुभाष घई का कमाल है कि उन्होंने दिलीप कुमार को अपने रंग में रँग लिया। निर्देशक और अभिनेता की ध्वनि का विरल सामंजस्य 'कर्मा' में देखा जा सकता है। 'आई लव यू' गाते हुए दिलीप कुमार, डॉ. डैंग के मुँह पर हिन्दुस्तानी थप्पड़ जड़ते हुए दिलीप कुमार, नसीरुद्दीन शाह की वास्तविकताओं के प्रश्नों से जूझते हुए दिलीप कुमार, जैकी और अनिल की आवारगी की लगाम कसते हुए दिलीप कुमार—और इस लगाम कसने में वह मुहब्बत भी शामिल है जो इन्सान को बेहतर और मुकम्मल इन्सान बनने में मदद करती है। दिलीप कुमार और नूतन वेदना के अनुराग के उत्ताप की अनन्य छवियाँ रचते हैं। नूतन का गूँगापन बोलता है—सौ-सौ जुबानों से। अभिव्यक्ति के लिए उसे जुबान की जरूरत ही कहाँ है! वह आँखों से बोलती है। टेलीफोन पर उसकी चूड़ियों की खनक से संवाद स्थापित हो जाता है।

यह हमारा सौभाग्य है कि पचासी वर्ष के दिलीप कुमार आज भी हमारे बीच

मौजूद हैं। यह हमारा दुर्भाग्य है कि एक दशक से हम उनका कोई उपयोग ही नहीं कर सके। दिलीप कुमार उस अफसाने का नाम है जो चरित्र की जिन्दगी में अपनी निजता को घोल देता है।

'विधाता' में वह डॉ. श्रीराम लागू के करोड़ों के हीरे लौटाते हुए कहता है कि कल रात आपने मेरे पोते की जान बचाने के लिए जो चन्द रुपए दिए थे वे इन हीरों से कहीं ज्यादा कीमती हैं। इसी वाक्य को दिलीप कुमार के कलाकार व्यक्तित्व पर भी देखा जा सकता है। दिलीप कुमार अपने बनाए हुए उसूलों पर आखिरी हद तक अडिग रहे। उन्होंने अपनी आस्थाओं के विपरीत कभी भी कुछ करना पसंद नहीं किया। कोई कीमत तो भला उन्हें क्या खरीद सकती, उन्होंने बड़ी-से-बड़ी कीमतें चुकाकर भी अपने विश्वास की रक्षा की। शायद हम आज इस सच्चाई को नहीं समझ सकते कि यह हमारे समय का बेहद खूबसूरत हादसा है कि दिलीप कुमार विज्ञापन नहीं बने।

'कर्मा' का आनन्द संवेदनशीलता का आनन्द है, ज्ञान का आनन्द नहीं है, इस द्वन्द्व से उबरकर ही 'कर्मा' के रस संसार में प्रवेश किया जा सकता है। यदि आप उसे आलोचक की दृष्टि से देखेंगे तो उसमें त्रुटियाँ-ही-त्रुटियाँ नजर आएँगी। चारों ओर रोजगारी फार्मूलों का मायाजाल बिछा हुआ दिखाई देगा। यह कुछ गलत नहीं होगा। ऐसा है ही। लेकिन जब एक सहृदय की तरह इससे गुजरते हैं तो हम 'कर्मा' में विभिन्न कलारूपों का ऐसा सुन्दर समन्वय पाते हैं जो इसे रामायण-महाभारत की शैली का उदात्त तमाशा बना देता है।

अनुपम हैं अनुपम खेर इस महागाथा के रावण के रूप में। यहाँ मुकाबला दिलीप कुमार से था और सीधा मुकाबला था। रावण की सेना में मेघनाद, कुंभकर्ण, विभीषण वगैरह भी हैं पर वे निस्तेज हैं। जब चमकते हैं तो रावण की ही चमक से जगमगाते हैं। डॉ. डैंग के सामने बाकी सह-खलनायक बौने हो जाते हैं। किट्टमकिट्टू को खलनायक की जगह मसखरा बना दिया गया है। तमाम चरित्रों के होते हुए भी सुभाष घई इसे राम और रावण के सीधे द्वन्द्व में स्पष्ट परिलक्षित बनाए रखते हैं। सितारों की ऐसी भीड़ में ऐसा अचूक संतुलन बनाए रखना किसी बाजीगर का ही काम हो सकता है। यह मामूली बात नहीं है। यदि इसे सुभाष

घई निभा ले जाते हैं तो इसका एक बहुत बड़ा कारण यह भी है कि वे स्वयं अपनी फिल्म की लेखक मण्डली में सक्रिय रूप से और नामजद उपस्थित रहते हैं। उनकी कुछ फिल्मों की कहानी उनकी पत्नी श्रीमती मुक्ता घई ने भी लिखी हैं। 'कर्मा' तो घोषित रूप से उनके द्वारा ही लिखी गई है। अपनी इस उपस्थिति के कारण सुभाष घई अपने चरित्रों का समुचित विकास कर उनमें पहले ही सामंजस्य बिठा लेते हैं। वे सितारों के निर्देशक हैं। जगमगाहटों को शीशे में उतारना जानते हैं। इस तरह वे अपनी रचना में उनकी प्रतिभा का सर्वश्रेष्ठ निचोड़ लेने में भी कामयाब हो जाते हैं। अति-लघुरूप का विराट स्वरूप दिखला सकने की क्षमता ने सुभाष घई को महत्त्वपूर्ण बनाया है।

सुभाष घई के सिनेमा में सितारों की खास अहमियत है। वे ऐसे निर्देशक हैं जिन्होंने सितारों की तीन पीढ़ियों के साथ काम किया। उन्होंने हिन्दी सिनेमा के कठिनतम सितारों के साथ सफलतापूर्वक फिल्मों का निर्माण किया। दिलीप कुमार, राजकुमार और शत्रुघ्न सिन्हा जैसे अपनी धुन के निराले सितारों के साथ सामंजस्य बैठा लेना और यथासंभव उनके सर्वश्रेष्ठ का अपनी फिल्मों में इस्तेमाल कर पाना कोई हँसी-मजाक नहीं। सुभाष घई ने हर दशक में अपने समय के सर्वाधिक लोकप्रिय सितारों के साथ भी काम किया और जैकी श्रॉफ, विवेक मुश्रान, अपूर्व अग्निहोत्री जैसे नए लड़कों और माधुरी दीक्षित, मनीषा कोइराला और महिमा चौधरी जैसी नई लड़कियों को रजतपट का चमकता हुआ सितारा बनाया। बीसवीं शताब्दी के आखिरी दो दशकों के वे अकेले ऐसे निर्देशक हैं जिन्होंने सितारों को गढ़ा भी।

पर ऐसा नहीं है कि सितारों के साथ उनके मतभेद नहीं हुए। यह बहुत स्वाभाविक है। सितारों और निर्देशक के बीच रुतबे का द्वन्द्व आदिकालीन है। फिल्म अपने प्रत्यक्ष स्वरूप में अभिनेताओं के कंधे चढ़कर ही दर्शकों तक पहुँचती है। साधारण दर्शक के लिए निर्देशक से बढ़कर कलाकार महत्त्वपूर्ण होता है। पर सम्पूर्ण फिल्म जिसे स्क्रिप्टराइटर, कैमरामैन, एडीटर, नृत्य निर्देशक, संगीतकार, गीतकार, अभिनेता, वगैरह-वगैरह मिलकर बनाते हैं, वह निर्देशक की दृष्टि में ही समेकित होती है। सिनेमा में महानतम अभिनेता भी निर्देशक के हाथ की कठपुतली होता है। सम्पूर्ण फिल्म की रचना अपनी सम्पूर्णता में निर्देशक के

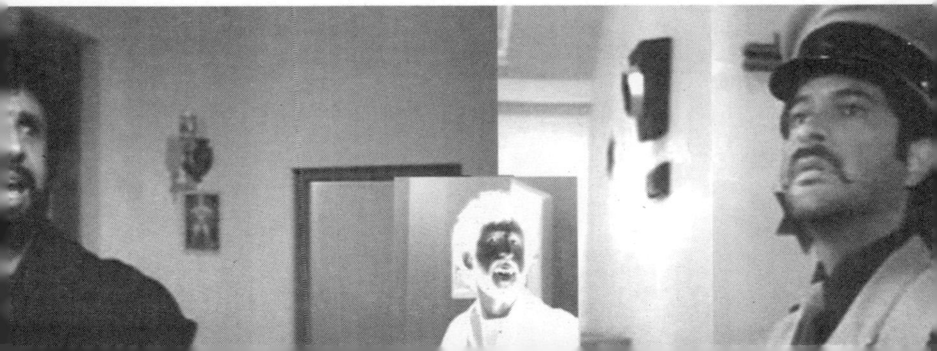

दिमाग़ में ही होती है। अभिनेता नाटक में स्वतंत्र हो सकता है, कम-से-कम प्रस्तुति के समय तो निर्देशक के प्रभाव से मुक्त होने की क्षमता रखता ही है लेकिन चाहे दिलीप कुमार हों या अमिताभ बच्चन–वे सिनेमा में उसी दृष्टि से प्रस्तुत होने के लिए मजबूर हैं जो निर्देशकीय दृष्टि होती है।

सुभाष घई उस दौर के भी फिल्मकार हैं जब निर्देशक का कद लगातार छोटा होता चला गया और सितारों के साये समूची फिल्म को ढँक लेने में कामयाब होने लगे। बहुधा निर्देशक सितारों की मर्जी का गुलाम हो गया। ऐसे माहौल में डेविड धवन और मुकुल आनन्द यदि महान निर्देशक मान लिए जाएँ तो इसमें आश्चर्य की क्या बात है। इस दौर में हर निर्देशक ने अपने आपको दोहराया और नई जमीन तोड़ने की जगह बने-बनाए सुखकारी राजपथों पर चलने में अपनी बेहतरी समझी। इसलिए उनकी सितारों पर निर्भरता दिन-दूनी रात-चौगुनी बढ़ती चली गई। वे किसी विशेष सितारे या सितारों के झुंड का रंगारंग तमाशा फिल्मों के नाम पर पेश करने लगे। मल्टीप्लैक्स संस्कृति इसी भेड़चाल की उपज है। अमीरों के लिए नो-टेन्शन सिनेमा। अब हजार-पन्द्रह सौ क्षमता वाले सिनेमाघरों में हाउसफुल के बोर्ड लटकाने वाली फिल्मों की संभावना कम हो गई तो डेढ़-दो-तीन सौ दर्शक क्षमता वाले छोटे-छोटे सिनेमाघर आने ही थे। तब भी वे हाउसफुल के बोर्डों के लिए तरसते हैं।

आपाधापी के इस माहौल में भी सुभाष घई की फिल्मों ने यह प्रमाणित किया है कि अपनी फिल्मों में वे ही 'कैप्टन ऑफ द शिप' होते हैं। उन्होंने महानतम कलाकारों की अहम्मन्यता को दुलारा है। एक ही फिल्म में अनेक सितारों के अहंकारों के बीच सामंजस्य स्थापित किया है। 'कर्मा' में नसीर, 'विधाता' में संजीव कुमार और 'सौदागर' में राजकुमार के साथ दिलीप कुमार की सटीक संगति बैठाने में सुभाष घई कामयाब हुए। उनके पास निश्चित ही वह भावनात्मक तरलता है जो आसमानी हठ को पिघलाने की सामर्थ्य रखती है। वर्ना उन्हें एकसाथ जोड़ना ही संभव नहीं होता और यदि जुड़ भी जाते तो कोई सार्थक सृजन मुमकिन नहीं होता। उनके पास अपनी फिल्मों के प्रति वह दीवानगी भी है जो बड़े-से-बड़े सितारों को फिल्म के पक्ष में मोहित कर लेती है। उनका बड़प्पन उनके चेहरे के

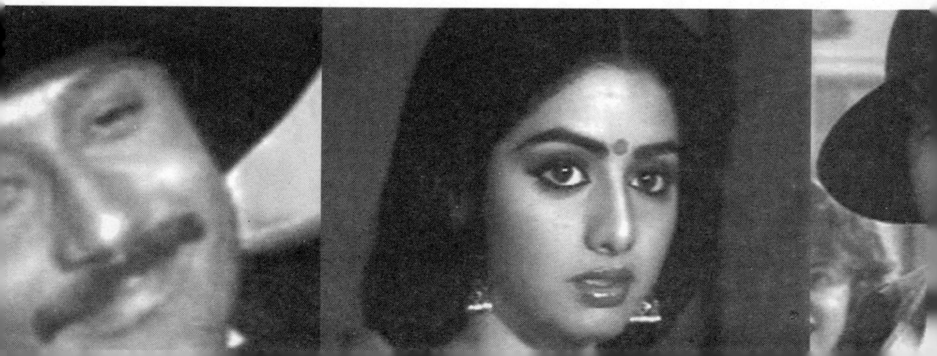

भोलेपन में छिपा हुआ है। कलाकारों के सामने जिस साफगोई के साथ वे अपना दृष्टिकोण प्रस्तुत करते हैं उससे असहमतियाँ भी व्यवधान नहीं बन पातीं। यह आप फिल्म के स्वरूप से समझ सकते हैं। हर अभिनेता में उनको कहीं न कहीं झाँका जा सकता है।

निर्देशक की वह सतर्क और संतुलित दृष्टि उनकी फिल्मों में देखी जा सकती है जो विभिन्न कलाकारों को उनकी भूमिकाओं में यथोचित महत्त्व के साथ प्रस्तुत करती है और उनके बीच अचूक अन्तर्सम्बन्ध स्थापित करती है। पर किसी भी कलाकार से पहले उनके दृष्टिपथ में सम्पूर्ण फिल्म होती है। वे सितारे के नजरिये से फिल्म नहीं गढ़ते अपितु फिल्म की सम्पूर्णता के लिए सितारा छवि का अपनी दृष्टि के अनुसार सर्वोत्तम उपयोग करने का प्रयत्न करते हैं। यही कारण है कि कभी उनसे शत्रुघ्न सिन्हा रुष्ट हो जाते हैं तो कभी शाहरुख खान। यहाँ तक कि महिमा चौधरी तक अँगुली उठाने से नहीं चूकतीं।

शाहरुख सुभाष घई की दो फिल्मों में हैं—त्रिमूर्ति और परदेस। इनमें 'त्रिमूति' घई के लिए सबसे बड़ा हादसा साबित हुई और 'परदेस' में शाहरुख की भूमिका उन्हें 'दिलवाले दुल्हनियाँ ले जाएँगे' की तरह चटख और रंगबिरंगी नहीं लगी। यह स्वाभाविक है। जहाँ 'दिलवाले दुल्हनियाँ...' में शाहरुख की स्थापित छवि को निर्देशक ने खुलकर खेलने का अवसर दिया, उनके खिलंदड़ापन को आलोकित किया और सफलता के लिए साधनों के इस्तेमाल में अच्छे और बुरे के फर्क को कूड़ेदान में फेक दिया वहीं 'परदेस' में ठीक उसी तरह की भूमिका में शाहरुख के चरित्र को निर्देशक ने एक नैतिक गरिमा प्रदान की। यदि घई यह कहते हैं कि आज से दस-पन्द्रह सात बाद शाहरुख खान 'परदेस' में अपनी भूमिका को अपने जीवन की श्रेष्ठ भूमिकाओं में से एक के रूप में परिगणित करेंगे तो यह उनका अपनी रचनात्मकता के प्रति विश्वास और शाहरुख की भूमिका के साथ पूर्ण निर्देशकीय न्याय ही है। वे लीक पर चलने का भ्रम देते हुए भी लीक पीटने वाले निर्देशक नहीं हैं। यही एक निर्देशक की सामर्थ्य होती है कि वह सितारे के सच में अपने सच को नहीं दफना सकता। शत्रुघ्न सिन्हा को 'कालीचरण', ऋषि कपूर को 'कर्ज़', दिलीप कुमार को 'विधाता', 'कर्मा' और 'सौदागर', अनिल कपूर

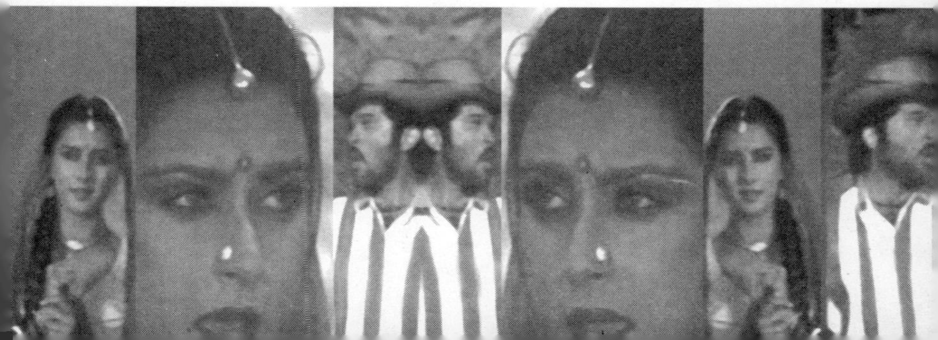

और अक्षय खन्ना को 'ताल' जैसी महत्त्वपूर्ण फिल्में देने वाले सुभाष घई इसीलिए स्वयं भी सितारा निर्देशक हैं।

आखिर दिलीप कुमार और सुभाष घई के बीच गहरी पटरी बैठ जाने का किस्सा क्या है? किस्सा क्या! किस्से ही किस्से हैं। दिलीप कुमार चार सितारा पीढ़ियों को लाँघकर खड़ी हुई वह विभूति हैं, जो अपनी साठ वर्ष की अभिनय यात्रा में हमेशा जिस फिल्म में हुए उसकी केन्द्रीय शक्ति के रूप में ही मौजूद हुए। वे चरित्रनायक के रूप में भी किसी फिल्म में तब ही हुए जब वह चरित्रनायक ही नायक हुआ। दोयम दर्जे की कोई भूमिका उन्हें किसी भी प्रलोभन की आड़ में कभी नहीं दी जा सकती। कोई कीमत कभी उनके कलाकार व्यक्तित्व की इस दृढ़ता को नहीं तोड़ सकती। उन्होंने अपने आचरण से प्रमाणित किया कि उनका अभिनय ही उनकी वास्तविक पूजा है, इबादत है, सर्वस्व है। कलाकार का यह अहंकार वरेण्य है। दरअसल इसी सात्विक अहंकार का सर्वोच्च सौन्दर्य 'अहं ब्रह्मास्मि' में प्रतिफलित होकर आलोकित आश्वस्ति बनता है।

सुभाष घई को इस अहंकार को प्रणाम कर लेने में कोई संकोच नहीं होता। वे इसे अपना छोटापन नहीं मानते। 'कर्मा' तो दिलीप कुमार को केन्द्र में रखकर बनाई गई सर्वश्रेष्ठ फिल्म है ही लेकिन 'विधाता' और यहाँ तक कि 'सौदागर' में राजकुमार जैसे अकड़बाज के सामने होते हुए भी—ये दोनों फिल्में दिलीप कुमार के ही नायकत्व की स्थापना में सम्पूर्ण होती हैं। दिलीप कुमार के साथ और उनकी प्रतिद्वन्द्विता में खड़े अभिनेताओं की कतार में कम से कम संजीव कुमार, नसीरुद्दीन शाह और राजकुमार जैसे विलक्षण तथा किसी भी हिमालय की सामर्थ्य से टकराने की सामर्थ्य रखने वालों को एक साथ निभा ले जाना किसी बहुत सहृदय आदमी का ही कमाल हो सकता है। जनाब राजकुमार की अकड़बाज बेवकूफियों को साष्टाँग प्रणाम कर उनका उपयोग कर लेने वाले तो बहुत थे लेकिन उनके अहंकार की कोमलता को पकड़ लेने वाले चंद निर्देशक ही थे। वे भी कभी-कभी ही उस गहराई तक उतर सके हैं। सुभाष घई उनमें से एक हैं। हालांकि यह भी सुभाष घई की ही पराजय है कि दिलीप कुमार और राजकुमार के बीच के सर्वश्रेष्ठ टकराव को वे किसी महत्त्वपूर्ण फिल्म में तब्दील नहीं कर सके।

इसके लिए 'सौदागर' की कमजोर पटकथा भी उत्तरदायी है।

अब तक सुभाष घई ने जिन सोलह फिल्मों का निर्देशन किया है उनमें उनके सबसे बड़े तीन तमाशे हैं—विधाता, कर्मा और सौदागर। तीनों ही व्यावसायिक रूप से सफल। 'विधाता' सुभाष घई ने गुलशन राय के लिए बनाई थी। 1980 में 'कर्ज़' की अपार सफलता ने सुभाष घई को स्टार डायरेक्टर बना दिया था। उस समय फिल्म जगत के रोजगार के एक बादशाह थे गुलशन राय। उनके लिए ही यश चोपड़ा ने 'दीवार' और 'त्रिशूल' बनाई थी और विजय आनन्द की 'जॉनी मेरा नाम' के निर्माता भी वही थे। गुलशन राय की फिल्म निर्माण के साथ ही वितरण और प्रदर्शन क्षेत्रों में भी काफी धाक थी। उन्होंने अपने सभी निर्देशकों पर पूरे साज-ओ-सामान के साथ फिल्में बनाने की जिम्मेदारियाँ सौंपी और उन फिल्मों का कुशल व्यापार किया।

'कर्ज़' ने सुभाष घई को सिर्फ व्यावसायिक सफलता नहीं दी उन्हें हिन्दी सिनेमा की निर्देशक परम्परा का एक रससिद्ध नवयुवक प्रमाणित किया। उन्होंने जिस खूबसूरती से सिमी के खलनायकत्व को सम्मोहक उन्माद में परिवर्तित किया था वह अनदेखा नहीं हुआ था। संगीत में उनकी गहरी पटरी लक्ष्मीकान्त प्यारेलाल और आनन्द बख्शी के साथ जम चुकी थी। आनन्द बख्शी और सुभाष घई का साथ ठीक उसी तरह का रहा है जिस तरह राजकपूर और शैलेन्द्र का। आनन्द बख्शी ने भी अपने गीतों में बहुधा घई के कथासूत्रों को व्याख्यायित किया है। सरल शब्दों में। सहजता के साथ। 'विधाता' में आनन्द बख्शी तो थे लेकिन संगीतकार थे कल्याणजी आनन्दजी।

'विधाता' में सुभाष घई पूरे आत्मविश्वास के साथ खड़े दिखलाई नहीं पड़ते अपने कथ्य के प्रतिपादन में। और इसी तरह 'सौदागर' में भी—इसीलिए ये दोनों फिल्में 'कर्मा' की ही तरह भव्य और विशाल फलक पर अंकित होने के बावजूद उस जैसा सम्पूर्ण प्रभाव नहीं छोड़तीं।

कहा जाता है कि 'कर्मा' के फिल्मांकन के दौरान कभी दिलीप कुमार और नसीरुद्दीन शाह ने आमने-सामने अभिनय किया ही नहीं। यहाँ तक कि वे दृश्य भी नहीं जिनमें उन्हें एक ही फ्रेम में मौजूद होना था। यह बात सामान्य दर्शक

के लिए कोई महत्त्व नहीं रखती। उसका सत्य वही है जो वह परदे पर देखता है। यह तो निर्देशक का बहुत बड़ा हुनर है कि वह इतने दुर्धर्ष अहंकारों का भी इस्तेमाल अपनी फिल्म के लिए कर ले। 'कर्मा' में यदि दिलीप कुमार केन्द्रीय शक्ति हैं तो नसीरुद्दीन शाह भी वह ताकत हैं जिसके अभाव में फिल्म कभी पूरी नहीं हो सकती। आप अनिल और जैकी के विकल्पों के संभावनाओं की तलाश कर सकते हैं लेकिन नसीर निर्विकल्प हैं। बौद्धिक क्षेत्र में अनेक ऐसे व्यक्तित्व हैं जो नसीरुद्दीन शाह को दिलीप कुमार से कहीं ऊँचा अभिनेता मानते हैं। नसीर ने यद्यपि अपनी प्रतिभा का सर्वश्रेष्ठ रंगमंच और कला फिल्मों को ही दिया लेकिन व्यावसायिक सिनेमा में सामान्य दर्शकों से भी उन्होंने अपनी कूबत का लोहा मनवा लिया। दिलीप कुमार नसीर के लिए अग्रज हो सकते हैं, प्रतिमान नहीं। टकराव तो अवश्यम्भावी है और इसी टकराव के बीच से अपनी राह निकाल लेने में निर्देशक की सबसे बड़ी कारगुजारी है। कोई हँसी-खेल नहीं है फिल्म बनाना। खासतौर से उस समय जब किसी को अपनी रचना से राई-रत्ती भी मुहब्बत हो। सैकड़ों अहंकारों और स्वार्थों के टकराव से जूझते हुए उनमें सामंजस्य बिठा कर या उन्हें जीतकर ही किसी सार्थक फिल्म का निर्माण किया जा सकता है। सुभाष घई के साथ भी कहीं न कहीं के. आसिफ जैसा कोई जुनून जुड़ा हुआ है जिसका कोई सपना ताजिन्दगी अपनी भव्यता में झिलमिलाता रहता है।

'कर्मा' अपनी भव्यता में ही नहीं अपनी कथात्मक नाटकीयता में भी एक सम्पूर्ण फिल्म है। जिन्दगी का एक सम्पूर्ण किस्सा। जिसका आधार प्रतिशोध है लेकिन उसे देशप्रेम के जज़्बे से जोड़कर सुभाष घई ने उसे न्याय और अन्याय के बीच संघर्ष का शाश्वत रूप दे दिया है। वे अनुपम खेर जैसे सामर्थ्यवान अभिनेता को भी एक छवि के रूप में रच देते हैं। डॉ. डैंग ने अनुपम खेर का बहुत दूर तक पीछा किया है। डॉ. डैंग के रूप में उन्होंने आज के युग का रावण रचा है। उसकी हरकतों का वास्ता यथार्थ से दूर-दूर तक नहीं है। वहाँ सिर्फ भावना का सत्य है। वही सत्य दर्शक के भीतर साधारणीकृत होता है।

'कर्मा' में सुभाष घई ने 'दिल दिया है जाँ भी देंगे ऐ वतन तेरे लिए' की धुन को केन्द्रबिन्दु बनाकर उसे फिल्म के छोटे से छोटे चरित्र के साथ एकसार किया है। यहाँ तक कि आप मुकरी जैसे छोटे चरित्र को भी नजरअंदाज नहीं कर सकते। इन तमाम चरित्रों के उत्कर्ष को मिलाकर ही दिलीप कुमार सम्पूर्ण होते हैं। हिन्दी सिनेमा में राणा विश्वनाथ प्रताप सिंह और डॉ. डैंग का टकराव सिने दर्शकों के लिए एक यादगार घटना है। इस अफसाने में कुम्भकर्ण, मेघनाद, सीता, उर्मिला, हनुमान वगैरह-वगैरह अपने नए-नए रूपों में उपस्थित हैं। किट्टूमकिट्टू

के रूप में तो जैसे सुभाष घई ने किसी रावण, कुम्भकर्ण को साक्षात रामलीलाई अंदाज में ही खड़ा कर दिया है। पर समूची राम-रावण सेना के बावजूद 'कर्मा' दिलीप कुमार और अनुपम खेर के कारण या राणा विश्वनाथ प्रताप सिंह और डॉ. डैंग के सशक्त चरित्रों के कारण सीधे राम-रावण की द्वन्द्व कथा बन गई है। सब कुछ उन्हीं के संघर्ष को आलोकित करने के लिए है।

'कर्मा' हमें इसीलिए अच्छी लगती है क्योंकि हमें रामलीला अच्छी लगती है। इसलिए कि हमें नाटक-नौटंकी अच्छी लगती है। इसलिए कि हमें अपना लोकराग प्रिय है। लोक के साथ जुड़ा हुआ हर आनन्द तत्व सम्मोहित करता है। अपनी परम्परा का हर वह सूत्र वरेण्य लगता है जो जीवन की तमाम विसंगतियों के बीच भी उस उत्साह को बनाए रखता है जहाँ अंततः जिन्दगी की जीत है। कवि शैलेन्द्र ने कहा था—तू ज़िन्दा है तो जिन्दगी की जीत में यकीन कर, अगर कहीं है स्वर्ग तो उतार ला जमीन पर।

'कर्मा' मनोज कुमार के नैतिक प्रचार से अलग और तब भी नैतिकता के सूत्र को गहरी निष्ठा के साथ पकड़े रहने वाली फिल्म है। जेलर का डॉ. डैंग को थप्पड़ मारने वाला दृश्य गहरी अंतर्दृष्टि के साथ रचा गया है। सिर्फ एक थप्पड़ वह दहशत, वह आतंक और वह उत्तेजना पैदा कर देता है जो सैकड़ों-हजारों मशीनगनों और तोपों की गरज-तरज नहीं कर पाती। डॉ. डैंग की गर्वोक्तियों का दिलीप कुमार जिस सहजता से उत्तर देते हैं उससे अधिक घातक पिस्तौल की गोली नहीं हो सकती। दर्शक के अपने भीतर डॉ. डैंग और विश्वनाथ प्रताप सिंह के दो शक्ति केन्द्र बन जाते हैं। उन चरित्रों का संघर्ष और उनका प्रतिफलन हमारी अपनी-अपनी व्यक्तिगत स्वप्निल आकांक्षाओं का सम्मोहन महोत्सव बन जाता है।

'कर्मा' में नैतिकता विश्वनाथ प्रताप सिंह के जीवन की आधारशिला के रूप में स्थापित है। वह व्यक्तित्व की आस्था है। जेलर का कर्तव्य निर्वहन उसके लिए आदर्श नहीं यथार्थ है। वह कहने में नहीं करने में यकीन करता है। उसका कर्म उसके आदर्श को यथार्थ बनाता है। उसके आदर्श में ऐसा कोई तत्व शामिल नहीं है जो उसके जीवन में सकर्मक उपस्थिति दर्ज नहीं करा सकता। आचरणविहीन आदर्श का, जेलर विश्वनाथ प्रताप सिंह के जीवन में कोई स्थान नहीं है। अपने कर्तव्य के प्रति संपूर्ण समर्पण से आलोकित निष्ठा का लोहा विश्वनाथ प्रताप सिंह की जागीर है। इसी के बूते अपने लक्ष्य संधान की दिशा में वह अग्रसर होता है।

'कर्मा' दिलीप कुमार और अनुपम खेर के संपूर्ण कैरियर की उल्लेखनीय फिल्मों में है। दिलीप कुमार अभिनय का वह पारस है जिनके स्पर्श से कितनी

पाषाण अहिल्याएँ तक जीवन पा सकी हैं। ऐसी अनेक निरर्थक फिल्में हैं जो सिर्फ इसलिए सफल हो गईं क्योंकि उनमें दिलीप कुमार ने अपनी भूमिका से जादुई प्रभाव पैदा कर दिया। पर 'कर्मा' विशेष रूप से चरित्रनायक की तरह दिलीप कुमार की दो श्रेष्ठ फिल्मों में एक है। 'शक्ति' और 'कर्मा'—ये ही दो फिल्में हैं जिनमें दिलीप कुमार ने चरित्रनायक के रूप में एक कलाकार की बुलन्दी के प्रतिमान रचे हैं। अनुपम खेर के लिए इसलिए भी 'कर्मा' महत्त्वपूर्ण है क्योंकि उन्हें सीधे दिलीप कुमार से टकराने का अवसर मिला। अपने प्रभाव क्षेत्र में डॉ. डैंग की भूमिका का मुकाबला सिर्फ जेलर की भूमिका से है। शेष सभी चरित्र उसके सामने बौने दिखलाई पड़ते हैं। अनिल कपूर, जैकी श्रॉफ, नसीरूद्दीन शाह आदि सब अनुपम खेर के बाद ही ध्यान आकर्षित करते हैं। 'कर्मा' के बाद अनुपम खेर लम्बे समय तक डॉ. डैंग का ही पर्याय बन गए थे। हिन्दी सिनेमा के अनुपम खलनायकों में डॉ. डैंग का नाम भी उसी तरह महत्त्वपूर्ण है जिस तरह हलाकू, जंगूरा, गब्बर सिंह या मोगेम्बो का। डॉ. डैंग के रूप में अनुपम खेर सिनेमा के दर्शकों के भीतर अपनी विशिष्ट छवि स्थापित करने में अद्भुत रूप से सफल हुए।

'कर्ज' और 'हीरो' के बाद एक फिल्मकार के रूप में सुभाष घई को 'कर्मा' ने वह मुकाम दिया जिसके लिए कहा जाता है कि फिर पीछे मुड़कर देखने की जरूरत नहीं रही। 'कर्मा' ने उन्हें हिन्दी के व्यावसायिक सिनेमा के शीर्षस्थ फिल्मकार के रूप में स्थापित कर दिया।

अभिनेता और निर्देशक

पिछले पचास सालों के हिन्दी सिनेमा संगीत में लता मंगेशकर अनुपम हैं। अद्वितीय हैं। अपरिहार्य हैं। हिन्दी सिने संगीत के महानतम संगीतकारों ने उनकी आवाज का श्रेष्ठतम उपयोग किया। उनके बगैर किसी का काम नहीं चला। लेकिन ओ.पी. नैयर ने उस दौर में भी लता मंगेशकर के अभाव में अपने हुनर का परचम फ़हराया। ठीक इसी तरह सुभाष घई का सिनेमा है जिसमें तीन पीढ़ियों के अनेकानेक सितारे मौजूद हैं बस सिर्फ एक ही नहीं है—अमिताभ बच्चन। मजे की बात ये कि सुभाष घई ही एकमात्र ऐसे फिल्मकार हैं जिन्होंने अमिताभ युग में ही फिल्मनिर्माण-निर्देशन की शुरुआत की और एक अजीम फिल्मकार की

ऊँचाइयों तक पहुँचे।

यह क्यूँ हुआ और क्यूँकर हुआ इसकी असलियत कोई नहीं जान सकता क्योंकि इसकी असलियत कुछ होती ही नहीं। इसके तो सिर्फ अफसाने होते हैं और इन्हें हर आदमी अपनी तरह से गढ़ता है। अंततः निर्देशक को भी यह भ्रम ही होता है कि वह किसी फिल्म को अपने नजरिये से दर्शक तक पहुँचा रहा है, यह तो वह दर्शक ही होता है जो उसे अपने नितान्त निजी परिप्रेक्ष्य में ग्रहण करता है। निर्देशक से बढ़कर उसके लिए अपने निजी निष्कर्ष महत्त्वपूर्ण होते हैं। दर्शक कभी किसी निर्देशकीय वक्तव्य की ध्वनियों से या किसी भी अन्य प्रभाव से परिचालित नहीं हुआ करते। फिल्म की क्षमता का वास्तविक उद्घाटन तो दर्शक की दृष्टि के द्वारा ही होता है। दर्शक में फिल्म की सीमाओं को लाँघने की भी क्षमता होती है। सितारों के चाहनेवाले उनके बारे में जो जानते हैं, वह खुद सितारे भी अपने बारे में नहीं जानते।

अमिताभ बच्चन हिन्दी सिनेमा के विलक्षण व्यक्ति हैं। हम उन्हें अभिनेता नहीं कह रहे हैं, व्यक्ति कह रहे हैं। उन्होंने वह किया जो हिन्दी सिनेमा में उसके पहले कभी नहीं हुआ था। वे फिल्म के सेट पर किसी ऑफिस के कर्मचारी की तरह सही समय पर पहुँचे। हमेशा। यह कोई छोटी बात नहीं है, हालांकि कोई बड़ी बात भी नहीं है—पर विचित्र बात है, बहुत विचित्र। सिनेमा की दुनिया के लिए अजूबा है। वह सितारा ही क्या जिसके दर्शन के लिए किसी को भी दो-चार घण्टे प्रतीक्षा न करनी पड़े, भले ही वह फिल्म का डायरेक्टर ही क्यों न हो। सितारों के इन नखरों को महासितारा होकर विसर्जित कर देना बेहद विचित्र बात है। उन्होंने जिस समर्पण से ऋषिकेश मुकर्जी ही नहीं प्रकाश मेहरा, यश चोपड़ा, मनमोहन देसाई, रमेश सिप्पी और मुकुल आनन्द की फिल्में कीं और आज करण जौहर, आदित्य चोपड़ा, संजय लीला भंसाली, फरहान अख़्तर, समीर कार्णिक जैसे नए निर्देशकों की फिल्में कर रहे हैं, उस समर्पण से कोई महबूब-नितिन बोस की फिल्में क्या करता। हिन्दी सिनेमा के तमाम अभिनेताओं ने अपने कैरियर के उत्तरार्द्ध में निर्देशक के रूप में स्थापित होने का प्रयत्न किया। यहाँ तक कि महमूद, मोहन चोटी और जगदीप जैसे हास्य अभिनेता भी फिल्मकार बनने का

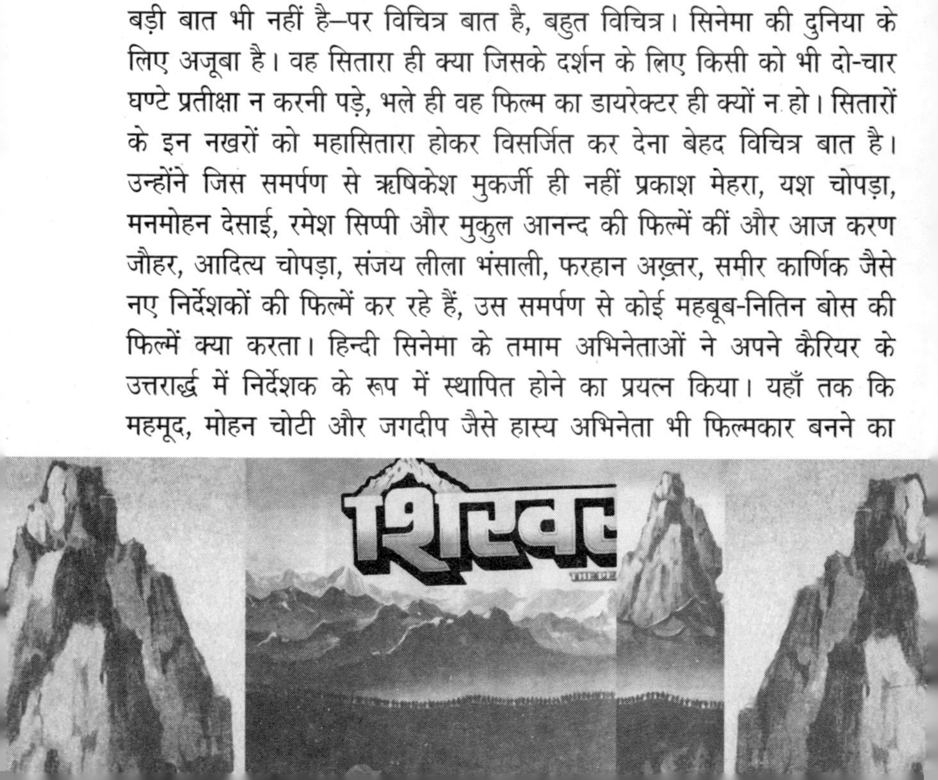

लोभ संवरण नहीं कर सके। दूसरी तरफ दिलीप कुमार ने अपनी जिन्दगी के कई सुनहरे साल 'कलिंगा' बनाने में लगा दिये। एक निर्देशक की तरह चरम छूने का उनका ख्वाब पूरा नहीं हो सका। उनके हमसफर देवआनंद जीवन के चौरासी सुनहरे साल पार खड़े आज भी सृजनरत हैं और निरन्तर ऐसी फिल्में बनाए जा रहे हैं जिनको दर्शक, समीक्षक, वितरक कोई तवज्जो नहीं देता, पर इससे देवआनंद को कोई फर्क नहीं पड़ता। वे निर्देशक के रूप में अपने ही भाइयों चेतन और विजयआनंद की उँचाइयों को नहीं छू सके। दिलीप, देव, राज की त्रयी में राजकपूर इस तरह भी अलग हैं कि वे अभिनेता से बड़े फिल्मकार माने जाते हैं। वे अभिनेता से पहले निर्देशक हैं। और किसी की नजर में वे सबसे बढ़कर शोमैन हैं। गुरुदत्त तो सर्वोपरि निर्देशक हैं ही, हालांकि अभिनेता के रूप में उनकी छवि की एक ही किरण आजीवन दर्शक को मुग्ध रखने में सक्षम है। अपनी चंद फिल्मों के बावजूद वे बहुआयामी और सम्पूर्ण हैं। किशोर कुमार ने अपनी स्थापित छवि के विपरीत 'दूर गगन की छाँव में' बनाई थी तो मोतीलाल ने 'छोटी छोटी बातें'। मनोज तो खैर स्थापित निर्देशक बने ही। यह फेहरिस्त बहुत लम्बी है। गरज ये कि ज्यादातर सुपर सितारों से लेकर मामूली अभिनेता तक निर्माता-निर्देशक बने लेकिन अमिताभ निर्माता की भूमिका में उतरने के बावजूद निर्देशक नहीं बने। उनके निर्देशक के काम में हस्तक्षेप के किस्से नहीं फैले। वे आज पैंसठ साल की उम्र में भी और पहले से भी बढ़कर विनम्र बने हुए हैं। निर्देशक की आँखों के निराकार को साकार करने के लिए उत्सुक और संपूर्ण उर्जा के साथ प्रस्तुत।

अमिताभ बच्चन ने सिनेमा के परदे पर वह सब कुछ किया है जिससे वह अपने निजी जीवन में नितान्त असहमत हैं। उनकी ज्यादातर भूमिकाओं का उनके निजी जीवन की मान्यताओं से कोई सम्बन्ध नहीं है। किसी किस्म का कोई रिश्ता नहीं है। उनकी भीतर और बाहर की जिन्दगी बिलकुल अलग-अलग है। तब ही वह एन्थोनी गोंजाल्विस इस खूबसूरती से बन सका। अमिताभ बच्चन ने अपनी जिन्दगी पर फिल्म संस्कृति की छाया नहीं पड़ने दी। उन्होंने अपने काम को गंभीरता से लिया, सितारों के नखरों को नहीं। उन्होंने सितारे की एक नई ही छवि गढ़ दी। अमिताभ बच्चन वह पहला सितारा हैं जिनके किसी मामूली वक्तव्य में

भी हम व्यावहारिक बौद्धिकता का अनूठा चमत्कार देख सकते हैं। हिन्दी भाषा का परिष्कृत सौन्दर्य भी 'कौन बनेगा करोड़पति' में दर्शकों ने महसूस किया है। 'कौन बनेगा करोड़पति' के 2005 में पुनर्प्रसारण पर उसका सिर्फ 'द्वितीय' कहना जिस तरह से दर्शकों को लुभा गया उसने बाजारवादी हिंगलिश की औकात भी दिखला दी। यही कलाकार की सामर्थ्य है। निश्चित ही पारिवारिक-साहित्यिक-सांस्कृतिक पृष्ठभूमि इस उदात्त स्थिति की आधारशिला है।

अमिताभ बच्चन ने अपनी अनेक फिल्मों में पटकथा की सीमाओं से बीता भर ऊँचे उठकर दिखाया। उन्होंने अपनी 'लार्जर देन लाइफ इमेज' और किंवदंतियों के किस्म की घटनात्मकता में उपयोग किए जाने की कोई शिकायत नहीं की। फिल्मों की मधुशाला में उन्होंने अपने आपको खुले मन और खुले हाथों से जमाने के हवाले कर दिया। अब इसमें उनकी क्या गलती है कि जमाना ही बाजार की गिरफ्त में है। यह विवेकदृष्टि ही उसे भरमाए न जा सकने में कामयाब हुई और वह उस कशिश में जीने को अपनी जिन्दगी की सबसे बड़ी उपलब्धि बनाए रख सके जो उनके पिता के काव्य का गौरव है। उनका अखण्ड आनन्द है। उस अन्यतम आनन्द उत्कर्ष के आगे दुनिया की तमाम नियामतें और उपलब्धियाँ तिनके जैसी भी नहीं हैं।

अमिताभ बच्चन के भीतर न जाने ऐसी कितनी फिल्में होंगी, न जाने कितने चरित्र होंगे जिन्हें वह कभी अभिनीत नहीं कर सके। जिन चरित्रों को उनके लिए कोई नहीं गढ़ सका। जिन चरित्रों की उसे कभी शूटिंग नहीं करनी होती है। कम से कम कोई एक ऐसा चरित्र तो होगा ही अमिताभ बच्चन के पास और उनके ही पास क्या, कम से कम ऐसा एक चरित्र तो हर आदमी के पास होता है। हर आदमी की जिन्दगी एक अनूठा किस्सा होती है, जैसा कोई और नहीं। ऐसे कितने ही चरित्र अमिताभ की प्रतीक्षा में हैं, यह कम से कम 'ब्लैक' के बाद अमिताभ भी महसूस करते होंगे। रामगोपाल वर्मा ने उससे भी एक कदम आगे बढ़कर 'सरकार' में और महेश मांजरेकर ने 'विरुद्ध' में अमिताभ को अविस्मरणीय चरित्र निभाने के अवसर दिये हैं। ये तीनों फिल्में अमिताभ की प्रतिभा का कीर्तिमान हैं। मानवीय विवशता की करुणा का उत्ताप 'विरुद्ध' की तरह कभी अमिताभ के

हिस्से नहीं आया था। बेशक, अभी आगे और भी कृतियाँ उनके अभिनय से नुमायां होना बकाया हैं।

सुभाष घई भी ऐसे निर्देशक नहीं हैं जिन्हें सितारों के साथ पटरी बैठाने में कोई मुश्किल होती है। उन्होंने हर उम्र और मिजाज के सितारों के साथ गहरा तालमेल बैठाया। यह तो उनकी खासियत है। तो जहाँ बिलकुल अनुकूल परिस्थितियाँ थीं कि सुभाष घई और अमिताभ बच्चन में गहरा तालमेल संभव हो सकता था वहीं इस परिपुष्ट अनुकूलता ने उन्हें प्रतिकूल कर दिया।

अमिताभ बच्चन के साथ सुभाष घई ने 'देवा' के निर्माण की योजना बनाई थी। इसका मुहूर्त भी बड़ी धूम-धाम से हुआ था लेकिन यह फिल्म शुरू होने के साथ ही बन्द भी हो गई। इसके बाद भी सुभाष घई और अमिताभ बच्चन ने फिर कभी साथ काम नहीं किया। 'देवा' उस समय आरम्भ हुई थी जब अमिताभ बच्चन सर्वोच्च थे। नम्बर एक से दस तक सर्वोच्च थे। घई के लिए यह बात कोई खतरा नहीं थी। कोई संघर्ष का केन्द्र भी नहीं था। आखिर अमिताभ बच्चन भी उनके अग्रज ही हैं। अमिताभ को यश चोपड़ा और मनमोहन देसाई के साथ तालमेल बैठाने में कोई तकलीफ नहीं हुई तो घई के साथ क्यों होती। लेकिन हुई। इसलिए कि प्रकाश मेहरा, मनमोहन देसाई और अंततः यश चोपड़ा के लिए भी अमिताभ बच्चन औजार ही हैं...

...लेकिन घई के लिए वे उत्तरदायित्व हैं। यह छोटे मुँह बड़ी बात कही जा सकती है—हो। पर वे आरम्भ से आज तक अपने इस नजरिये से पीछे नहीं हटे। वे अमिताभ बच्चन के जरिये एक फिल्म ही नहीं गढ़ना चाहते, अपनी फिल्म के जरिये एक अमिताभ बच्चन को भी गढ़ना चाहते हैं। वे अमिताभ की छवि को अपने कॉन्सेप्ट के जरिये ही प्रस्तुत कर सकते हैं। किसी भी सितारे के लिए यह आसान स्थिति नहीं होती। यदि वह अपनी छवि के इस्तेमाल में तनिक भी लापरवाह होता है तो उसे इसका गहरा व्यावसायिक खामियाजा भुगतना पड़ सकता है। जब सितारा सर्वोच्च हो तो फिर यह खतरा भी सबसे बड़ा होता है। प्रकाश मेहरा और मनमोहन देसाई अमिताभ को अपनी स्वाभाविक अभिव्यक्ति की खुली छूट देते हैं। इससे भी बढ़कर खुद ऐसी स्थितियों का बढ़-चढ़कर निर्माण करते

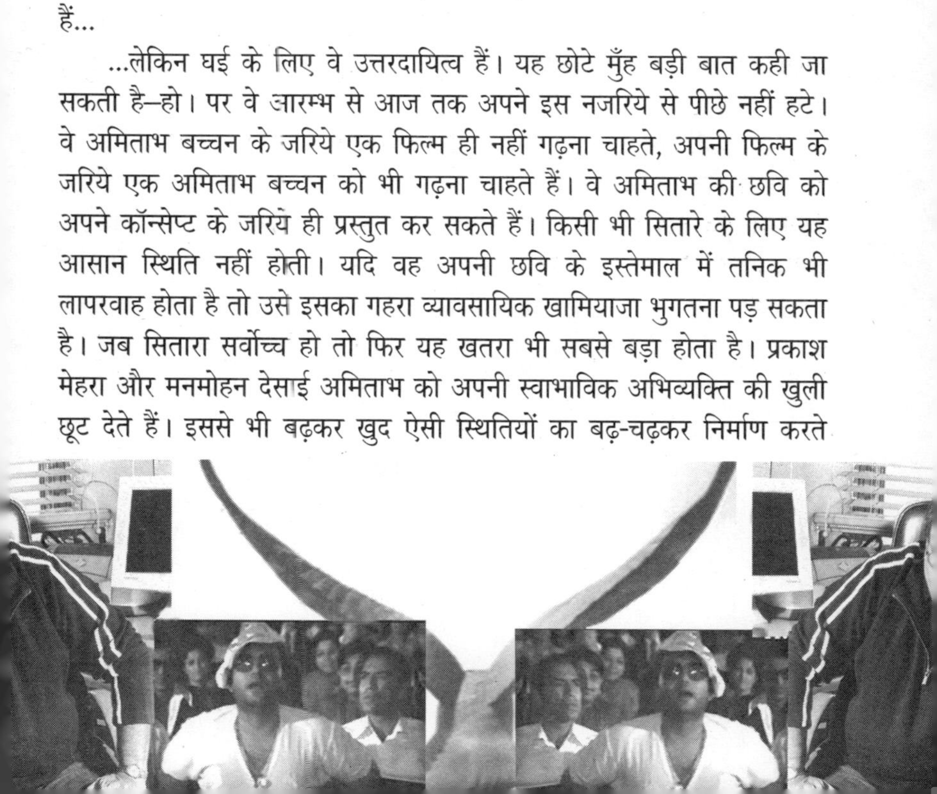

हैं जहाँ अमिताभ को अपने तमाम नखरों को खुलकर चमकाने के मौके मिलें। आगे मुकुल आनन्द ने तो अमिताभ का रोबोट की तरह इस्तेमाल किया। टीनू आनन्द ने कई बार हास्य और फेंटेसी में अमिताभ को पिरोने के प्रयोग किये, पर सफल नहीं हुए। इन सभी निर्देशकों ने अमिताभ की छवि को नए कोण दिए पर उसकी धार को ज्यादा से ज्यादा तेज किया। उसे निर्देशकीय अंकुश से चरित्र के नए आयाम नहीं दिये। ऐसा कोई प्रयत्न 'खुदा गवाह' तक अमिताभ की ओर से कभी नहीं हुआ। इस स्थिति में अमिताभ और घई का एक-दूसरे से चुपचाप अलग खड़े हो जाना ही विकल्प था। अमिताभ आज तक किसी का उत्तरदायित्व नहीं बन सके। शायद यह उन्हें गवारा नहीं। शायद ऐसा उनके लिए कभी लाभदायक साबित नहीं हुआ। शायद शुद्ध व्यावसायिक उपलब्धियों की सबसे ऊँची पायदान संतुलन बनाए रखने में ही अपनी अधिकांश ऊर्जा व्यय करने को अभिशप्त होती है। लेकिन अब कोई दो दशक बाद अमिताभ बच्चन और सुभाष घई दोनों ही अपने सृजन के दूसरे दौर में शायद एक-दूसरे के नजदीक आएँ और हिन्दी सिनेमा को कोई भव्य तमाशा और मिल सके। निर्देशक और सितारे के बीच द्वन्द्व सार्थक भी हो सकता है। अमिताभ बच्चन ने हमेशा जीवन को और अपने अभिनेता व्यक्तित्व को जड़ता से दूर रखने का प्रयास किया है। सुभाष घई भी इसी स्वभाव के व्यक्ति हैं। इसीलिए आज भी इनके मिलन की सम्भावना असम्भव नहीं है। विभिन्न पीढ़ियों और मतवादों के बीच रचनात्मक समन्वय सिनेमा को और गहरा बनाता है।

यदि कहीं सुभाष घई फिल्मों में हीरो के रूप में हिट हो जाते तो क्या उतने ही सफल होते जितने एक फिल्मकार के रूप में हुए। शायद हो भी जाते लेकिन इतने सन्तुष्ट नहीं होते। इसलिए सुभाष घई यह बेहतर जान सकते हैं कि एक समर्थ फिल्मकार को भी अपनी रचनात्मक अभिव्यक्ति के लिए समर्थ कलाकारों की जरूरत होती है। वे नए सितारों का सृजन भी कर सकते हैं लेकिन समर्थ कलाकारों की अवहेलना नहीं कर सकते। यह हम नहीं, उनकी फिल्में कहती हैं। वे फिल्में जिनके कई अत्यन्त लोकप्रिय चरित्रों को हिन्दी सिनेमा के बड़े सितारों ने पर्दे पर जीवन्त किया है।

शिखर का रोमांच : शिखर की फिसलन

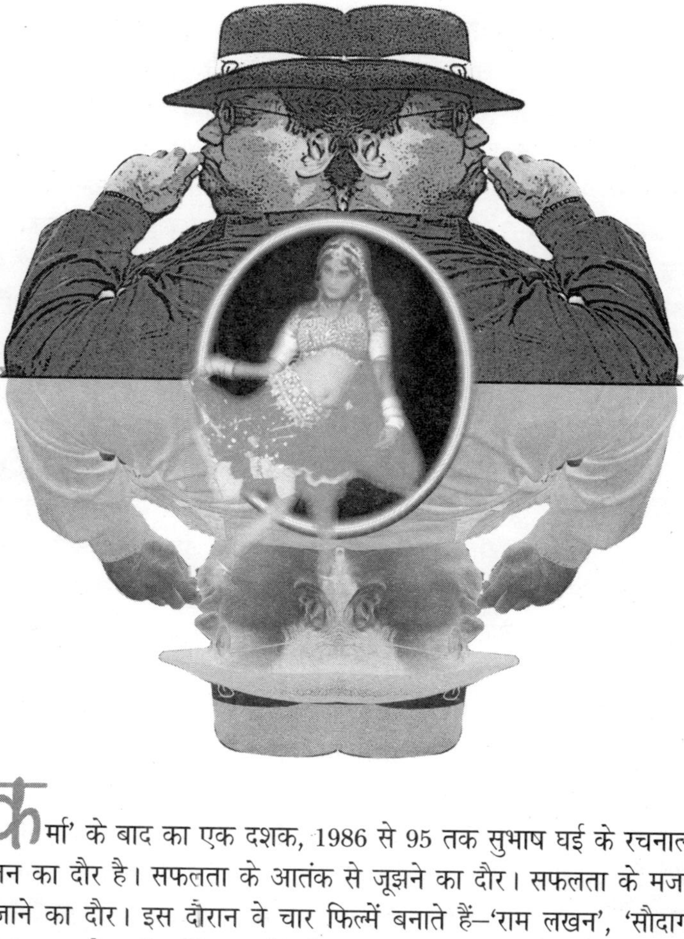

'कर्मा' के बाद का एक दशक, 1986 से 95 तक सुभाष घई के रचनात्मक विचलन का दौर है। सफलता के आतंक से जूझने का दौर। सफलता के मजबूरी बन जाने का दौर। इस दौरान वे चार फिल्में बनाते हैं–'राम लखन', 'सौदागर', 'खलनायक' और 'त्रिमूर्ति'। इनमें तीन सफल होती हैं और एक असफल। व्यावसायिक दृष्टि से सफलता का यह सुपरहिट प्रतिशत है। फिर 'त्रिमूर्ति' की असफलता से यह कहकर भी हाथ झाड़ा जा सकता है कि उसके निर्देशक सुभाष घई थे ही नहीं, मुकुल आनन्द थे। गरज ये कि इस दौर में घई कुछ असफल नहीं हो रहे थे। उनकी फिल्में व्यावसायिक रूप से मुनाफे का सौदा साबित हो रहीं थीं।

उनके वितरक उनसे प्रसन्न थे और सुभाष घई यह भी मान सकते थे कि उनके दर्शक भी उनसे प्रसन्न थे। टिकटों की बिक्री के लिहाज से यह सच हो सकता है लेकिन रचनात्मकता की दृष्टि से नहीं। शायद यह बात सुभाष घई भी समझते थे।

'राम लखन' में वे दो भाइयों के प्रेम की कथा प्रस्तुत करते हैं। यह फिल्म सुनेहा आर्ट्स के बैनर तले बनाई गई थी जिसके निर्माता सुभाष घई के छोटे भाई अशोक घई थे। 'कर्मा' की तरह 'राम लखन' का कैनवास विशाल नहीं था। हर बड़े निर्देशक को यह पता होता है कि उसकी लगातार दो फिल्में एक जैसी भावभूमि पर या एक तरह के परिवेश पर नहीं होनी चाहिए। वे कितनी भी श्रेष्ठ क्यों न हों किन्तु दूसरी फिल्म को अपनी श्रेष्ठता के बावजूद विशेष महत्त्व नहीं मिलता। 1951 में 'आवारा' के बाद जब 1955 में राजकपूर ने 'श्री 420' बनाई थी तब 'श्री 420' को 'आवारा' के कारण वह महत्त्व नहीं मिल सका जिसकी वह हकदार थी। नाटकीय संरचना की दृष्टि से तो 'श्री 420' हिन्दी सिने इतिहास की अन्यतम फिल्मों में एक है। पर एक ही विषय के आभास के कारण 'श्री 420' आज तक 'आवारा' के आगे अपनी सही प्रतिष्ठा प्राप्त नहीं कर सकी।

'राम लखन' में सुभाष घई जैकी श्राफ और अनिल कपूर को राम और लखन की भूमिकाओं में प्रस्तुत करते हैं। उनकी प्रेमिकाओं के रूप में हैं डिम्पल कपाड़िया और माधुरी दीक्षित। यूँ 'गौतम गोविन्दा', 'कर्ज़', 'मेरी जंग' और 'कर्मा' में भी माँ की सशक्त भूमिकाएँ थीं। 'मेरी जंग' में नूतन अपने साथ हुए अन्याय के प्रतिकार के लिए अपने बेटे अनिल कपूर के व्यक्तित्व का निर्माण करती है और नाइन्साफी के खिलाफ जंग में बहादुरी के साथ उतरती है। नूतन ने इस भूमिका में विलक्षण अभिनय किया है। विशेष रूप से वे दृश्य जब वह अमरीश पुरी की काली सलाहों को उसी के मुँह पर पोतकर उसके घर से वापस लौट आती है, महिषासुर मर्दिनी की तेजस्विता की प्रतिष्ठा करते हैं।

'राम लखन' में माँ की भूमिका में राखी हैं। उनके पति की भूमिका में दिलीप ताहिल हैं। अमरीश पुरी और उनकी खलनायक मण्डली बेईमानी से उनकी सारी सम्पत्ति छीन लेते हैं, पति की हत्या कर देते हैं, उनको उनके ही घर से बाहर

निकालकर खुद उस पर कब्जा कर लेते हैं। इस अन्याय से जूझने के लिए राखी अपने दोनों बेटों को हथियारों की तरह बड़ा करती है। वे उसके पुत्र नहीं अस्त्र हैं। जाहिर है कि अन्त में सत्य की जीत होती है और अन्याय अपने कुकर्मों की सजा भोगता है। कहानी या उसके विकास की दृष्टि से इस फिल्म में खास कुछ भी महत्त्वपूर्ण नहीं है। सभी अभिनेताओं ने अपनी-अपनी सीमाओं में बेहतर अभिनय किया है। अनुपम खेर 'राम लखन' में 'कर्मा' से बिल्कुल उलट चटपटी हास्य भूमिका में हैं। अनुपम खेर और सतीश कौशिक की मालिक-नौकर की जोड़ी सिर्फ हँसाती ही नहीं है अपितु फिल्म के गंभीर क्षणों की हल्की-फुल्की व्यावहारिक व्याख्या भी करती है।

'राम लखन' सुभाष घई की वह फिल्म है जो रामलीलाई अन्दाज के सबसे निकट है। इसमें घई ने माँ की भूमिका को गरिमा प्रदान की है। वे दृश्य जिनमें राखी कुछ नहीं बोलती, वे बोलने से अधिक प्रभावोत्पादक हैं। उनकी आँखों में धधकती हुई ज्वाला, बिजली की चमक में लिए गए उनके क्लोजअप में खलनायकों की धधकती हुई चिताओं की तरह दर्शकों को महसूस होती है। राखी ने इस फिल्म में अपने व्यक्तित्व को सम्पूर्णता में अपने चरित्र में उतार दिया है।

ऐसी फिल्मों में ज्यादातर सौन्दर्य बिखेरने के लिए ही नायिकाओं का उपयोग किया जाता है। पर सुभाष घई अपनी प्रतिशोध कथाओं में भी नायिकाओं के व्यक्तित्व के विकास के लिए किंचित गुंजाइश निकाल ही लेते हैं। अनिल कपूर की प्रेमिका के रूप में माधुरी दीक्षित की भूमिका को जैकी श्रॉफ की प्रेमिका डिम्पल कपाड़िया की भूमिका के मुकाबले अधिक विस्तार दिया गया है। माधुरी दीक्षित ने अपनी उपस्थिति से भी दृश्यों को पूर्णता दी है। विशेष रूप से- 'ओ राम जी तेरे लखन ने बड़ा दुख दीन्हा' गीत में अपने भावलोक के चरम सन्धान की गरिमा को माधुरी दीक्षित ने उस ऊँचाई पर ले जाकर खड़ा कर दिया है कि यह गीत-दृश्य एक सार्वकालिक सौन्दर्य सृष्टि बन गया है। यद्यपि सुभाष घई की हर फिल्म की तरह 'राम लखन' का क्लाइमेक्स भी अनेक मोड़ों से होकर गुजरता है और संघर्ष अनेक रूपों में सामने आता है पर फिल्म में नायक और खलनायक के बीच संघर्ष का रोमांच सबसे बढ़कर इसी गीत में मिलता है। पहले खलनायक द्वारा नायिका

की बेइज्जती, फिर नायिका द्वारा खलनायक को गीत के द्वारा जवाब दिया जाना और अन्त में नायक का विजेता के रूप में प्रगट होना समूचे दृश्य को दर्शकों के लिए अत्यन्त रोमांचक और प्रभावशाली बना देता है।

'राम लखन' एक मनोरंजक फिल्म है। यह भी सुभाष घई की एक बड़ी व्यावसायिक सफलता है। 'राम लखन' के बाद पुनः सुभाष घई विशाल केनवास की ओर बढ़ते हैं और अपने अगले भव्य तमाशे के लिए दिलीप कुमार और राजकुमार के लिए आमने-सामने खड़ा कर हिन्दी सिनेमा के इतिहास में एक यादगार संघर्ष की रचना करने का ख्वाब पालते हैं। 'सौदागर' में दिलीप कुमार और राजकुमार को एक साथ प्रस्तुत कर सकने की घई की आसमानी तमन्ना पर उनके प्रतिद्वन्द्वी तरह-तरह के शिगूफे उछालते हैं। लोग शायद देखना चाहते थे कि दो शेरों को आमने-सामने खड़ा करने में सुभाष घई की कैसी मट्टी पलीद होती है। यदि इस फिल्म के निर्माण के दौरान पत्र-पत्रिकाओं में छपी हुई बातों में चौथाई सच भी स्वीकार कर लिया जाए तो यही साबित होता है कि सुभाष घई के लिए इन दोनों ने आसमानी मुश्किलें खड़ी कीं। दोनों के चरित्रों का निर्वाह जिस तरह फिल्म में किया गया है एक सीमा तक उससे भी इन बातों की पुष्टि होती है।

'सौदागर' में दिलीप कुमार और राजकुमार के चरित्रों का समानान्तर रेखाओं में ही विकास किया जा सका है। दोनों ही अभिनेताओं का अहंकार उन्हें टकरा सकने की गुंजाइश में नहीं आने देता। राजकुमार अपने ओजस्वी संवादों के लिए प्रसिद्ध रहे हैं। उनकी अकड़, मर्दानगी और सामने वाले को कीड़े-मकोड़े जैसा तुच्छ समझने का अहंकारबोध उनके अभिनय की विशेष शक्तियाँ हैं। इसलिए उनके संवादों का ओजस्वी होना लाज़िमी है। राजकुमार अपने चाहने वालों को संवादों के साथ ही याद आते हैं—'चिनॉय सेठ जिनके अपने घर शीशे के हों वो दूसरों के घरों पर पत्थर नहीं फेका करते'। शायद यह राजकुमार का पहला संवाद है जिसने उनके लिए आगे गढ़े जाने वाले संवादों की रूपरेखा तय की थी।

'सौदागर' में दिलीप कुमार और राजकुमार की भूमिकाएँ इस तरह लिखी गई हैं कि यदि उन्हें तराजू के दो पलड़ों पर रख दिया जाए तो वे चुमाचुम बराबर उतरेंगी। रत्ती-भर भी कोई पलड़ा यहाँ-वहाँ नहीं होगा। यही 'सौदागर' की सबसे

बड़ी कमजोरी है। दिलीप और राजकुमार ही नहीं, जब भी किसी फिल्म में दो बड़े सितारे आमने-सामने होते हैं, वे भूमिकाओं की अपेक्षाओं पर कितने खरे उतरते हैं, इससे बढ़कर उनको चिन्ता अपनी छवि के विस्तार की होती है। यहाँ तक कि वे अपने प्रभाव ही नहीं विस्तार के लिहाज से भी अपनी भूमिका को उन्नीस कुबूल नहीं कर सकते। यह त्रासदी जाहिर है फिल्म को असंतुलित और कुरूप बनाती है।

राजकुमार को लेकर हिन्दी सिनेमा में हजारहा किस्से प्रचारित हैं जो उन्हें एक बेहद संगदिल और अहंकारी आदमी की तरह पेश करते हैं। वे किसी भी अभिनेता के सामने दोयम दर्जे की भूमिका स्वीकार नहीं करते थे। फिर दिलीप कुमार के सामने तो कतई नहीं। भले ही सारा हिन्दुस्तान दिलीप कुमार को सर्वश्रेष्ठ अभिनेता मान ले लेकिन राजकुमार की नजर में वह दिलीप कुमार से बेहतर अभिनेता थे। वे कहा करते थे कि दिलीप कुमार के पास वह हौसला ही नहीं है जो राजकुमार से मुकाबला कर सके। 1991 में 'सौदागर' के पहले 1959 में एस. एस. वासन की 'पैगाम' में ही दिलीप कुमार और राजकुमार एक साथ आए थे। इसके बाद बत्तीस वर्षों तक उन्होंने एक-दूसरे के साथ किसी फिल्म में अभिनय नहीं किया। शायद कोई निर्देशक उन्हें एक साथ उतारने की मुसीबत मोल लेना भी नहीं चाहता था।

'पैगाम' में दिलीप कुमार नायक थे और राजकुमार ने उनके बड़े भाई की भूमिका अदा की थी। तब दिलीप कुमार सर्वोच्च सितारे थे और राजकुमार 1957 में 'मदर इंडिया' के साथ ही उभरकर सामने आए थे। 'पैगाम' में दिलीप कुमार के सामने छोटी-सी भूमिका में भी उन्होंने दर्शकों को अपनी तरफ आकर्षित किया था। दिलीप कुमार, वैजयन्तीमाला, सरोजा देवी, मोतीलाल और जॉनीवाकर जैसे बड़े सितारों के होते हुए भी राजकुमार ने 'पैगाम' में अपनी उपस्थिति मजबूती से कायम कर दी थी। उनकी दृष्टि में दिलीप कुमार को तो उन्होंने 'पैगाम' में ही पटकनी लगा दी थी। शायद सुभाष घई की फितरत में ऐसे खतरों से खेलने का कुदरती जोश मौजूद है। तब ही उन्होंने 'पैगाम' के बत्तीस साल बाद 'सौदागर' में 1991 में दोनों शेरों को आमने-सामने खड़ा करने का साहस जुटाया। फिल्म में उनके लिए जो गीत है उसकी एक पंक्ति ही है–

'इस जंगल में हम दो शेर...'

1959 से 1991 के बीच में गंगा में बहुत पानी बह गया था। दिलीप कुमार और राजकुमार दोनों ही अपनी अभिनय यात्रा के उत्तरार्द्ध में पहुँच कर परम्परागत नायकों की भूमिकाओं से दूर हो चुके थे। राजकुमार को दिलीप कुमार जैसा अभिनय के क्षेत्र में सम्मान प्राप्त भले न हुआ हो किन्तु लोकप्रियता जरूर मिली। उस लोकप्रियता को राजकुमार ने हमेशा धरोहर की तरह सँभाल कर रखा। उन्हें कभी गवारा नहीं हुआ कि लोकप्रियता का सबब उनकी छवि को किसी भी फिल्म में तनिक भी धक्का लगे। वे अपने मैनरिज़्म से कभी राई-रत्ती नहीं हटे। अपनी छवि में इन्तिहा तक डूबे राजकुमार–'किसी के हुस्न की बस एक किरण काफी है,' की खूबसूरत मिसाल हैं। इसलिए भले ही उनकी कितनी ही आलोचना की जाती है और समीक्षक उनकी प्रतिभा को एक चौखटे में कैद निरूपित करते रहे हों और उन्हें एक सीमित क्षमता का अभिनेता ही माना जाता रहा हो लेकिन इसमें दो मत नहीं कि उनके लाखों चाहने वाले ऐसे थे और हैं जिनके लिए दिलीप कुमार हों या अमिताभ बच्चन, अपने 'जॉनी' के आगे क्या चीज हैं।

राजकुमार के मुकाबले दिलीप कुमार की भूमिका भी उसी तरह लाउड है। यहाँ दिलीप कुमार राजकुमार के अस्त्र का इस्तेमाल करते हैं। वे भी हार नहीं सकते और राजकुमार के हारने का तो कोई सवाल ही पैदा नहीं होता। यही 'सौदागर' की त्रासदी है। सुभाष घई कई बार अपनी फिल्मों के क्लाइमेक्स में पूरी तरह रामलीलाई हो जाते हैं। 'सौदागर' इस दृष्टि से सबसे बढ़कर है। राजकुमार और दिलीप कुमार के चरित्रों के बीच संतुलन बैठाने की कोशिश में यूँ तो पूरी फिल्म ही असंतुलित हुई है लेकिन क्लाइमेक्स पूरी तरह खण्ड-खण्ड पाखण्ड बन गया है। राजकुमार अपनी प्रस्तुति में एक सौ एक प्रतिशत जवान हैं लेकिन परदे पर उनका बुढ़ापा साफ-साफ झलझलाता है। हाँ, इसमें कोई शक नहीं कि वे खानदानी बूढ़े शेर लगते हैं। राजकुमार के सामने दिलीप कुमार भी अपनी पूरी ठसक के साथ मौजूद हैं और माशाअल्लाह बुढ़ापे में भी जवानी ही टपकती है। वे राजकुमार की तरह बूढ़े नहीं लगते। इन दोनों को साधे रहने के लिए सुभाष घई 'सौदागर' में रामायण से ज्यादा महाभारत का आश्रय लेते हैं। इन दोनों महारथियों के सामने

वे महाभारत के शकुनि की तरह चुनिया मामा के रूप में अमरीश पुरी को रखते हैं। अमरीश पुरी ने अपनी छोटी-सी भूमिका को बेहद खूबसूरती से अंजाम दिया है। चरित्र का काइयाँपन तो उन्होंने बाल-बाल उधेड़ दिया है। राजकुमार से थप्पड़ खाकर अपनी तिलमिलाहट को दुलारता चुनिया मामा विस्मृत नहीं किया जा सकता। बगैर कुछ कहे अपनी आँखों के आंदोलन मात्र से वह राजकुमार को समझा देता है कि तमाचे का जवाब उधार रहा। इसकी कीमत चुकानी पड़ेगी। 'सौदागर' में घई ने अमरीश पुरी को बेहद खूबसूरत गैटअप दिया है। यदि आप बहुत पीछे जाकर 'गौतम गोविन्दा' का स्मरण करें तो देख सकते हैं कि वहाँ पुराने जमाने के चरित्र अभिनेता एवं खलनायक रणधीर को भी घई ने लगभग यही गैटअप दिया था। सुभाष घई अपनी हर फिल्म में, खासतौर से खलनायकों के लिए नए-नए गेटअप तैयार करने में विशेष परिश्रम करते हैं।

'सौदागर' का मूल संघर्ष दिलीप कुमार और राजकुमार के बीच है, पर उसका समापन अपने केन्द्र से हटकर चुनिया मामा के षड़यंत्रों से जूझने में होता है। दिलीप कुमार और राजकुमार जैसे दिग्गजों के सामने भी अमरीश पुरी अप्रतिम हैं लेकिन उनकी भूमिका इतनी संक्षिप्त है कि वह विषय की केन्द्रीयता से समेकित ही नहीं होती कि किसी गब्बर सिंह या मोगैम्बो की तरह केन्द्रीय चरित्रों के दबाव का तनाव वहन कर सके। इसीलिए दर्शक 'सौदागर' से तृप्त नहीं होता। उनका भव्य तमाशा जगह-जगह मोहित करता है लेकिन 'कर्मा' की तरह समग्रता में नहीं बाँधता। 'सौदागर' व्यावसायिक रूप से सफल हुई लेकिन इस सफलता ने एक तरह के ठहराव का अहसास पैदा किया। वह किसी भी रास्ते से हो, यदि अभिनव के तलाश की ललक है—तो निरन्तर गतिशील रहने के लिए अभिशप्त है। यही अभिशाप उसके सृजन सौन्दर्य का शिखर है।

'सौदागर' में सुभाष घई नायक-नायिका की नई जोड़ी प्रस्तुत करते हैं। मनीषा कोइराला और विवेक मुश्रान को वे पहली बार पर्दे पर लाते हैं। विवेक मुश्रान आगे चलकर बहुत सफल नहीं हो सके लेकिन मनीषा कोइराला ने एक सशक्त अभिनेत्री के रूप में अपनी पहचान बनाई। इनके अतिरिक्त सितारों की पूरी फौज 'सौदागर' में मौजूद है। मामूली से मामूली भूमिकाओं के लिए प्रसिद्ध स्थापित

कलाकारों का उपयोग किया गया। अमरीश पुरी, अनुपम खेर, दीप्ति नवल और 'महाभारत' के भीष्म पितामह मुकेश खन्ना आदि की भूमिकाएँ दर्शकों को प्रभावित करने से अधिक अतृप्त करती हैं। ये सारे चरित्र अविकसित ही रह जाते हैं। दो आधार चरित्रों के तनाव को चरम पर पहुँचाने में इनको आधा अधूरा खपा देना 'सौदागर' को कमजोर बना देता है।

'खलनायक' में सुभाष घई अपने जमाने के नौजवान को अपने ढंग से पहचानने की कोशिश करते हैं। वह जो निरर्थक हो चुके आदर्शवाद का शिकार है। जिसने नायक के रूप में अपनी पहचान खो दी है। जिसके सामने कोई आदर्श नहीं है। जिसे किसी सामाजिक नियम और न्याय व्यवस्था में तनिक भी यकीन नहीं है। घृणा ही जिसके जीवन का सत्य है। जिसके लिए अपराध की दुनिया ही एकमात्र सत्य है। उसे अपराधियों से अधिक बड़े अपराधी वे लगते हैं जो बीते जमाने के आदर्शों की दुहाई देते हुए अपना उल्लू सीधा करने में लगे हुए हैं। जिनके लिए राजसत्ता सिर्फ लूट-खसोट का साधन है। जहाँ ईमानदारी के सारे रास्ते बन्द हो चुके हैं। उसे यह स्वीकार करने में कोई संकोच नहीं है कि वह खलनायक है। इतना ही नहीं वह खलनायक की अपनी भूमिका से पूर्ण संतुष्ट भी है। यह अपने जमाने के युवा का चरम प्रतिरोध है। वह खूँख्वार चेहरा जो उसे आतंकवादी बनाता है। जिसके लिए बड़े-से-बड़ा अपराध महज एक खेल-तमाशा है। जो निर्दोष लोगों को भी कीड़े-मकोड़ों की तरह मसल देता है। हर मानवीय कोमल भावना जहाँ निरर्थक हो चुकी है। जिसकी जिन्दगी में कोई रिश्ता शेष नहीं बचा है। यहाँ तक कि छः बरस से दिन-रात उसकी प्रतीक्षा करती हुई उसकी माँ भी उसके लिए मर चुकी है।

सुभाष घई ने बल्लू बलराम के व्यक्तित्व के विघटन की इस गाथा को इन्तजार करती हुई उसकी माँ की सूनी आँखों में पनीले सपनों के जरिये देखा है। बेटा माँ को भूल सकता है, वह उसे जिन्दा में ही मरा हुआ बतला सकता है परन्तु माँ अपने बेटे को कैसे भूल सकती है। वह आतंकवादी हो तब भी।

यहाँ मदर इंडिया की तरह माँ अपने बेटे को अपराधी होने का दंड नहीं देती अपितु उसकी रक्षा करने का प्रयास करती है। वह शक्तिहीन है। उसकी कोई

सामर्थ्य नहीं है। उसके पास है सिर्फ उसका यकीन कि उसका बेटा एक दिन जरूर वापस आएगा। वह जानती है कि उसका बेटा अपराधी है पर वह यह भी जानती है कि अपराध के ये कीटाणु उसे उस निर्मम सामाजिक व्यवस्था ने दिये हैं जो आज के युवा के नामूली सपनों का भी बेरहमी से गला घोंट देती है। दुनिया उसे इन्सानी कोमलता को रौंदते हुए देख रही है, पर उसने अपने बेटे के हर कोमल सपने को रौंदा जाते हुए देखा है। उसे इस बात का अफसोस है कि उसने समय रहते अपने बेटे को नसीहत नहीं दी। इस तरह अंकुश नहीं लगाया कि वह अपराध की दुनिया में न जा सके। लेकिन क्या ये मुमकिन था? वह तो एक प्रसिद्ध देशभक्त परिवार का वंशज था जिसके दादा के नाम पर उसके घर के सामने वाले चौराहे का नाम था। उसके पिता का जीवन आदर्शों की लीक पर चलते हुए घिसट-घिसटकर बीता था। वे अपने परिवार की मामूली जरूरतों को भी पूरा नहीं कर सके थे और उन्हीं आदर्शों के सहारे जमाना दुनिया लूट रहा था। एक-एक कुर्बानी भुनाई जा रही थी। आजादी के संघर्ष के दौरान के जेबकतरे और खूनी-मवाली भी जेलयात्रा के सर्टिफिकेट बनवाकर स्वतंत्रता संग्राम सेनानी बन गए थे। पर बल्लू के पिता असली स्वतंत्रता संग्राम सेनानी होकर भी दर-दर की ठोकरें खा रहे थे। वे अपने जमाने में मिसफिट थे। वे अपने त्याग का मूल्य वसूल करना जानना तो दूर की बात है यही नहीं मानते कि यह उचित है। वे बदलते हुए परिवेश के साँचे में ढ़ल जाना अपना अपमान मानते हैं। वे रोशीबा के सामने भी अपने बेटे को सच्चाई और ईमानदारी की नसीहत देते हैं। उनका बेटा जमाने के साथ चलना चाहता था। उसकी नजर में उन आदर्शों का कोई मूल्य नहीं है जो सिर्फ मुँह बजाने के काम आते हैं। पलक झपकते दुनिया बदलने का ख़्वाब आज के नौजवान को अपराध की रंगीन दुनिया की ओर खींच लेता है।

फिल्म के आरम्भ में ही बल्लू बलराम एक नेता की हत्या करते हुए पुलिस के द्वारा रँगे हाथों गिरफ्तार कर लिया जाता है। उसे अपने अपराधों के लिए आजीवन कारावास की सजा भी सुना दी जाती है। अपने लाख प्रयासों के बावजूद पुलिस उससे उसके गिरोह के बारे में कुछ भी पता नहीं कर पाती। पुलिस ऑफीसर राम अपनी पूरी चतुराई के बावजूद बल्लू बलराम का मुँह नहीं खुलवा

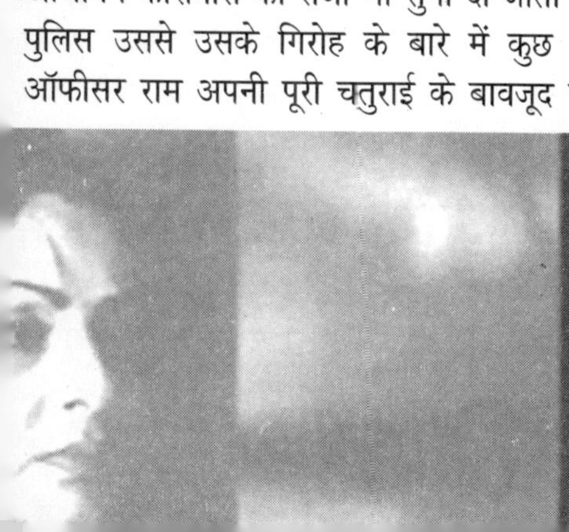

पाता। गैंग का मुखिया रोशीबा बल्लू को छुड़ाने का प्रयास करता है और अंततः बल्लू बलराम जेल से भागने में सफल हो जाता है। अब पुलिस अफसर राम की मंगेतर गंगा, जो खुद भी पुलिस ऑफीसर है, बल्लू को गिरफ्तार करने के लिए निकलती है। इस बीच, जैसा कि होना चाहिए था, बल्लू गंगा से प्रेम करने लगता है और यही प्रेम भावना उसके भीतर के सोये हुए आदमी को जगाती है।

'खलनायक' भी सुभाष घई की सफल फिल्म है जिसमें वे अपने दर्शकों का भरपूर मनोरंजन करने में सफल होते हैं। व्यावसायिक रूप से भी उनकी साख बनी रहती है लेकिन यह सफलता उन्हें कहीं नहीं ले जाती। सफलता का यह ठहराव असफल होने से कहीं अधिक त्रासद है। 'खलनायक' की नाटकीय संरचना में गंभीर असंतुलन है। प्रमुख खलनायक रोशीबा के रूप में प्रमोद माउथो पूरी फिल्म के तनाव को अपने व्यक्तित्व से संतुलित नहीं कर पाते। उनके पास इसके लिए न क्रूरता का खौफनाक हथियार है और न बर्फ जैसी ठंडी छुरी की गहरी चुप्पी। वे अपनी क्रूरता के प्रकाशन में तरह-तरह की तरकीबों का घालमेल करते हुए अन्ततः हास्यास्पद नजर आते हैं। सुभाष घई की फिल्मों का रावण इतना निरीह कभी नहीं रहा। इसलिए दर्शक के लिए 'खलनायक' संजय दत्त और जैकी श्रॉफ के बीच टकराव की फिल्म बन जाती है और अन्ततः उन दोनों के संयुक्त व्यक्तित्व के आगे प्रमोद माउथो एक तिनके की तरह दिखलाई पड़ते हैं। यह आश्चर्य की बात है कि अपनी फिल्मों में एक से बढ़कर एक अजीबोगरीब खलनायक रचने वाले सुभाष घई अपनी उस फिल्म में जिसका नाम ही 'खलनायक' है, मुख्य खलनायक को पिलपिली मास्टर की तरह पेश करते हैं। प्रमोद माउथो का व्यक्तित्व भी उन्हें ऐसे चरित्र के लिए उपयुक्त नहीं बनाता और निर्देशकीय प्रभाव भी उनका चरित्र नहीं गढ़ पाता।

कहानी के विकास में इसीलिए निर्देशकीय चमत्कार के बावजूद घटनाओं में सहज संतुलन नहीं बना रह पाता। प्रसंग बनावटी नजर आने लगते हैं। अंतिम परिणति तक पहुँचते-पहुँचते कथानक की मूल भावना अपने लक्ष्य को पूरी तरह भूलकर एक साधारण अपराध फिल्म की तरह समाप्त होती है। वह ताप जो निर्देशक फिल्म के आरंभ में राखी की सूनी आँखों की कब्र में दफन मासूम सपनों की गहरी व्यथा को ए.के.हंगल के द्वारा शब्दों से अभिव्यक्त करता है, कथा प्रवाह में खलनायक के चमत्कारी स्वरूप के मनोरंजक गठन में समूचा डूब जाता है, चोली के पीछे की उत्ताल तरंगों में लहराता हुआ। सो आखिर में खलनायक पैसावसूल तमाशे की श्रेणी में ठहर कर रह जाती है। वह उन कारणों की शिनाख़्त करने में उस गहराई तक नहीं पहुँचती जहाँ एक नौजवान आतंकवाद को अपना सर्वस्व समझ लेता है।

यहाँ सुभाष घई से इतनी अपेक्षा अवश्य होती है कि अपराध के उन कीड़ों के प्रजनन के उत्स की ओर इशारा करें। अपने मनोरंजक स्वरूप में ही उनकी शिनाख्त कराएं। फिल्मकार इस ओर सोचना भी पसन्द नहीं करता। इसलिए 'खलनायक' की पीड़ा व्यक्तिगत बन जाती है। वह एक बेटे का अपने बाप से वैमनस्य के प्रतिफलन का किस्सा बन जाती है। वह बेटा आम नौजवान की पीड़ा का प्रतिनिधि नहीं बन पाता। उनके मनोरंजन का साधन बनता है। मनोरंजन करने में घई पूरी तरह सफल भी होते हैं। इस सफलता अर्जित करने के दृष्टिकोण में भी कोई बुराई नहीं है। पर तब आदर्शों की छौंक से आगे की जरूरत नहीं होती। आप जिन्दगी का फलसफा भी बयान करना चाहें और लगातार बचाव की पतली गलियाँ भी तलाशते रहें, यह नहीं चलता। एक संग नहिं हौंहिं भुआलू, हँसइ ठठाय फुलाइब गालू।

'खलनायक' में राखी सर्वोपरि है। उन्होंने सुभाष घई के दृष्टिकोण को भावात्मक परिपूर्णता देने का चरम प्रयास किया है। प्रयास इसलिए कि वे उसे दर्शक के लिए सर्वोपरि नहीं बना सकीं, जिसमें उनका कोई कुसूर नहीं। उस भावुकता से जिस गहन नाटकीय संलग्नता की जरूरत थी उसे लेखक और निर्देशक किसी ने भी अहमियत नहीं दी। माधुरी दीक्षित उस मातृत्व की परिणिति नहीं बन सकीं जो राखी की करुणा प्रक्षेपित करती है। सुभाष घई वहाँ सिर्फ शब्दों के मार्फत पहुँचते हैं, बिम्ब की तरह स्थापित नहीं होते। इसलिए याद करेंगे तो याद आ सकता है वह दृश्य जिसमें संजय दत्त माधुरी दीक्षित की खिलखिलाहट की तुलना अपनी माँ की उस खिलखिलाहट से करता है जब उसने पन्द्रह साल की उम्र में पहली बार दाढ़ी बनाई थी और वह उसका चेहरा देखकर हँस पड़ी थी।

गंगा बलराम से प्रेम नहीं करती, उसके आराध्य तो राम हैं। वह आदि से अंत तक उसी को समर्पित है। गंगा बल्लू के भ्रम को तत्काल तोड़ देती है जब वह उससे पहली बार प्रेम-निवेदन करता है। गंगा तो राम को बचाने के लिए बल्लू को गिरफ्तार करने के प्रयास में लगी पुलिस ऑफीसर है। वह अपनी नौकरी दाँव पर लगाकर भी बल्लू के प्राणों की रक्षा करती है। इसलिए कि वह उसके भीतर के जानवर को आदमियत की राह दिखलाना चाहती है। लेकिन यह विचार दुर्दान्त कामुकता के हाहाकार के बीच दब जाता है। सब कुछ जानते हुए भी बल्लू का प्रेम यदि इस अंधी अमानवीयता की परिणति तक पहुँचे, तब महज काल्पनिक पंख ही शेष रह जाते हैं, यथार्थ का छोटा-सा टुकड़ा भी उसे बाँधने के लिए नहीं रहता। इसलिए न 'खलनायक' 'मदर इंडिया' की राह जाती है और न अपने जमाने के नौजवान की निराशाओं को कोई राह दिखला पाती है।

अंत में राखी के द्वारा कही गई नैतिक सच्चाइयाँ फिल्मकार के दृष्टिकोण की अभिव्यक्ति तो हो सकती हैं लेकिन वे दर्शकों के मन में कहानी का हिस्सा नहीं बनती। तमाशे की तो खासियत ही यही होती है कि वह अपने ऊपरी पहनावों के भीतर छिपे हुए सच्चाइयों के बेबाक चेहरे देखने वालों के भीतर पैदा कर सके। 'खलनायक' उन उपदेशों को स्थापित करने का निरर्थक प्रयास करती है जिनसे मोहभंग हुए एक अरसा हो चुका है। आज के नौजवान के लिए आप उन्हें एक स्पष्ट निष्कर्ष की तरह प्रस्तुत नहीं कर सकते। आप अपने मूल्यों में आस्था रख सकते हैं। यह आपका व्यक्तिगत मामला है। इसे आप अपने व्यक्तिगत स्तर पर सामाजिक रूप में भी आचरण कर दूसरों के लिए उदाहरण बन सकते हैं पर यह शब्द का नहीं, कर्म का मुआमला है।

सुभाष घई ने अपनी हर फिल्म लगभग खुद ही लिखी है। बेशक उनकी फिल्मों के साथ कई अन्य फिल्म लेखकों का नाम भी जुड़ा रहा है लेकिन अधिकांशतः वे सब उनके सहयोगी ही रहे हैं। अपनी फिल्मों के मूल कथालेखक ज्यादातर घई खुद हैं। अपने कथासूत्रों को अनेक पटकथा और संवाद लेखकों के सहयोग से घई ने फिल्मों में रूपान्तरित किया है। अनेक फिल्मों की नामावली के अन्त में लेखक-निर्माता-निर्देशक के रूप में सुभाष घई का नाम स्पष्ट रूप से दिया गया है। 'खलनायक' में भी। निश्चित ही राम केलकर ने पटकथा लिखी है किन्तु कथा के मूलसूत्र घई के हाथों में हैं। बाद में तो कई फिल्मों में संवाद लेखक और पटकथा लेखक के साथ भी नामावलियों में उनका नाम स्पष्ट रूप से जोड़ा गया।

इस मामले में घई मनोज कुमार की तरह हैं जो लेखन के स्तर पर भी अपने दृष्टिकोण को स्पष्ट रूप से प्रक्षेपित करना उचित समझते हैं। आप उनसे असहमत हो सकते हैं लेकिन वे अपने दृष्टिकोण में स्पष्ट हैं। घई 'कालीचरण' से लेकर 'जॉगर्स पार्क' तक कहीं भी विचार के स्तर पर भारतीयता के आंतरिक सौन्दर्य के प्रबल आकर्षण से रत्ती-भर नहीं डिगते। प्रेम जीवन को सौन्दर्य आलोकित करने वाली उद्दाम भावना है, वह कभी मनुष्य के जीवन में सामाजिक गतिरोध की तरह उपस्थित होकर कल्याणकारी नहीं हो सकती। 'जॉगर्स पार्क' जैसी नई पीढ़ी की मल्टीप्लैक्स फिल्म तक में तमाम आधुनिक चकाचौंध के बावजूद घई अपनी नैतिक मान्यताओं में टस से मस नहीं होते। 'जॉगर्स पार्क' के निर्देशक अनन्त बालानी हैं लेकिन 'कॉन्सेप्ट' और संवाद सुभाष घई के ही हैं। इसीलिए अक्सर सुभाष घई के सिनेमा में मनोज कुमार की छाया देखी जाती है। निश्चित ही दोनों के सिनेमा में वैचारिक स्तर पर साम्य है। 'परदेस', 'ताल' और

'जॉगर्स पार्क' तक में भारतीय मूल्यों को ही प्रतिष्ठित किया गया है। 'परदेस' में 'आई लव माई इंडिया' गीत उन्हें बहुत हद तक मनोज कुमार की भावुक परिधि तक भी खींच ले जाता है। तब भी घई का सिनेमा अपने रचनात्मक सृजन में मनोज कुमार के सिनेमा से कहीं मेल नहीं खाता।

वे उसे तमाशाई अंदाज में रचते हैं। हिन्दी सिनेमा की परम्परागत पद्धति में। रामलीला, रास, पारसी थियेटर से लेकर जितनी भी लोक कलाएँ हैं उन सबको समाहित कर। नये जमाने के मुताबिक किस्से का एक रामलीलाई ढाँचा तैयार करते हैं और उसे अपने जमाने के अनुकूल घटनाओं से बाँधकर दर्शकों तक पहुँचते हैं। उनकी फिल्मों में मनोज कुमार के देशप्रेम की ललकार नहीं है, अपनी परम्पराओं के आनन्द के स्वीकार्य की आस्था की अन्तर्धारा है। वे कण के अनन्त विस्तार की जगह अनन्त को कण के समेट लेने का उपक्रम करते हैं। सुभाष घई इन्सानी रिश्तों के किस्से गढ़ने में निजी भावनाओं को खास अहमियत नहीं देते। भले ही उनका हर किस्सा सामूहिकता के प्रति व्यक्तिगत प्रेम के समर्पण में ही अभिराम होता हो लेकिन तब भी रिश्ते ही उस सौन्दर्य तक ले जाने वाली शक्ति बनते हैं।

'खलनायक' एक यादगार फिल्म हो सकती थी लेकिन नहीं हो सकी तो इसलिए क्योंकि निर्देशक अपने दौर के युवा के नकारात्मक सोच की मूल त्रासदी को कथा के साथ विकसित करने की जगह उसकी उच्छृंखलता को मनोरंजक आयाम देने के सम्मोहन में ग्रस्त दिखलाई पड़ता है। चोली के पीछे का खूबसूरत उद्वेग अपराध की कालिमा को इंद्रधनुषीय आकर्षण में तब्दील कर देता है। दर्शक के भीतर संपूर्ण फिल्म का प्रभाव इरॉटिक सीमाओं में सिमटकर रह जाता है। वह बल्लू बलराम की त्रासदी से भीगकर नहीं निकलता, रागात्मक अठखेलियों की चुहल जो फूहड़पन तक भी जाती है, उसके आत्मघाती स्वाद के चटखारे लेता हुआ सिनेमाघर के बाहर निकलता है। बल्लू बलराम के साथ हुए अन्याय की पीड़ा का फौलाद पिघलकर आवारा ख्वाहिशों की नालियों में बह जाता है।

'खलनायक' के शीर्ष कलाकार संजय दत्त फिल्म निर्माण के दौरान ही बम्बई के दंगों के समय अवैध ए.के. 47 रखने के आरोप में गिरफ्तार हुए और एक तरह से सचमुच के आतंकवादी साबित हो गए। घई ने अपनी फिल्म के नायक की इस वास्तविक त्रासदी के समय उसके साथ खड़े रहकर मनुष्यता और रोजगार दोनों की अस्मिता की रक्षा की। यह भी सुखद आश्चर्य ही है कि निर्माता ने इस विवाद को भुनाने की कोशिश नहीं की। वर्ना हिन्दी सिनेमा में तो यह दौर है कि बिलावजह विवाद खड़े किये जाते हैं प्रचार के लिए। पर इस प्रत्यक्ष घटनाक्रम को

भी रोजगारी रूप नहीं दिया गया।

'खलनायक' जिस समय प्रदर्शित हुई, देश साम्प्रदायिक विद्वेष की ज्वाला में सुलग रहा था। एक ओर धर्म तथा दूसरी ओर जाति की राजनीति युवकों में घृणा भर रही थी। ऐसे समय देश के वर्तमान की दुखती रग छूने लिए जिस रचनात्मक विवेक की आवश्यकता थी और कथा में युवामन की पीड़ा की जो बारीक शिनाख्त लाजिमी थी, उसे अनदेखा कर दिया गया। व्यावसायिक सिनेमा के तयशुदा फ्रेम के भीतर इस कटुसत्य की वेदना को ठोक-पीटकर जमा तो दिया गया और वह एक मजेदार तमाशा भी बन गया किन्तु न ही वह नौजवानों के भटकाव के वास्तविक कारणों तक पहुँच सका, न किसी दिशा निर्देश का वातायन खुला और न कथ्य की वेदना किसी टीस में रूपान्तरित होकर प्रेक्षकों को विचलित करने में सफल हुई। अंततः 'खलनायक' के जिए इतना ही कहा जा सकता है कि यह व्यावसायिक दृष्टि से एक सफल फिल्म है जिसने कई विवाद खड़े किए लेकिन एक कीर्तिमान बनने में नाकामयाब हुई, जो वह निस्संदेह हो सकती थी।

'खलनायक' के बाद कुछ नया कर सकने के उद्दाम आवेग में ही शायद वे 'त्रिमूर्ति' की बागडोर मुकुल आनन्द के हाथों सौंपते हैं और 'मुक्ता आर्ट्स' को मनोरंजन का विश्वस्तरीय प्रतिष्ठान बनाने की दिशा में अग्रसर होते हैं। यह वह समय है जब सुभाष घई स्वयं को एक इंस्टीट्यूशन की तरह देखना शुरू करते हैं। वे इक्कीसवीं सदी की आहट को पहचानते हैं और नए जमाने की तकनीकी समृद्धि के जाँबाज प्रतिनिधि मुकुल आनन्द को मुक्ता आर्ट्स के अन्तर्गत एक भव्य फिल्म के निर्माण के लिए आमंत्रित करते हैं। मुकुल आनन्द को ख्याति अमिताभ बच्चन की फिल्मों से मिली। 'हम','अग्निपथ' और 'खुदा गवाह' ने उन्हें बड़ा बनाया। इसके पहले वे दोयम दर्जे के निर्देशकों में शुमार होते थे। जो अमिताभ, घई की फिल्मों में कहीं नहीं हो सके, उनकी फिल्मों से सफल हुए निर्देशक का पहली बार मुक्ता आर्ट्स में बाहरी निर्देशक के रूप में आगमन हुआ। 'त्रिमूर्ति' मुक्ता आर्ट्स के अन्तर्गत पहली फिल्म है जिसे घई के अतिरिक्त किसी और ने निर्देशित किया। परिस्थितियाँ स्वयमेव किस तरह व्यंग्यात्मक हो जाती हैं।

हैलो एन.आर.आई., आई डू लव माई इंडिया!

हिन्दुस्तान की आजादी के स्वर्ण जयन्ती वर्ष पर सुभाष घई अगस्त 1997 में 'आई लव माई इण्डिया' गुनगुनाते हुए 'परदेस' के साथ हाजिर होते हैं। 'परदेस' सुभाष घई ने 'त्रिमूर्ति' की भयावह नाकामयाबी के बाद बनाई थी। उन्होंने 'त्रिमूर्ति' का निर्देशन मुकुल आनन्द को सौंपा था और वे उनके भरोसे पर खरे नहीं उतर सके। यह भी हो सकता है कि मुकुल आनन्द को पूर्ण स्वतंत्रता के साथ काम करने का मौका ही न मिला हो। यह भी बहुत मुमकिन है कि मुकुल आनन्द स्वयं सुभाष घई के व्यक्तित्व के प्रकोप से ग्रस्त रहे हों। किसी छवि का भीतरी आतंक बाह्य प्रभाव से अधिक गहन होता है। भले 'त्रिमूर्ति' के निर्देशक

मुकुल आनन्द हों लेकिन 'त्रिमूर्ति' का गठन और प्रस्तुतीकरण सुभाष घई की 'विधाता' और 'कर्मा' जैसी भव्य फिल्मों के अनुरूप था। वैसी ही निर्माण गुणवत्ता थी और उसी तरह शीर्ष सितारों की पूरी फौज। पर यह फिल्म बीसवीं शताब्दी के आखिरी दशक की सबसे बड़ी दुर्घटना साबित हुई। इसने जैसे सुभाष घई के अस्तित्व को ही हिला कर रख दिया। सुभाष घई के अनन्य मित्र शत्रुघ्न सिन्हा ने इस हादसे की तुलना लातूर के सर्वग्रासी भूकंप हादसे से की। सिनेमा उद्योग ही क्यों दुनिया के हर क्षेत्र में सफलता की ही आरती उतारी जाती है। असफलता तिरस्कृत होती है। जहाँ सफलता अनेक दोषों को ढँक लेती है वहीं असफलता अच्छाइयों पर भी परदा डाल देती है। 'त्रिमूर्ति' के बाद सुभाष घई को खत्म घोषित कर देने वालों की कमी नहीं थी। ऐसा पहली बार सुभाष घई के साथ ही नहीं हो रहा था। महबूब खान, गुरुदत्त, राजकपूर तक ऐसे हादसों से बच नहीं सके थे। इसके पहले सुभाष घई की एकाधिक फिल्मों का ठण्डा स्वागत जरूर हुआ लेकिन जड़ों को हिलाकर रख देने वाली भयावह असफलता से सामना 'त्रिमूर्ति' में ही हुआ।

'परदेस' में एक बार फिर वे निर्देशक की भूमिका में उतरे। इस बार उन्होंने 'त्रिमूर्ति' से क्षुब्ध शाहरुख खान के नेतृत्व में महिमा चौधरी और अपूर्व अग्निहोत्री को नई रोमैंटिक जोड़ी के रूप में प्रस्तुत किया। 'परदेस' अमेरिका में बसे भारतीयों के अपने देश के प्रति आकर्षण को गौरवान्वित करती है। अमेरिका में बसे हुए सबसे धनाढ्य हिन्दुस्तानी किशोरीलाल पश्चिमी सभ्यता में रँगे हुए अपने परिवार में अमेरिकन बेटे के लिए अपने हिन्दुस्तानी मित्र की बेटी कुसुम गंगा को वधू के रूप में चुनते हैं। उन्हें पता है कि उनका आधुनिकता में डूबा परिवार और खुद उनका अपना बेटा न हिन्दुस्तान में कोई रुचि रखता है और न किसी हिन्दुस्तानी लड़की से शादी करने का इच्छुक है। पर किशोरीलाल की यह दृढ़ मान्यता है कि अमरीका में अपने परिवार को भारतीय संस्कृति की जड़ों से जोड़े रखने के लिए उन्हें कुसुम गंगा जैसी लड़की की ही बहू के रूप में आवश्यकता है। इसके लिए वे अपनी मुँहबोली बहन के बेटे अर्जुन को यह जिम्मेदारी सौंपते हैं कि वह किशोरीलाल के बेटे अपने हमउम्र राजीव को गंगा से शादी करने के लिए रजामंद

करे। अर्जुन उनका 'लिटिल मास्टर' है। अर्जुन को उन्होंने अपने बेटे की ही तरह पाला और प्यार किया है। ज़ाहिर है कि किशोरीलाल अर्जुन के लिए ईश्वरतुल्य हैं। उसे जिन्दगी में जो भी मिला है वह सब किशोरीलाल की मेहरबानियों का नतीजा है। अर्जुन, राजीव और उसके एक अमरीकन मित्र के साथ गंगा को देखने के लिए भारत आता है। सबसे पहले अर्जुन ही अकेले गंगा के गाँव पहुँचता है। वह उस गाँव में पहले पहुँचकर राजीव के मन मुताबिक सब व्यवस्था कर लेना चाहता है ताकि कोई ऐसी बाधा उत्पन्न न हो जिससे वह अपने उद्देश्य में ही असफल हो जाए।

राजीव और उसका अमरीकन मित्र दिल्ली में ही ठहर जाते हैं। स्वयं अर्जुन भी कुछ कम अमरीकन नहीं है। यद्यपि निर्देशक ने पहले यह स्पष्ट किया है कि वह दस साल की उम्र तक भारत में ही रहा है। उसका जन्म मथुरा में हुआ है परन्तु वह गाय और भैंस के अन्तर को नहीं जानता और न गोबर और घास के अन्तर को जानता है। वह भैंस को गाय कहता है और गोबर को घासफूस। यद्यपि यह दृश्य फिल्म में मनोरंजक लगता है किन्तु तनिक भी गहराई से देखने पर यह अविश्वसनीय ही नहीं हास्यास्पद भी बन जाता है। क्या यह मुमकिन है कि भारत में पैदा हुआ कोई व्यक्ति जिसका बचपन भारत ही में व्यतीत हुआ हो वह भी मथुरा जैसी जगह में और वह गाय को न पहचाने, गाय-भैंस के भेद को ही भूल जाए? अर्जुन घर की संरचना बदलने के लिए तरह-तरह के उपक्रम करने को कहता है। घर के दरवाजे के सामने से गाय-भैंसें हटा दी जाएँ, कुत्ते को हटा दिया जाए, नौकर की चारपाई को पिछवाड़े भेज दिया जाए, वगैरह-वगैरह। घर के सभी शरारती बच्चे जिनकी सिरमौर गंगा ही है, अर्जुन के इन नखरों से खीझकर उसे सबक सिखाने की ठान लेते हैं। वे गंगा के रूप में उसका परिचय एक ऐसी लड़की से कराते हैं जिसके दो दाँत बाहर निकले हुए हैं, चश्मा लगाती है और अधपागल नजर आती है। इस गंगा को देखकर अर्जुन के हाथों के तोते उड़ जाते हैं। वह यह नहीं समझ पाता कि किशोरीलाल ने कैसे इस लड़की को अपने बेटे राजीव के लिए पसन्द कर लिया। पर जब वह असली गंगा से मिलता है तो समझ जाता है कि उसके साथ मजाक किया गया था। वह बच्चों से जब पूछता है कि

यह गंगा है तो फिर वह लड़की कौन है? उनका जवाब है–पंगा। इसके साथ ही अर्जुन यह समझ जाता है कि वह उन्हें जितना आसान समझ रहा था उतने हैं नहीं। उनके ऊपर अमरीका का रोब नहीं जमाया जा सकता। ये हर होशियारी को पछाड़ना जानते हैं।

गंगा अर्जुन से कहती है कि इस घर का हर रिश्ता प्यार की कड़ी से बँधा है, चाहे वह आदमी और जानवर का रिश्ता हो या मालिक और नौकर का। हम नए रिश्ते बनाने के लिए पुराने रिश्ते नहीं तोड़ देते। गंगा की यह स्पष्टोक्ति अर्जुन के सामने यह साफ करने के लिए है कि उन्हें, उनकी जिन्दगी के सोच-विचार को, बदला नहीं जा सकता। उनकी सादगी के सौन्दर्य को जस का तस ही ग्रहण किया जा सकता है।

जब अमरीकन शहजादे गाँव में प्रवेश करते हैं–धूल, मिट्टी और कीचड़ से सने हुए, बैलगाड़ी पर कार सहित लदे हुए तो घरवालों को वो पहली ही नजर में पसन्द आ जाते हैं और राजीव खुद भी पहली नजर में गंगा को पसंद कर लेता है। राजीव और गंगा को एक-दूसरे के निकट लाने में अर्जुन की महत्त्वपूर्ण भूमिका है। यद्यपि गंगा अपने सपनों के राजकुमार के रूप में राजीव को ही देखती है परन्तु उसका विश्वास राजीव से अधिक अर्जुन में है। इसीलिए वह अमरीका आने के पहले अर्जुन से स्पष्ट कहती है–हमारे तुम्हारे बीच में एक रिश्ता बन चुका है। दोस्ती और विश्वास का रिश्ता। और वह यह राय भी माँगती है कि क्या राजीव उसके लिए ठीक लड़का होगा। राजीव की ओरवकोट की जेब में जब उसे सिगरेट का पैकेट मिलता है तब वह आशंकित होती है कि कहीं उससे राजीव के बारे में कुछ छिपाया तो नहीं जा रहा। वह अर्जुन से कहती है कि बात सिगरेट की नहीं है, बात छिपाने की है। अर्जुन यह इल्जाम अपने ऊपर ले लेता है। वह कहता है कि वह सिगरेट का पैकेट तो मेरा है। राजीव तो सिगरेट और शराब छूता तक नहीं।

यद्यपि अर्जुन के भीतर किसी कोने में गंगा अपनी जगह बनाने लगती है परन्तु वह अपनी भूमिका को अच्छी तरह पहचानता है। उसे अच्छी तरह पता है कि वह राधा का मैच नहीं है, सिर्फ मैचमेकर है। उसे अपने गॉडफादर किशोरीलाल

की मनोकामना को पूरा करना है। वह अपने दिल की बात न सुनकर अपने कर्तव्य की भूमिका के निर्वहन में पूरी तरह दृढ़-संकल्प है। वह अमानत में खयानत के नैतिक आतंक से दबा हुआ है।

निर्देशक किशोरीलाल के परिवार को जहाँ पूरी तरह ऐश्वर्य में डूबे पश्चिमी सभ्यता के रंग में रँगे परिवार के रूप में चित्रित करता है, वहीं गंगा के पिता सूरजदेव का परिवार पूरी तरह भारतीय ग्रामीण संस्कृति में रचा-बसा है। राजीव के द्वारा गंगा से खेतों में पवन चक्की के पीछे चलकर बातें करने के लिए कहने पर गंगा की विधवा बुआ जैसे तूफान ही खड़ा कर देती है। यहाँ हिमानी शिवपुरी का चरित्र, निर्देशक ने 'हीरो' की बिन्दु की तरह ही गढ़ा है। विधवा, वाचाल और अतृप्त। इस तरह कि जैसे बिन्दु को ही हिमानी शिवपुरी के रूप में उठा कर रख दिया गया हो। जब किशोरीलाल सूरजदेव के सामने यह प्रस्ताव रखते हैं कि शादी के पहले गंगा को अमरीका जाकर उनके परिवार से मिलजुल लेना चाहिए तो फिर एक तूफान खड़ा हो जाता है। गंगा की दादी, माँ, बुआ कोई भी इसके लिए तैयार नहीं होते। उनके लिए विवाह के पूर्व बेटी का ससुराल जाना सामाजिक अपमान की बात है। किशोरीलाल भी इसके मर्म को समझते हैं। वे खुद मानते हैं कि आज हम अंग्रेजी किताबों और सभ्यता में इतना रँग गए हैं कि तमाम सफलताओं के बाद भी हमें अपने असफल होने का अहसास होता है। वे हिमानी शिवपुरी के इस दृष्टिकोण से भी असहमत नहीं हैं कि माइकल जैक्सन का प्रभाव भारतीय संस्कृति के लिए बुरे सपने की तरह है। इसलिए वे गंगा की सगाई का प्रस्ताव रख देते हैं। सगाई की रस्म हो जाने के बाद गंगा किशोरीलाल के परिवार से मिलने अमेरिका जाती है तो उसके साथ विधवा बुआ भी होती है।

अमेरिका में किशोरीलाल का विशाल परिवार गंगा की खूबसूरती को भले ही स्वीकार कर लेता है लेकिन परिवार की बहू के रूप में उसे स्वीकार नहीं कर पाता। अधिकांश सदस्यों और विशेष रूप से किशोरीलाल की भाभी को गंगा पूरी तरह मिसफिट नजर आती है। वह तो साफ-साफ कह ही देती है कि किशोरीलाल भाईसाहब इण्डिया से लाए भी तो क्या गोबर उठा लाए। किशोरीलाल की विधवा अपाहिज बड़ी बहन ही वह एकमात्र सदस्य है जो गंगा के व्यक्तित्व और उसकी

दुविधा को समझ सकती है। वे गंगा को समझाती हैं कि उन्हें आधुनिक सभ्यता के इस नर्क में इस तरह के तिरस्कार सहने ही पड़ेंगे। पर उन्हें अपने भाई पर भरोसा है। उनका भी विश्वास है कि गंगा परिवार की अच्छी बहू बनेगी। किशोरीलाल और उनकी विधवा बहन के सिवा गंगा किसी की पसंद नहीं।

अमेरिका में लगातार गंगा का मोहभंग होता चला जाता है। सारे झूठों की सीवन उधड़ जाती है। उसे मालूम हो जाता है कि राजीव सिर्फ सिगरेट ही नहीं शराब भी पीता है। उसकी महबूबाएँ भी हैं। उसकी गर्लफ्रैण्ड केली के साथ जब राजीव के अर्द्धनग्न फोटो गंगा के हाथ लगते हैं तो वह अपने चुनाव पर क्षुब्ध हो जाती है। किशोरीलाल के परिवार में राजीव की इस बात को किसी नुक्स की तरह नहीं देखा जाता। प्रेमिकाएँ तो अमीरों की शोभा होती हैं इससे किसी पत्नी को क्या फर्क पड़ना चाहिए। किशोरीलाल की भाभी गंगा से साफ-साफ कहती हैं—यह तो अमीरों के लिए शान की बात है। फिर पाँच सौ पचास मिलियन डॉलर के मालिक किशोरीलाल की बहू तो गंगा ही बनेगी, कोई केली नहीं। इसलिए इसमें दुखी होने की क्या बात है! वह रईसजादा ही क्या जिसकी जिन्दगी में दस-बीस केलियों की अठखेलियाँ ही न हों।

टूटती हुई गंगा को किशोरीलाल ही सहारा देते हैं। वे उससे कहते हैं कि हमारे बीच यही समझौता तो हुआ था कि तुम अपने व्यक्तित्व की निर्मलता से राजीव के अमेरिकन कलुष को धो डालोगी। वे उसे प्रोत्साहित करते हैं कि वह राजीव के व्यक्तित्व को अपनी तरह से ढालने का प्रयास करे। पर जब एक पार्टी में राजीव का मित्र गंगा को जबरदस्ती चूमने और आलिंगनबद्ध करने का प्रयास करता है तो अर्जुन दुखी होकर उस अमरीकन को धुन डालता है। लेकिन राजीव उल्टे उस अमरीकन का ही पक्ष लेता है और अर्जुन को वहाँ से तुरन्त चले जाने का आदेश देता है। उसे इस बात में कोई बुराई नजर नहीं आती कि उसका कोई मित्र उसकी होनेवाली पत्नी को आलिंगनबद्ध कर चूम रहा है। यहाँ सुभाष घई की पक्षधरता स्पष्ट है। वे इसे अनुचित मानते हैं। वे अमरीका के भारतीय समाज में भी इसकी उपस्थिति स्वीकार नहीं करते। इसी तरह लासवेगास में जब राजीव गंगा से शारीरिक सम्बन्ध स्थापित करना चाहता है तो वह विवाहपूर्व इसके लिए

अनुमति नहीं देती। इस पर राजीव सिर्फ गंगा को नहीं, तमाम भारतीयों को सेक्स के नाम पर हिपोक्रेट घोषित करता है। जिस देश की आबादी दिन दूनी रात चौगुनी बढ़ रही हो, वहाँ सैक्स के नाम पर ऐसे दकियानूसी ख्यालात उसकी नजर में ढोंग की पराकाष्ठा हैं। राजीव की वासना के पशुत्व से स्वयं को बचाने में वह सफल जरूर होती है किन्तु उसका पूर्ण मोहभंग हो चुका होता है इसीलिए वह अर्जुन के आग्रह को भी ठुकरा देती है। वह लासवेगास से अमेरिका में किशोरीलाल के घर तक भी नहीं जाना चाहती। वह सीधे अपने घर हिन्दुस्तान लौटना चाहती है। अर्जुन उसे बार-बार समझाता है कि भारत जाने के पहले कम से कम एकबार किशोरीलाल से जरूर मिल लेना चाहिए लेकिन गंगा किसी भी तरह राजी नहीं होती। अर्जुन अंततः गंगा को लेकर भारत आता है। समझा यह जाता है कि अर्जुन गंगा को लेकर हिन्दुस्तान भाग गया।

उसके इस आचरण के लिए उसे न केवल किशोरीलाल गलत समझते हैं अपितु गंगा के पिता सूरजदेव भी दोषी मानते हैं। सूरजदेव की नजर में अर्जुन ही नहीं गंगा भी दोषी है। जब किशोरीलाल और राजीव को यह पता चलता है कि अर्जुन गंगा को लेकर भारत चला गया है तो वे भी भारत आते हैं। अन्ततः घर के सभी सदस्यों और विशेष रूप से दादी माँ के हस्तक्षेप के बाद राजीव का असली चेहरा उजागर हो जाने पर किशोरीलाल राजीव की जगह गंगा को अर्जुन की वधू बनाकर परदेस ले जाने में सफल होते हैं। फिल्म के अन्त में राजीव और अर्जुन के बीच मारपीट के दृश्य भी अनावश्यक रूप से सामने आते हैं परन्तु निर्देशक फिल्म का कथात्मक समापन गंगा-अर्जुन-किशोरीलाल और दादी माँ के बीच भावनात्मक घात-प्रतिघातों के द्वारा ही करता है। दादी माँ किशोरीलाल से कहती हैं कि तुम तो बहुत 'आई लव माई इण्डिया, आई लव माई इण्डिया' कहा करते थे किन्तु तुम्हारा परिवार गंगा को नहीं पहचान सका। गंगा के लिए जो जमीन उपयुक्त नहीं है वहाँ वह कैसे जा सकती है। किशोरीलाल अपने काल्पनिक आदर्शवाद से मुक्त होकर अपने बेटे राजीव की जगह गंगा को उसके वास्तविक हकदार अर्जुन को सौंप देते हैं।

'परदेस' व्यावसायिक रूप से सफल फिल्म है। इसे फिल्म रोजगार की जुबान

में सुपर-डुपर हिट तो नहीं कहा जा सकता लेकिन तब भी यह हिट फिल्म थी। विदेशों में इसने 'दिलवाले दुल्हनियाँ ले जाएँगे' की तुलना में भले ही कम व्यवसाय किया हो, पर अप्रवासी भारतीयों ने इसका स्वागत किया। 'त्रिमूर्ति' से हाथ जलाए बैठे अपने वितरकों को यह फिल्म सुभाष घई ने बहुत उपयुक्त कीमत पर बेची थी इसलिए यह फिल्म सबके लिए फायदे का सौदा साबित हुई। अक्सर बड़े निर्माता अपनी फिल्म के प्रदर्शन के पूर्व ही वितरकों को फिल्म बेचकर अपना मुनाफा कमाते हुए मुक्त हो जाते हैं। बड़े फिल्मकारों की असफलता का ठीकरा ज्यादातर वितरकों और प्रदर्शकों के सिर ही फूटता है। 'त्रिमूर्ति' से निर्माता, वितरक, प्रदर्शक सभी घाटे में रहे। 'परदेस' के द्वारा सुभाष घई इस असफलता से एक सीमा तक मुक्त होते हैं।

लेकिन अपने प्रदर्शन के समय 'परदेस' का कोई विशेष उत्साहजनक स्वागत नहीं हुआ था। इसका सबसे बड़ा कारण यह था कि 1995 में यश चोपड़ा के सुपुत्र आदित्य चोपड़ा की 'दिलवाले दुल्हनियाँ ले जाएँगे' जो आधारभूत रूप से इसी विषय पर बनी थी और जिसके नायक भी शाहरुख खान ही थे, अद्वितीय सफलता प्राप्त कर चुकी थी। इन दोनों में रचनात्मक भिन्नता कितनी भी हो लेकिन मूलसूत्र लगभग एक ही था।

1994 में सूरज बड़जात्या ने 'हम आपके हैं कौन', 1995 में आदित्य चोपड़ा ने 'दिलवाले दुल्हनियाँ ले जाएँगे', और 1997 में करण जौहर ने 'कुछ-कुछ होता है' फिल्मों के द्वारा जैसी अद्भुत व्यावसायिक सफलताएँ प्राप्त की थीं वैसी बड़े-बड़े निर्देशक अपनी भव्यतम फिल्मों के द्वारा भी प्राप्त नहीं कर सके। शाहरुख के सुभाष घई से मोहभंग का यही एक बड़ा कारण था। जहाँ एक ओर 'त्रिमूर्ति' उनके लिए असफलता का कलंक लगाने वाली बनी वहीं 'परदेस' में उन्होंने खुद को एक 'ग्लोरीफाइड एक्स्ट्रा' के रूप में पाया। भले ही 'परदेस' में शाहरुख खान केन्द्रीय चरित्र के रूप में सामने आते हैं किन्तु परम्परागत नायकत्व अपूर्व अग्निहोत्री के हिस्से में ही आया। 'दिलवाले दुल्हनियाँ...' में भी वे नायिका के मैच नहीं, मैचमेकर ही हैं और वहाँ भी अन्ततः वे ही नायिका के असली मैच बन जाते हैं लेकिन जहाँ 'परदेस' उनकी भूमिका में चपलता की जगह गम्भीरता है वहीं 'दिलवाले दुल्हनियाँ...' उनके तूफानी व्यक्तित्व के जोशीले अन्दाज का कतरा-कतरा निचोड़ती है। उनके अभिनेता व्यक्तित्व की हर उस खूबी का इस्तेमाल करती है जिस पर दर्शक निसार हो जाते हैं। उस हर चालाकी और खिलंदड़ेपन को महिमामण्डित करती है जो शाहरुख नायिका को हथियाने के लिए इस्तेमाल करता है। 'परदेस' में शाहरुख कहीं भी नायिका को अपना बनाने के

लिए बेईमान रास्ता नहीं अपनाता। वह अन्त तक अपने उद्देश्य के प्रति समर्पित रहता है। 'दिलवाले दुल्हनियाँ...' में उसका उद्देश्य किसी भी तरह नायिका को हासिल कर लेना है। यहाँ तक कि वह मौका निकालकर चालाकी से नायिका का करवाचौथ का पानी भी पी जाता है। वह नायिका के पिता को चकमा देकर सिरदर्द की गोली के लिए उसके डिपार्टमेण्टल स्टोर में घुसता है और बियर की क्रेट उठाकर फरार हो जाता है। तमाम झूठों का सहारा लेकर वह नायिका और नायक के साथ दोस्ती गाँठता है और किसी भी तरह नायिका को प्राप्त करने का हर सम्भव प्रयास करता है। उसे अपना यह रवैया किसी भी प्रकार गलत नहीं लगता। नई पीढ़ी के सामने असल बात है लक्ष्य। मकसद है लक्ष्य को हासिल करना। कैसे भी, किसी भी तरह। मुहब्बत और जंग में सबकुछ जायज है।

'दिलवाले दुल्हनियाँ...' में निर्देशक नायक की लपलपाती ख़्वाहिशों को मजबूरियों की तरह लाद देता है। वहाँ सुभाष घई की भारतीयता के प्रति संस्कारगत निष्ठा के लिए न कोई गुंजाइश है और न जरूरत। साधनों की पवित्रता वहाँ पुराने जमाने की दकियानूसी बात है। यह दो पीढ़ियों के बीच का दृष्टिभेद है।

'परदेस' और 'दिलवाले दुल्हनियाँ ले जाएँगे' में सिर्फ ऊपरी समानता है। दोनों फिल्में अप्रवासी भारतीयों के अपने देश के साथ भावनात्मक सम्बन्धों को आधार बनाती है। पर जहाँ 'दिलवाले दुल्हनियाँ...' में आधुनिक दृष्टि का महिमामण्डन किया गया है वहीं 'परदेस' पूरी तरह भारतीयता को गरिमामय रूप में उपस्थित कर देती है। इसीलिए इसमें सिर्फ 'दिलवाले दुल्हनियाँ ले जाएँगे' ही नहीं मनोज कुमार की 'पूरब पश्चिम' की छवि भी दिखलाई देती है। घई विचारसूत्र के साम्य के अतिरिक्त 'पूरब पश्चिम' से भी कुछ नहीं लेते। वे 'परदेस' को अपने ही अंदाज में गढ़ते हैं। उन्हें लोकतत्त्व बहुत उपयोगी लगता है। यहाँ उसके इस्तेमाल की भरपूर गुंजाइश भी है। वे शाहरुख के चरित्र को 'कुछ कुछ होता है' या 'दिलवाले दुल्हनियाँ...' की तरह अंकित नहीं कर सकते। तभी शाहरुख की भूमिका अपने चटख अन्दाज में सामने नहीं आती और उन्हें लगता है कि वे एक नायिकाप्रधान फिल्म में इस्तेमाल हो गए। एक दृष्टिकोण से यह भी गलत नहीं है। निर्देशक अर्जुन की जगह गंगा के चरित्र के अन्तर्द्वन्द्व को प्राथमिकता देता है। वह अर्जुन के गंगा के प्रति भावनात्मक आकर्षण का कोई इंद्रधनुष नहीं रचता।

फिल्म का अन्त काव्यात्मकता में प्रतिफलित होता है। अपने माता-पिता और भावी स्वसुर के द्वारा अपने प्रेम के स्वीकार के उल्लास को कैशोर्य की नैसर्गिक उमंग के साथ मन्द समीर की तरह लहराती, झूमती नायिका अनुराग के आनन्द की विजय का सम्मोहक चित्र प्रस्तुत कर देती है। पृष्ठभूमि में गाँव की सुषमा

का अपूर्व आलोक है और लोकगीत की सामूहिक ध्वनियाँ। दृश्य एक अदृश्य उत्सव में बदल जाता है।

सुहाग माँगन जाए सजनी बाबा जी के पास
बाबा ऐसो वर ढूँढ़ो जी
हजारी वर ढूँढ़ो जी
जैसे राधा जी के श्याम
जैसे सीता जी के राम
सुहाग माँगन जाए सजनी बाबा जी के पास...

'परदेस' में सुभाष घई ने सितारा गढ़ सकने की क्षमता को एकबार फिर साबित किया। महिमा चौधरी के रूप में उन्होंने एक नई अभिनेत्री को गढ़ा। निश्चित ही गंगा 'परदेस' का केन्द्रीय चरित्र है। उन्होंने उसे जिस मादक खूबसूरती के साथ प्रस्तुत किया है वह फिल्म की बड़ी शक्ति है। महिमा को 'परदेस' ने रातों-रात सितारा बना दिया। शाहरुख के ही नहीं महिमा चौधरी के भी अपने अन्वेषक सुभाष घई से मतभेद हुए और उसने शाहरुख से भी आगे जाकर सुभाष घई पर तरह-तरह के आरोप लगाए। इसीलिए जब 'ताल' के समय किसी ने सुभाष घई से पूछा कि उन्होंने अपनी नई फिल्म में महिमा चौधरी को क्यों नहीं लिया तो उनका जवाब था कि क्या अब महिमा के पास उनके लिए समय है? यही सवाल जब राजकपूर से 'राम तेरी गंगा मैली' के बाद किया गया था कि वे अपनी नई फिल्म में मंदाकिनी को क्यों रिपीट नहीं करना चाहते तो उन्होंने भी लगभग यही जवाब दिया था कि अब मंदाकिनी को राजकपूर की क्या जरूरत! जितना समय देकर वह राजकपूर की एक फिल्म करेगी उतने समय में दूसरों की चार फिल्में और एक की जगह दस कमाएगी। राजकपूर से जो मिल सकता था, वह मिल चुका।

सितारा बनना जितना कठिन है उससे भी कठिन उस चमक को बरकरार रख पाना है। अपनी नादानियों के कारण ही महिमा चौधरी अपने एक दशक के कैरियर में 'परदेस' से एक कदम भी आगे नहीं बढ़ सकीं। आज वह लगभग खो-सी गई है। महिमा चौधरी का अंजाम भी लगभग उसी तरह हुआ जिस तरह 'राम तेरी गंगा मैली' की नायिका मंदाकिनी का हुआ था। वह भी अपनी सफलता को पचा नहीं सकी। उसके खाते में भी 'परदेस' के बाद कोई उल्लेखनीय फिल्म नहीं। बाजार की अहमियत का तो खैर सवाल ही नहीं उठता। यही गनीमत है कि वह बहुतेरी लड़कियों के साथ फिल्मों के बाजार में बनी हुई है।

नीचे इश्क है ऊपर रब है...

'कालीचरण' से 'किसना' तक सुभाष घई द्वारा निर्मित, निर्देशित फिल्मों के बीच 'ताल' सबसे अलग है। सुभाष घई के ही शब्दों में उन्होंने पहली बार विशुद्ध प्रेमकथा का सृजन किया है। यह सुभाष घई की पहली ठंडी फिल्म है जिसमें खोखा, शाका, सर जूडा, डॉ. डैंग, किट्टमकिट्टू जैसे आतिशी खलनायक नहीं हैं। यहाँ बाहरी संघर्ष बहुत संक्षिप्त है। असल लड़ाई चरित्रों के मनस्संसार में घटित होती है तब भी इसे पूरी तरह विशुद्ध प्रेमकथा कहना ठीक नहीं होगा। यहाँ जमाने की बदलती नैतिकता के सवाल उद्योगपति जगमोहन के परिवार और लोकगायक के परिवारों के बीच बाहरी संघर्ष की रूपरेखा भी बनाते हैं। वर्तमान

जीवन में सफलता और असफलता को मापने के बदले पैमानों का टकराव भी रचते हैं। जिन्दगी में सफलता के नए मानदंडों का प्रतीक अनिल कपूर है। वह प्रेम त्रिकोण का तीसरा कोण-भर नहीं है।

सुभाष घई ने 'ताल', 'त्रिमूर्ति' की असफलता और उसके बाद 'परदेस' की ठंडी सफलता झेलते हुए बनाई थी। शाहरुख खान उनसे बेजार हो चुके थे। उन्होंने सुभाष घई के साथ अपने सितारा वर्चस्व को चोटिल हुआ महसूस किया था। गोविन्दा ने भी अनिल कपूर वाली भूमिका के लिए इन्कार कर दिया था। यह भूमिका गोविन्दा की नृत्य क्षमता को देखते हुए उनके लिए एकदम सटीक थी। पर गोविन्दा तब हॉटकेक थे और सुभाष घई का ग्राफ नीचे की ओर जाता महसूस हो रहा था। सो उन्हें भी 'ताल' रुचिकर नहीं लगी। शिखर सितारे हमेशा सुभाष घई की पसन्द रहे हैं। उन्होंने दिलीप कुमार से लेकर ऋतिक रोशन तक के साथ काम किया है। 'ताल' में वे मानव और मानसी की भूमिका में थोड़ा हटकर अक्षय खन्ना और ऐश्वर्या राय को नायक-नायिका की भूमिका में उतारते हैं। प्रेम त्रिकोण का तीसरा कोण अनिल कपूर सँभालते हैं।

अक्षय खन्ना की क्षमता पहचानने वाले और उन्हें बेहतर अवसर देने वाले निर्देशकों की कमी नहीं है। अक्षय ने अपनी भूमिकाओं की विविधता को बहुत संजीदगी से अंजाम भी दिया है। इसके बाद भी वे सितारों की ऊँची उड़ान में शामिल नहीं हुए। शायद यह विलक्षण अभिनेता सितारा होने की कुलबुलाती ख़्वाहिशों के साथ बेहतर अभिनेता होने के महत्त्व को बखूबी समझता है। अक्षय खन्ना को उन नायकों की श्रेणी में रखा जा सकता है जिनके लिए सफलता की अंधी दौड़ में शामिल होना बेमतलब होता है। इसीलिए वह 'ताल' में खुद को निर्देशक के हाथों पूरी तरह सौंपते हुए भी अपनी सबसे सशक्त निजी पहचान कायम कर लेता है। वह आदि से अन्त तक अपनी भूमिका के स्वर को सघन प्रभावोत्पादकता में लयबद्ध रख सका है। अभिनय की इतनी गहरी निजता आज हिन्दी सिनेमा के किसी अभिनेता में बमुश्किल ही ढूँढ़ी जा सकती है। अक्षय खन्ना प्रारम्भ से ही किसी प्रकार के प्रभाव और तकनीक से मुक्त रहे हैं। स्वाभाविक रूप से उनकी राह मुश्किल है पर एक कलाकार की सबसे प्रिय शक्ति

ये मुश्किलें ही होती हैं, यह बात भी अक्षय खन्ना ने लगातार साबित की है। मुश्किलें ही जिन्दगी की कँटीली राहों को जगमगाहटों से भरा करती हैं।

अक्षय खन्ना में आप किसी महान अभिनेता के अक्स नहीं ढूँढ़ सकते। यहाँ तक कि उसके अपने पिता विनोद खन्ना के भी नहीं। वह अपने पिता से जिस तरह मुक्त है उस तरह आज तक कोई सितारा पुत्र नहीं हो सका। कुछ अपने पिता के यश को भुनाते हैं। बहुतेरे अपने पिता के बरगद व्यक्तित्व के नीचे दम तोड़ देते हैं। कुछ परम्परा का विस्तार करते हैं लेकिन बमुश्किल ही कोई अपना निजी व्यक्तित्व गढ़ पाता है। इस मायने में विनोद खन्ना निस्संदेह एक अत्यन्त सौभाग्यशाली पिता हैं जिनके दोनों बेटों—अक्षय और राहुल ने अपनी बिल्कुल अलग-अलग राह और पहचान बनाई। अपने पिता के रचनात्मक व्यक्तित्व की कार्बन कॉपी बनने का तो सवाल ही नहीं उठता, उसकी परछाईं तक को छूने से इन्कार किया। यह पुत्रों का ही नहीं, पिता का भी गौरव है। वे दुनिया के सौभाग्यशाली व्यक्ति हैं जो पिता की परछाईं बनने से बच पाते हैं और वे भी जो अपने बेटों को कठिन राहों पर चलने को प्रेरित करते हैं।

'ताल' में कोई खलनायक नहीं है। अमरीश पुरी भी नहीं। उनके भाई-बंधु-बाँधवियाँ भी नहीं। वे सब अपनी-अपनी जगह एकदम सहज और सुसंस्कृत व्यक्ति हैं। उनकी अपनी जीवन पद्धति है। वे तमाम मानवीय रिश्तों को व्यावहारिक दृष्टि से देखते हैं और उसी स्तर पर उनका आकलन करते हैं। वे इतने सभ्य हैं कि बैंड मास्टर को भी कलाकार कहते हैं। उनकी बाकायदा मुँहमाँगी कीमत चुकाते हैं और कलाकार अपनी दुम उठाए उनके पीछे-पीछे चले आते हैं। इसमें उनका क्या कुसूर है? जब सरस्वती के तथाकथित उपासक लक्ष्मी की खनक सुनते ही बौरा जाते हैं। वे तो कलाकार के हर फन को मोतियों से तौल देने वाले सुप्रतिष्ठित सहृदय लोग हैं। दुनिया-भर में लोग उनकी महानता से परिचित हैं। अब यदि उन्होंने रेडियो पर गाने वाले एक मामूली लोकगायक को सार्वजनिक रूप से आदर-सम्मान दे दिया तो इसका मतलब यह नहीं कि वह जब चाहे तब नियम-कायदा-कानूनों को तोड़ता हुआ उनके घर में घुसा चला आए। उनकी जीवन पद्धति को गड़बड़ा दे। पहले से एप्वाइन्टमेंट लिए बगैर मिलने को आ धमके और

उनकी जिन्दगी के अहम कामों के बीच खलल पैदा करे। अपनी औकात ही न पहचाने।

हाँ, वे यह जरूर नहीं कहते कि हम किसी कलाकार के फन की कीमत तभी समझते हैं जब वह हमारे लिए परोक्ष रूप से लाभदायक होता है। लेकिन यह कहने की आवश्यकता ही क्या है। यह तो बहुत पहले तुलसीदास जी ही कह गए हैं और जिस किसी की भी व्यावहारिक बुद्धि का अपहरण नहीं हो गया है वह भली भाँति जानता है कि–सुर नर मुनि सब कर यह रीती, स्वारथ लाग करहिं सब प्रीती। यह लोकगायक के गीतों की महिमा नहीं है कि अमरीश पुरी उस पर निसार हो जाते हैं। यह अपने गाँव चम्बा में उस लोकगायक के प्रभुत्व की महिमा है। जो काम लाखों में नहीं हो सकता था वह उसके सम्मान के जरिये मुफ्त में हो जाता है और अमरीश पुरी वहाँ अपने हजार करोड़ के व्यापारिक अनुबन्ध की पूर्ति के लिए सैकड़ों एकड़ जमीन हथियाने में सफल हो जाते हैं। जिस जमीन को वे बड़ी ऊँची पहुँच के बावजूद सालों में लाखों लुटाकर हासिल नहीं कर सके थे, वह उस लोकगायक के सम्मान के जरिये चन्द दिनों में ही माटी मोल मिल जाती है। अब लोकगायक यदि जिन्दगी के इस मामूली-से समीकरण को नहीं समझता तो बेचारी दयालू सभ्यता उसकी मूर्खता पर तरस खाने के सिवा भला और क्या कर सकती है। है मतलब की दुनियादारी, यहाँ कोई किसी का यार नहीं। अमरीश यह अच्छी तरह जानते हैं कि किसे किस तरह खरीदा जा सकता है। वे सौदा करते हैं। अपनी पूरी ईमानदारी के साथ करते हैं। सौदा पूरा, बात खत्म। अब इसमें इमोशन्स घोलने की वजह और जगह कहाँ है?

तय है कि संघर्ष तो यहाँ भी है। पर यह संघर्ष विचारों का संघर्ष है। एक–जिसके लिए अपनी अस्मिता, अपनी कला सर्वोच्च है। दूसरा–जिसके लिए कला हो या भावना सब तराजू पर तौले जाने की चीजें हैं। यहाँ विचार खलनायक है। यहाँ सुभाष घई के दार्शनिक को पहली बार खुलकर खेलने का अवसर मिला है। जिसकी पुनरावृत्ति अनन्त बालानी द्वारा निर्देशित और सुभाष घई द्वारा लिखी गई 'जॉगर्स पार्क' में होती है। वहाँ विचार को सुभाष घई इससे भी अधिक तीव्रता से प्रक्षेपित करते हैं। मनमोहन देसाई और सुभाष घई में यही फर्क है। दोनों ही हिन्दी

सिनेमा की मूलधारा के चिरन्तन तत्वों में गोता लगाकर अपने लिए रचनात्मक सामग्री की तलाश करते हैं। लेकिन जहाँ मनमोहन देसाई सीधे-सीधे मनोरंजक प्रसंगों की लगातार कड़ियाँ जोड़ते चले जाते हैं, वहीं सुभाष घई उन मनोरंजक अवधारणाओं के बीच भी दार्शनिकता की छौंक लगाना नहीं भूलते। यही बात उन्हें राजकपूर के उत्तरार्द्ध के नजदीक ले जाती है। ताल के गीतों के चित्रांकन में राजकपूर की नजर का जादू भी कौंधता है।

'कालीचरण' में–'एक बटा दो दो बटा चार, छोटी छोटी बातों में बँट गया संसार', 'विधाता' में–'हाथों की चंद लकीरों का, ये खेल है सब तकदीरों का', 'हीरो' में–'चार दिनों का मेल हो रब्बा, बड़ी लंबी जुदाई', 'गौतम गोविन्दा' में–'एक ऋतु आए एक ऋतु जाए, मौसम बदले न बदले नसीब', 'मेरी जंग' में–'जिन्दगी हर कदम एक नई जंग है', 'विश्वनाथ' में–'कैसे कैसे रंग ये दिखाए जिंदड़ी', 'त्रिमूर्ति' में–'दुनिया रे दुनिया', 'परदेस' में–'आई लव माई इंडिया', 'ताल' में–'करिये न कोई वादा किसी से करिये न', 'जॉगर्स पार्क' में–'इश्क होता नहीं सभी के लिए'– गरज ये कि घई अपनी लगभग हर फिल्म में एक-न-एक गीत ऐसा रखते हैं जो फिल्म में उनकी विचारधारा की व्याख्या करता है।

यह गीत अक्सर या तो किसी चरित्र अभिनेता पर चित्रित किया जाता है या फिर वह नेपथ्य में गूँजता है। ऐसे गीत प्रमुख चरित्रों के लिए नहीं होते अपितु उनके कार्यव्यापारों के दर्शन की व्याख्या करने के लिए होते हैं। वे अपने सिनेमा में रिश्तों की व्याख्या करने के लिए बहुत जगह घेरते हैं। मानवीय रिश्ते उनके लिए बहुत महत्त्वपूर्ण हैं। माँ तो जैसे जीवन की आधारशिला ही है। यश चोपड़ा की ही तरह सुभाष घई की कई महत्त्वपूर्ण फिल्मों में माँ जीवनीशक्ति के रूप में मौजूद है। माँ के इन चरित्रों के लिए सुभाष घई ने 'गौतम गोविन्दा' में निरूपा राय, 'कर्ज़' में दुर्गा खोटे, 'मेरी जंग' और 'कर्मा' में नूतन, 'रामलखन' और 'खलनायक' में राखी और 'त्रिमूर्ति' में प्रिया तेंदुलकर जैसी सशक्त अभिनेत्रियों का उपयोग किया। सिर्फ प्रिया तेंदुलकर ही 'त्रिमूर्ति' में निर्देशकीय एवं लेखकीय असफलता के कारण माँ के चरित्र को नूतन और राखी की ऊँचाई तक पहुँचा पाने में समर्थ नहीं हो सकीं, वर्ना 'कर्ज' में अपनी छोटी सी भूमिका में भी दुर्गा खोटे

गहरी छाप छोड़ती हैं।

दार्शनिकता का वह बिन्दु जो एक गीत की शक्ल में सुभाष घई की फिल्मों में मौजूद होता था, वह 'ताल' में फैलकर समूचे फलक को अपने आगोश में ले लेता है। विचारों का संघर्ष ही प्रेमकथा को जन्म देता है और यह प्रेमकथा अपने विश्वास की अनन्य दृढ़ता और व्यवहार की मार्मिक कोमलता के द्वारा क्रूर दुष्चक्रों का शमन करती है। जहाँ जगमोहन और उसके भाई बन्धु चतुर बिजनेसमैन की तरह अपनी स्वार्थसिद्धि हेतु लोकगायक की भावनाओं का दोहन करने में लगे रहते हैं वहीं जगमोहन का बेटा मानव उन भावनाओं के सौन्दर्य पर समर्पित हो रहा होता है। अपनी सौदेबाजी में बाप को इस बात की फिक्र भी नहीं रहती कि उसका अपना बेटा जीवन के सबसे बड़े तूफान के रूप में खड़ा होने वाला है। दूसरों के लिए गड्ढा खोदने वाला यह कहाँ समझ पाता है कि उस गड्ढे के सबसे नजदीक वह खुद खड़ा है।

सुभाष घई 'ताल' के एक-एक दृश्य को चित्रकार की तरह अंकित करते हैं। 'ताल से ताल मिला'—गीत को रजतपट पर देखते हुए आप स्वयं को एक चित्रवीथिका से गुजरते हुए महसूस कर सकते हैं। वेदना और आनन्द की रागात्मक अनुभूतियों से रक्ताभ लेकिन उन्मुक्त हरीतिमा में डूबी आकृतियाँ, लय और ताल के हलकोरों के बीच—झूलते हुए, झुलाते हुए, जिन्दगी को समरसता में गुनगुनाते हुए।

'ताल' गीतों से बनी फिल्म है। फिल्म शुरू होते ही आलोकनाथ एक गीत के माध्यम से फिल्म के कथासूत्र का बखान कर देते हैं कि—कभी किसी से कोई वादा न करिये और यदि वादा करिये तो फिर उसे निभाइये। यानी आरम्भ में ही यह स्पष्ट हो जाता है कि कोई अहम किरदार किसी अपने से किया गया वादा नहीं निभा पाएगा। इसी आधार पर कथासूत्र विकसित होगा। यहाँ घई भावनाओं का यथार्थ खड़ा करते हैं। कथा का घटनात्मक विकास अत्यन्त संक्षिप्त है। यहाँ रिश्तों और संवेगों की व्याख्या के आनन्द क्षणों का सृजन है। इसी गीत के चलते हुए अमरीश पुरी अपने परिवार के साथ चम्बा आते हुए दिखलाई देते हैं और निर्देशक स्पष्ट कर देता है कि इन्हीं दोनों के बीच वादा निभाने और

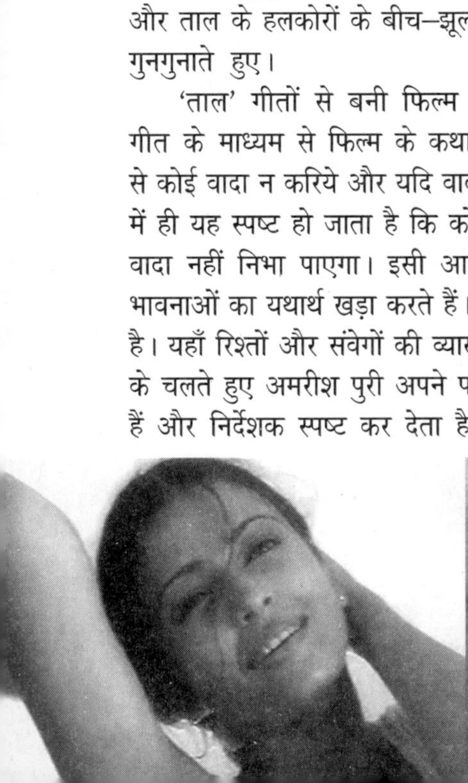

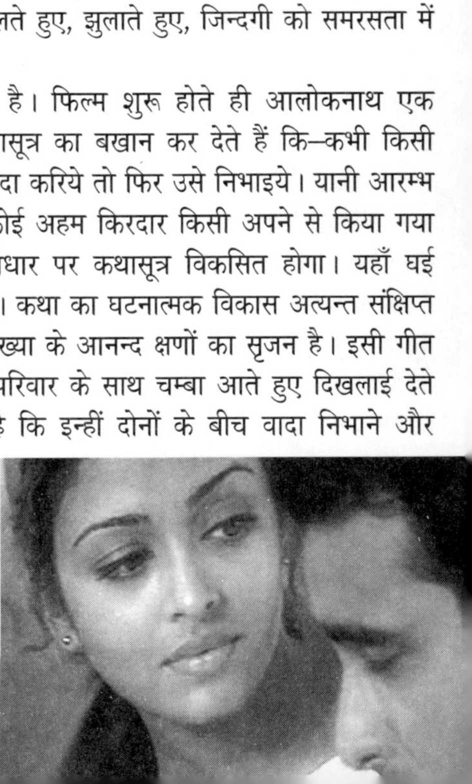

वादाखिलाफी का संघर्ष होगा।

'ताल से ताल मिला' के माध्यम से नायक-नायिका का पहला मिलन होता है। यह यथार्थ होते हुए भी आपको कल्पना की दुनिया में ले जाता है। यह दृश्यगीत एक ऑपेरा की तरह अंकित हुआ है। ये दिल बेचैन है, आँखें रास्ते पर लगी हुई हैं, जिन्दगी बेनूर, बेहाल है, सुर है न ताल है, ऐसे में साँवरिया तू आ जा, आ ही जा। ऐसी कामना जो मिलने और बिछुड़ने को एकाकार करती है। स्वप्न और यथार्थ को गड्डमड्ड कर देती है। एक पल को सम्पूर्ण जीवन का पर्याय बनाती है। प्रेम का यह विलक्षण खेल खामोश संजीदगी में घटित होता है। खामोशियाँ चीखों से ज्यादा ताकत से गूँजती हैं। चाहे वह कोकाकोला पीने का दृश्य हो या अमरीश पुरी के द्वारा भाषण दिए जाते वक्त दूर-दूर खड़े अक्षय और ऐश्वर्या के बीच हाव-भाव और निगाहबाजी की शरारतों के दृश्य। ताल से ताल मिला, गीत के मध्य आप पुरुष स्वर में अदृश्य को भेदकर दृश्य में उपस्थित हो सकने की आकांक्षा को गूँजता हुआ पाते हैं जहाँ नायक अपनी व्यक्तिगत उच्चता की निजता से मुक्त हो रहा है। इस बीच कैमरा नायक-नायिका को सिर्फ छूता है। वह प्रकृति में चारों ओर तेजी से घूमता हुआ कण की लघुता को प्रकृति की सर्वव्यापकता में समाविष्ट कर अनन्त की गरिमा प्रदान करता चला जाता है। यहाँ अनायास ही अशोक कुमार, आशा पारेख, प्रदीप कुमार, कन्हैयालाल अभिनीत 'मेरी सूरत तेरी आँखें' (1963) का गीत–'तेरे बिन सूने नयन हमारे'–हमारे आगे अपनी दृश्यात्मकता में झिलमिताने लगता है। यहाँ सुभाष घई ने ऐश्वर्या राय की अद्वितीय छवियाँ सेल्युलॉयड पर अंकित की हैं। सौंदर्य के अभिराम वैभव की तरह।

सुभाष घई की फिल्मों में गाँव अक्सर मौजूद होता है। इसलिए भी कि लोकतत्व उनकी फिल्मों का खास गुण है। कई लोकगीतों का उन्होंने अपनी फिल्मों में बहुत सफलतापूर्वक उपयोग किया है। वे बहुत लोकप्रिय, चर्चित-कुचर्चित और विवादास्पद भी हुए हैं। लोकगीतों का सबसे सुन्दर उपयोग सुभाष घई ने 'परदेस' में किया। जहाँ वे नेपथ्य में प्रत्यक्ष क्रियाकलापों के बीच गूँजते रहते हैं। ठीक उसी तरह जिस तरह 'पाकीजा' में नेपथ्य में गूँजती हुई मीर तकी मीर की कुछ गजलों

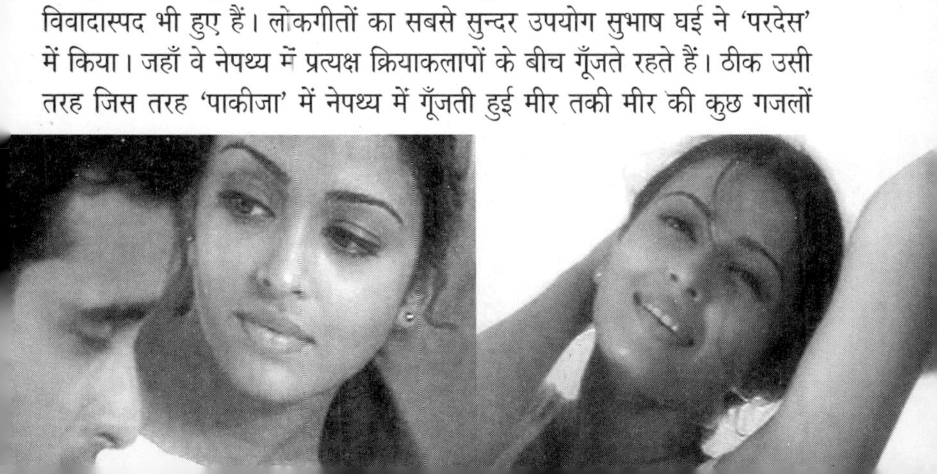

का प्रयोग कमाल अमरोही ने किया था।

गाँव 'ताल' में भी है—चम्बा। पर यह गाँव पुरानी भारतीय गाथाओं का भूखा-नंगा गाँव नहीं अपितु स्वर्गलोक है। शायद जैसा गाँव सतयुग में होता होगा और वहाँ सतयुग के ही जमाने का लोकगायक है—आलोकनाथ। उसी लोकगायक की बेटी मानसी दुनिया-भर के पूँजीपतियों के बीच अपनी गिनती रखनेवाले रईस आदमी के साहबजादे के इश्क में पड़ जाती है। इश्क की यह दीवानगी उससे बढ़कर रईसजादे में है। वह नैसर्गिक उच्छ्वास उसे अभिभूत कर लेता है जो उसके परिवार में गैर-हाजिर है। जिसे उसके परिवार की अरबों-खरबों की माया अर्जित नहीं कर सकी।

फिल्म का तीसरा गीत—'इश्क बिना क्या जीना यारो, इश्क बिना क्या मरना' इस प्रेमकथा को विकसित करता है। आजकल जिसे नायक-नायिका के बीच 'कैमिस्ट्री' कहा जाता है, उसकी सहज स्वाभाविकता यहाँ अक्षय-ऐश्वर्या ने साकार कर दी है। उनके बीच स्वतःस्फूर्त अनुराग स्पन्दन प्रेम की अलौकिकता का आभास देता है। यहीं यह इश्क दो प्यार करने वालों की सीमाओं को लाँघकर सार्वजनिक हो जाता है। तब अमरीश पुरी इन प्रेमियों को जुदा करने के लिए चतुराई का अदृश्य युद्ध समायोजित करता है, यानी साँप भी मर जाए और लाठी भी न टूटे। वह सपरिवार तत्काल चम्बा से लौटने की तैयारी करता है ताकि इस अप्रिय स्थिति को टाला जा सके। वह यह विषबेल पनपने ही नहीं देना चाहता।

और हम देखते हैं सँइयांऽऽऽ... की अनुगूँज पर कमान से छूटे हुए तीर की तरह ऐश्वर्या को अक्षय की ओर जाते हुए। मानव और मानसी का यहीं प्रगाढ़ मिलन होता है और उस दृढ़ता की नींव पड़ती है जो उनके प्यार को अटूट बनाता है। यहीं पर प्रेम त्रिकोण का तीसरा कोण भी जन्म लेता है।

यह अवश्यम्भावी था। सुभाष घई का उद्देश्य यहाँ अमीर-गरीब की लड़ाई दिखलाना कतई नहीं है। लोकगायक और उसके परिवार के रहन-सहन को देखते हुए भी यह कहीं से कतई नहीं कहा जा सकता कि वह गरीब है। हाँ, वह अमरीश पुरी जैसा अमीर जरूर नहीं है। फिर अंततः उसे भी अपनी बेटी के माध्यम से उसी उच्चवर्ग में शामिल हो जाना है क्योंकि मानव अपने सम्पूर्ण आदर्शवाद के

बावजूद यह कहीं नहीं कहता कि वह उच्चवर्ग से नफरत करता है या उनके अमानवीय शोषण के खिलाफ है। यह इक्कीसवीं सदी के आकर्षण में डूबे भारतीय युवा को अब सुहाता नहीं। वह इन रोशनियों से खुद अभिभूत है। वह किसी प्रकार का विद्रोह नहीं करता। उलटे वह तो अपने पिता का बेहद सम्मान करता है। उनकी किसी मर्यादा को चोट पहुँचाने की कल्पना भी नहीं कर सकता। मानसी के पिता द्वारा अपने पिता को थप्पड़ मारे जाने पर वह उत्तेजित होकर उनका गिरहबान पकड़ लेता है। वह उनकी इच्छा के विरुद्ध मानसी से विवाह भी नहीं करना चाहता। इस युद्ध में उसके पास सिर्फ एक ही अस्त्र है, उसका विश्वास। उसका यही विश्वास उसे 'क्षुद्र' नहीं बनने देता। उसका संघर्ष मनुष्य के भीतर बैठी हुई जड़ता से है इसलिए वह दावा करता है कि जिस मानसी को आज उसकी पत्नी के रूप में अपनाए जाने से इन्कार किया जा रहा है वही मानसी एक दिन इसी घराने की बहू बनेगी और सब उसके इर्द-गिर्द बैठकर फैमिली फोटोग्राफ खिंचवाएँगे। इस तरह 'ताल' का द्वन्द्व बाह्य संघर्षों से छिटककर आन्तरिक संघर्ष का रूप ग्रहण करता है और अमीर-गरीब की लड़ाई की जगह मानवीयता और अमानवीयता तथा लालच और बलिदान के चिरंतन संघर्ष की परी कथा बन जाता है। दुनियावी सवाल उठाने का तो फिल्मकार सिर्फ दिखावा करता है क्योंकि आत्मा की उपस्थिति के लिए भी तो शरीर अपरिहार्य है।

सुभाष घई को सब कुछ 'लार्ज़र देन लाइफ' पसन्द है। आखिर वह शोमैन हैं। 'ताल' में इस गिरफ्त में सबसे बढ़कर नायक है। खूबी यह है कि वह बेहद सामान्य चरित्र की तरह प्रस्तुत किया गया है। उसके व्यक्तित्व में किसी भी तरह की बाहरी महानता नहीं रोपी गई। उसकी महानता उसके यकीन में है। अपने व्यक्तित्व, अपनी मुहब्बत और अपने निर्णय पर यकीन। उसका यही यकीन उसे अपने विश्वास पर अडिग रखता है। प्राप्ति की आकांक्षा जीवन सत्य बनकर पुष्पित होती है।

और उसका यह निर्णय नितान्त अव्यावहारिक और अविश्वसनीय है। यही अविश्वसनीयता उसे 'लार्ज़र देन लाइफ़' बनाती है। कहाँ होते हैं दुनिया में ऐसे रईसजादे जो करोड़ों-अरबों की दौलत के आगे मुहब्बत की ताकत पर ऐसा यकीन

कर सकें। पहली नजर में तो यह बात प्रकृति के प्रतिकूल प्रतीत होती है। फिर भी कहीं न कहीं, कोई न कोई तो होगा ही होगा, जो ऐसा होगा। दुनिया वीरों से खाली नहीं हुई है। कभी हो भी नहीं सकती। यही ख्वाहिश उसे 'लार्ज़र देन लाइफ' बनाती है।

नायक का नाम ही मानव है। जो नाम से बढ़कर प्रतीक है। वह अपने परिवार की परम्पराओं के बन्धनों को ही नहीं तोड़ता अपितु ताकत और सम्पन्नता की बेड़ियों से भी मुक्त होता है। असल बात यह है कि वह अपनी लड़ाई अपने दम पर लड़ता है। लेकिन यह दम भी उसे उसके दमदार परिवार ने ही दी है। हाँ, प्रत्यक्ष में वह अपने परिवार की ताकत का सहारा नहीं लेता और उसका दम सिर्फ इतना है कि उसे अपनी मुहब्बत पर यकीन है। यही सोच मानव को 'लार्ज़र देन लाइफ' बनाता है।

कोई छोटा हो बड़ा हो, अच्छा हो बुरा हो, ऊँचा हो नीचा हो—हैं सब मानव। कोई ताकत इकट्ठा कर, प्रसिद्धि खरीदकर, चतुराई से दुनिया जीतकर बड़ा नहीं बन जाता। बड़ा वह होता है जो मानवीय स्नेह की अंतःसलिला में डूबता है। 'मानव' इसी उच्च आदर्श से प्रेरित है। यही आदर्श उसे 'लार्ज़र देन लाइफ' बनाता है।

उसके पास इस लड़ाई के लिए किसी किस्म का कोई औजार नहीं है। वह अपने महाभारत में अभिमन्यु की तरह अकेला और निहत्था है लेकिन उसके यकीन में डूबकर उसकी प्रेमिका मानसी उसके साथ एकाकार हो जाती है, मानव की 'मानवसी' बनकर। घई ताल में मानव के चरित्र को बहुत बारीकी और चतुराई से गढ़ते हैं। वे इसमें विश्वास का एक नया रूमान पैदा कर देते हैं। जब नायिका मानव से मन्दिर चलने के लिए कहती है तो वह साफ इन्कार कर देता है। इस तरह की औपचारिकताओं में उसका कोई यकीन ही नहीं है! उसका विश्वास ही उसका भगवान है। यदि यह विश्वास न हो तो हर भगवान एक पत्थर की मूरत के सिवा और क्या है और जो यह विश्वास हो तो किसी पत्थर की मूरत के आगे सर झुकाने की जरूरत ही क्या है। अपने इस विश्वास के प्रतीक स्वरूप वह नायिका को उपहार में एक हार देता है। वह हीरे जवाहिरातों का हार नहीं है।

वह मामूली पत्थरों का हार है। जिसमें धन की चमक नहीं मुहब्बत की खुशबू पोशीदा है। नायिका उसकी इसी सादगी पर मोहित है। यही सादगी अमीरी और गरीबी के बीच का सेतु बनती है। वह उसका यकीन करती है। उनकी प्रेमकथा की यही शालीनता मानव के चरित्र और उनकी प्रणयगाथा को 'लार्ज़र देन लाइफ' बनाती है। दादी माँ सन्देश देती हैं—बच्चे, प्यार में गिरो मत, उठो। राइज़ इन लव। प्रेम का यही नवीन आदर्श मानव को 'लार्ज़र देन लाइफ' बनाता है।

मानव के चरित्र को दोहरी चतुराई से गढ़ा गया है। एक ओर वह आदिम प्रेम भावना की अनन्य अभिव्यक्ति बनता है तो वहीं दूसरी ओर वैभव के अहंकार को दिशा देने वाला। वह सिर्फ अपने प्रेम की सत्यता की ताकत पर अपने वादे पूरे करता है। उसे विश्वास है कि उन्हें जुदा करने वाले ही एक दिन उन्हें खुद मिलाएँगे। उसकी लड़ाई घटियापन के खिलाफ है और इस लड़ाई में वह खुद किसी घटिया साधन का इस्तेमाल नहीं कर सकता। वह 'किसी भी' प्रकार नहीं जीतना चाहता। उसके लिए सिर्फ लक्ष्य ही महत्त्वपूर्ण नहीं है। लक्ष्य प्राप्ति के लिए उपयोग किये जाने वाले साधनों की पवित्रता भी उतनी ही जरूरी है। सुभाष घई का यही विचार उन्हें इक्कीसवीं सदी के उपभोक्ता समाज के सोच के विरुद्ध खड़ा करता है। आज साधनों की पवित्रता-अपवित्रता का विचार ही दकियानूसी है। किसी भी कीमत पर सफलता पा लेना ही अब प्रयोज्य ही नहीं वरेण्य भी है। इक्कीसवीं सदी में गाँधी की प्रासंगिकता बस इतनी है कि जयन्ती पर गा बजा लो और फूलों के हारों से उनकी मूर्तियों को लाद दो।

करोड़ों-अरबों डॉलर के स्वामी विश्वविख्यात पूँजीपति जगमोहन और उनका परिवार एक गरीब लोकगायक की बेटी को अपने परिवार की बहू स्वीकार न करे, यही स्वाभाविक है, 'ताल' में यही होता भी है। नायक-नायिका के बीच इस चतुराई से दीवार खड़ी कर दी जाती है जिससे साँप भी मरता है और लाठी भी नहीं टूटती। दर्शक को नायक और नायिका दोनों अपनी-अपनी जगह सही दिखलाई पड़ते हैं। अपने पिता को चाँटा मारे जाने पर नायक का उबल पड़ना और नायिका के पिता का गिरहबान पकड़ लेना, कलंक की जगह नैतिक बल बन जाता है। अपने पिता की मर्यादा के सामने अपने प्यार का तिरस्कार कर देना उसकी कमजोरी नहीं

बनता। इसलिए कि बाद में सत्यता जान लेने पर वह जिस स्तर पर अपने पिता की मर्यादा के लिए नायिका के पिता से जूझा था, उसी स्तर पर नायिका के पिता की मर्यादा के लिए अपने समूचे परिवार के साथ मूकयुद्ध में खड़ा हो जाता है। वह किसी भी किस्म के 'घटियापन' को किसी भी स्तर पर स्वीकार कर ही नहीं सकता। वह खामोश ठण्डक से ज्यादा बेहतर समझा पाता है कि खानदान की तकदीर तो बदल चुकी है। ऊँची आवाज और दिखावे का क्रोध किसी झूठ को सच में नहीं बदल सकता। पैसा कितना भी महत्त्वपूर्ण क्यों न हो जाए लेकिन दुनिया में ऐसी कुछ चीजें हमेशा बची रहेंगी जिन्हें पैसे से नहीं खरीदा-बेचा जा सकता। दरअसल, पैसा घटिया चीजें ही खरीद सकता है। अनुपम भी पैसों के हाथों बिककर घटिया हो जाता है। नायक के अपने परिवारजनों के साथ द्वन्द्व को लेखक ने बहुत शालीनता से गढ़ा, निर्देशक ने चतुराई से प्रक्षेपित किया और अक्षय खन्ना ने सहजता की पराकाष्ठा पर पहुँचकर अभिनीत किया है।

नायक के सत्य के सामने नायिका का सत्य खड़ा है। क्या उसके पिता की कोई मर्यादा ही नहीं? क्या मर्यादा सिर्फ धन से पैदा हुई शक्ति की मोहताज है? और उस मामूली पत्थरों के अनमोल हार का एक-एक मोती गहरी प्रतिध्वनियों के साथ कीमती फर्श पर बिखर जाता है, जो उनके प्रेम का प्रतीक था। अपने प्रेमी के घर से अपमानित होकर अपने पिता के साथ लौटते हुए नायिका कहानी के तीसरे कोण विक्रान्त से टकराती है।

मनोरंजन की दुनिया का बेताज बादशाह विक्रान्त कपूर रीमिक्स का कामयाब व्यापारी है। उसने ताराबाबू के जलन्धर रेडियो पर गाए हुए अनेक गानों को रीमिक्स कर बेचा है और लाखों कमाए हैं। वह अपने नजरिये में स्पष्ट है। वह त्याग, बलिदान और मानवीय करुणा जैसे अपनी माँ के बीसवीं सदी के उसूलों को अलविदा कह चुका है। इन उसूलों ने उसे भूख और गरीबी के अलावा कुछ नहीं दिया। आज वह अपने मामा के द्वारा सिखाये गये इक्कीसवीं सदी के सात उसूलों पर चल रहा है और सात साल में ही उसने करोड़ों के वारे-न्यारे कर डाले हैं। लालच, ईर्ष्या, द्वेष कुछ भी नाजायज नहीं है धन कमाने में। खुद सबसे ऊपर पहुँचने के लिए दूसरों की टाँग खींचना परम कर्तव्य है। इश्क, मुहब्बत, दोस्ती, वफा इन सब के लिए उसकी व्यावहारिक जिन्दगी में कोई जगह नहीं है। वह जब मानसी के साथ तीन वर्ष का अनुबन्ध करता है तो उसकी पहली शर्त यही होती है कि काम के बीच में किसी भी किस्म का व्यवधान मुहब्बत, शादी वगैरह के जरिये नहीं हो सकता। मानसी का लोकराग विक्रान्त कपूर के साथ सौन्दर्य के ज्वालामुखी में बदल जाता है। गीत वही है, पृष्ठभूमि बदल जाती है। नायिका का

चोटिल अहंकार फन उठाकर खड़ा हो जाता है। नायक उस चोट के दर्द को महसूस करता है और नायिका की आसमानी कामयाबी के अवसर पर भी मुख्य अतिथि की हैसियत से अवार्ड की ट्रॉफी देते हुए धीरे से यही कहता है- तुम यह नहीं बनना चाहती, यह तुम्हारा प्रतिशोध है। अपने ही विरुद्ध नायिका की वेदना उसके अपने अंतर्मन में भी ज्वाला बनकर दहक रही है। पर यह तो प्रेम का धागा है, गाँठ पड़े तो नामुमकिन भले न हो पर कोई बहुत आसान भी नहीं है उसका खुलना।

'कहीं आग लगे लग जाए' और 'तू रमता जोगी' गीतों के माध्यम से फिल्मकार नायिका के अन्तर्द्वन्द्व को अद्वितीय चित्रात्मकता के साथ प्रस्तुत करता है। विक्रान्त के साथ पहला परिचय 'दिल ये बेचैन है' के साथ होता है और उसकी अन्तिम परिणति 'इश्क बिना क्या जीना यारो' गीत के द्वारा होती है। यहाँ सुभाष घई अपने प्रतिनायक के अन्तर्द्वन्द्व के लिए भी जगह बनाते हैं। मानसी विक्रान्त को भी बदलती है। वह उसके लिए सिर्फ रोजगार का साधन नहीं रह जाती। यदि ऐसा नहीं होता तो वह जगमोहन के छोटे भाई के करोड़ों के प्रस्ताव को इस बेरुखी से नहीं ठुकराता। कम से कम उनकी बेइज्जती तो नहीं ही करता। पर वह मानसी के किसी ब्रा के विज्ञापन के लिए अधनंगी फोटो खिंचवाने वाली मॉडल के रूप में इस्तेमाल किये जाने के प्रस्ताव पर भड़क उठता है। जबकि यह उसकी व्यापारिक नैतिकता के विरुद्ध है। आखिर 'तू रमता जोगी' और 'इश्क बिना क्या जीना यारो' में मानसी को विक्रान्त कपूर भी लगभग अर्द्धनग्न ही प्रस्तुत करता है। फिल्म का आरम्भ ही नायिका के ऐसे प्रलयंकारी स्वप्न को देखते हुए जाग उठने से होता है। वही स्वप्न उसके जीवन संघर्ष का सत्य बनकर सामने आता है। यदि विक्रान्त कपूर भड़क उठता है तो उसका कारण है वह गहरा पराजय-बोध जो वह मानसी की खामोशी के जरिये झेलता है। वह मानसी को जीतना चाहता है। इसलिए उसे पराजित होने से बचाता है। मानसी की विजय में ही उसकी विजय है। वह तब ही विजयी हो सकता है जब मानसी उसे अपने दिल की गहराइयों से स्वीकार कर ले। मानसी के प्रेम की दिव्य आभा इक्कीसवीं सदी के मामा जी के उसूलों की चूलें हिला देती है। वर्ना यह सौदा तो उसके लिए एक तीर से दो शिकार की तरह है। एक तरफ उसे लाखों-करोड़ों रुपए मिल सकते हैं और दूसरी तरफ वह उसे उसके प्रेमी मानव की नजरों में गिरा सकता है। पर वह हारना पसन्द करता है इसलिए कि उसकी हार से ही उसकी जीत मुमकिन है और किसी भी कीनत पर जीतना सफलता का सबसे पहला उसूल है। मानसी उसके लिए 'टारगेट' है। वह किसी भी कीमत पर उसे पाना चाहता है।

यही उसका अपनी तरक्की का सिद्धान्त है। विक्रान्त कपूर मानसी को फर्श से अर्श तक ही नहीं ले जाता अपितु वह उसके टूटे हुए भावनात्मक आधार को गहरी संजीदगी से भरने की कोशिश भी करता है। मानव से उसकी प्रतिद्वन्द्विता में एक अनगढ़ समझदारी हमेशा मौजूद रहती है। हाँ, वह समझदारी का इस्तेमाल बेवकूफी की तरह करता है।

नायक के पिता के रूप में अमरीश पुरी और नायिका के पिता के रूप में आलोकनाथ के मध्य संघर्ष समूची कथा के साथ-साथ बहता हुआ चलता है। यह अमीरी और गरीबी का संघर्ष नहीं, स्वार्थ और प्रेम का संघर्ष है। इसे अमीरी और गरीबी का संघर्ष तभी कहा जा सकता है जब हम अमीरी को स्वार्थ और गरीबी को प्रेम का पर्यायवाची मान लें। अंततः अमीर झुकता है, लालच हारता है, इक्कीसवीं सदी के उसूलों का खोखलापन सामने आता है। इक्कीसवीं सदी के मामा भी अपने उसूलों के जरिये किसी नई महाभारत के अदृश्य शकुनि की तरह उपस्थित होते हैं। गरीबी जीतती है, प्रेम जीतता है। दुनिया में अद्वितीय प्राप्ति वही है जो खरीदने और बेचने की सीमाओं से बाहर है।

इसलिए 'ताल' मात्र प्रेमकथा नहीं कही जा सकती। प्रेम की पृष्ठभूमि में दो विचारधाराओं का संघर्ष है। जीवन जीने के दो विरोधी नजरियों के बीच सीधा टकराव है। स्पष्ट पक्षधरता है। यही पक्षधरता सुभाष घई की निजी दृष्टि है। इसमें वे आज तक रोजगार की चौखट पर बलि नहीं दे सके। यही उनके और नई पीढ़ी के निर्देशकों के बीच की रेखा है। हम कैसे भी जीतकर, जीतने का आनन्द गँवा देते हैं—अपने इस विश्वास से अब तक सुभाष घई नहीं हटे हैं। प्रेम से ही जीवन के सर्वोच्च आनन्द को प्राप्त किया जा सकता है। इसके बिना समूची दुनिया की दौलत और शोहरत दो कौड़ी की भी नहीं। लालच और अहंकार आत्मवंचना की चकाचौंध से भ्रमित कर सकते हैं, जिन्दगी जीने के लिए जमीन नहीं दे सकते। इश्क बिना क्या जीना यारो, इश्क बिना क्या मरना...

...नीचे इश्क है, ऊपर रब है,
इन दोनों के बीच में सब है।

'ताल' की एकमात्र कमजोरी है, इसका क्लाइमेक्स। यह हनुमान की पूँछ की तरह लंबा खिंचता चला जाता है। संघर्ष कथाओं की यह तकनीक भावनात्मक निरूपण में अप्रयोज्य है। यहाँ विस्तार और जटिलता की नहीं, क्षण की कौंध और सरलता की आवश्यकता है। भ्रम किश्तों में नहीं एकबारगी बनते-बिगड़ते हैं। सुभाष घई 'ताल' को प्रेमकथा की सम्पूर्ण तरलता में उतारने से किनारा कर लेते हैं। ये दुचित्तापन सिनेमा की व्यावसायिक मजबूरियों और लालच की कोख से पैदा

होता है। प्रत्यक्ष रूप से इस बन्धन से मुक्त होने का दावा करने वाले भी अपने अवचेतन में इसकी गिरफ्त में होते हैं। नए और पुराने के बीच दोलन त्रिशंकु बनाता है। हम परम्परा का सम्मान भी उसे आत्मीय वर्तमान बनाकर ही कर सकते हैं। अवांछनीय से मुक्ति का कष्ट भोगना ही आनन्द है। तुलसी तहाँ न जाइए, कंचन बरसै मेह।

'ताल' एक अद्वितीय फिल्म होती, यदि निर्देशक की दृष्टि सिर्फ चिड़िया की आँख पर होती। दसों दिशाओं में व्याप्त बाजार एकाग्र नहीं होने देता।

उम्र महज एक आँकड़ा है

सुभाष घई जमाने के साथ कदम से कदम मिलाकर चलने वाले निर्देशक हैं। उन्होंने अपनी निर्माण संस्था को बीसवीं सदी के अंतिम वर्षों में ही कार्पोरेट स्वरूप में बदल दिया था। इन्टरनेट, ई-मेल आदि का उपयोग करने वाले वे हिन्दी सिनेमा के आरंभिक व्यक्तियों में हैं। उनका मन्तव्य है कि नए जमाने की युवा पीढ़ी के मनस्संसार को पहचाने बगैर फिल्म बनाना नामुमकिन है। सिनेमा को हर पीढ़ी के साथ बदलना होता है और उस समय की नौजवान पीढ़ी के सपनों में गहरे उतना होता है। वह अपने समाज की तात्कालिक परिस्थितियों से अछूता नहीं रह सकता। इसलिए उन्होंने अपनी निर्माण संस्था के कार्यक्षेत्र का विस्तार करते हुए

अनेक अन्य निर्देशकों को भी अपनी निर्माण संस्था के लिए फिल्में बनाने हेतु आमंत्रित किया। हालांकि इस दिशा में उठाया गया उनका पहला कदम भयंकर विध्वंसकारी प्रमाणित हुआ था। 'त्रिमूर्ति' की असफलता से उन्होंने सबक लिया, हतोत्साहित नहीं हुए। यह समझते हुए कि धोखा खाने का मतलब यह नहीं कि फिर किसी पर यकीन ही न किया जाए। नई शताब्दी में उन्होंने सतीश कौशिक, डेविड धवन, अनन्त बालानी को अपनी निर्माण संस्था के अन्तर्गत फिल्में निर्देशित करने के अवसर दिए। सतीश कौशिक 'बधाई हो बधाई' में नाकामयाब हुए, 'एक और एक ग्यारह' में डेविड धवन को साधारण सफलता मिली, प्रकाश झा की 'राहुल' जिसे मुक्ता आर्ट्स ने प्रस्तुत किया था, वह भी असफल हुई। ये सिर्फ असफलताएँ नहीं हैं। ये माया मिली न राम हैं। निरर्थकताएँ हैं। इन तीन फिल्मों का नाम मुक्ता आर्ट्स या सुभाष घई से जुड़ना कोई गौरव का विषय नहीं है।

हिन्दी के सवाक् सिनेमा के चौहत्तर सालों का इतिहास इस बात का गवाह है कि जब भी किसी समर्थ निर्देशक ने अपनी निर्माण संस्था के लिए अन्य निर्देशकों या अपने सहायकों, लेखकों, छायाकारों को निर्देशन के अवसर प्रदान किए तब वे कोई बहुत महत्त्वपूर्ण सृजन नहीं कर सके। कालजयी फिल्मकार बिमल राय इसके सर्वश्रेष्ठ उदाहरण हैं। जहाँ उनके निर्देशन में 'दो बीघा जमीन', 'मधुमती', 'सुजाता', 'बन्दिनी' आदि क्लासिक कृतियों का सृजन हुआ वहीं अन्य निर्देशक, जिनमें उनके सहायक निर्देशक भी शामिल थे, वे अच्छी विषयवस्तु के बावजूद कालजयी तो दूर कामयाब फिल्में भी नहीं बना सके। 'परिवार', 'अमानत', 'अपराधी कौन', 'काबुलीवाला', 'उसने कहा था', 'बेनजीर' आदि फिल्में बिमल राय प्रोडक्शन के लिए यश और धन कुछ भी अर्जित करने में असफल हुई थीं। यद्यपि गुरुदत्त के लिए अबरार अल्वी ने 'साहिब बीबी और गुलाम' तथा राजकपूर के लिए राधू कर्मकार ने 'जिस देश में गंगा बहती है' जैसी महत्त्वपूर्ण फिल्मों का सृजन किया था परन्तु आज भी उन्हें एक तरह से इन महान फिल्मकारों का डमी ही माना जाता है और यही माना जाता है कि नाम भले ही किसी और का हो ये फिल्में गुरुदत्त और राजकपूर का ही सृजन हैं। इसलिए कि ये फिल्में खुद अपनी संरचनात्मक प्रस्तुति और भावनात्मक प्रतीति के गवाक्षों से

इसी तथ्य का प्रतिपादन करती हैं। इन्हें अपने प्रथम प्रदर्शन के समय गुरुदत्त की 'साहिब बीबी और गुलाम' और राजकपूर की 'जिस देश में गंगा बहती है' की तरह ही प्रचारित किया गया था। ऐसा व्यावसायिक लाभ के नजरिये से भी किया गया हो सकता है। मगर इन कालजयी फिल्मों का निर्माण करने वाले निर्देशकों ने कभी कोई और फिल्म क्यों नहीं बनाई? क्यों इन्हें कोई और अवसर नहीं मिला? इन सब सवालों के जिन्दा जवाब हैं। फिल्म जगत में भी कोई इस घोषित सच्चाई को सच्चाई की तरह कुबूल करने के लिए तैयार नहीं हुआ। 'साहिब बीबी और गुलाम' गुरुदत्त ने और 'जिस देश में...' राजकपूर ने चरम विचलन के दौर में बनाई थीं। राजकपूर, नर्गिस से और गुरुदत्त, वहीदा से अपने भौतिक विच्छेद की रचनात्मक पीड़ा से गुजरते हुए इनकी रचना करते हैं। वे रुक नहीं सकते। चलते ही जाना है। शो मस्ट गो ऑन। क्योंकि रुक जाना ही हार जाना है। किसी मंजिल को भी मंजिल न समझना जीवन है। हर मंजिल मौत है- रहबर-ए-राह-ए-मुहब्बत रुक न जाना राह में / लज़्ज़त-ए-सहरानवर्दी दूरी-ए-मंजिल में है। ये उनके अपने विचलन से जूझने के जमाने की फिल्में हैं। गुरुदत्त द्वारा अंतिम निर्देशित फिल्म 'कागज के फूल' है। इसके बाद वे किसी फिल्म के निर्देशक नहीं हुए। 'साहिब बीबी...' ही नहीं 'चौंदहवीं का चाँद' भी। यह उनके अहंकार की चरम परिणति के दिन थे। बेशक, वे इस काबिल थे। पर वे फिल्मों की निर्मिति से अलग नहीं हो सकते थे। इससे क्या फर्क पड़ता था कि निर्देशक के रूप में किसका नाम है। जब 'कागज का फूल' का निर्देशक होकर भी मैं लोगों की वाहवाही नहीं लूट सका तो फिर किसी और फिल्म का निर्देशक कहलाकर ही क्या मिल जाएगा। 'कागज के फूल' हिन्दी सिनेमा की महानतम असफलता है। वह असफलता जिस पर हजारों सफलताएँ न्यौछावर की जा सकती हैं।

अबरार अल्वी गुरुदत्त के साथ लेखक के रूप में ही नहीं जुड़े रहे अपितु उनके अंतरंग और प्रिय मित्र थे। अपने जीवन के अन्तिम क्षण भी उन्होंने उन्हीं के साथ गुजारे थे। मृत्युपूर्व अबरार ही उनकी अंतरंगता के साथी थे। इसलिए अबरार अल्वी के निर्देशक होने में गुरुदत्त की अपनी ही सफलता थी।

गुरुदत्त के रचनात्मक अवदान से हिन्दी सिनेमा की इक्कीसवीं सदी के नए

निर्देशकों की पीढ़ी भी बेहद प्रभावित है, यह काबिलेगौर है। फरहान अख़्तर, कुणाल कोहली, करण जौहर, आदित्य चोपड़ा जैसे अनेक नए निर्देशक गुरुदत्त के आशिक हैं। यह फख्र की बात है कि वे अपनी परंपरा के गौरव के साथ अपना गौरव जोड़ते हैं। यही दृष्टि हिन्दी सिनेमा में बाजार को भी जीतकर दिखला सकती है। आज बाजार को पीठ दिखलाकर खड़ा नहीं हुआ जा सकता लेकिन उसका मुकाबला किया जा सकता है। वह दुर्जेय नहीं है। सुभाष घई मुक्ता आर्ट्स का विस्तार करते हैं लेकिन उसे रामगोपाल वर्मा की तरह फैक्ट्री नहीं बना सकते। उनके लिए आज भी फिल्म महज 'प्रॉडक्ट' नहीं हो सकती। वह एक रागात्मक संरचना पहले है।

राधू कर्मकार तो राजकपूर की अन्तर्दृष्टि का प्रक्षेपण ही थे। राजकपूर की आँखों में नाचते चित्रों को राधू कर्मकार ने आजीवन कैमरे से हू-ब-हू उतारा। 1961 में 'जिस देश में गंगा बहती है' के निर्देशक राधू कर्मकार हुए, राजकपूर नहीं। इसके पहले भी 'जागते रहो' और 'अब दिल्ली दूर नहीं' आर.के. की फिल्में थीं लेकिन उनका निर्देशन राजकपूर ने नहीं किया था। 1955 में 'श्री 420' के नौ साल बाद 1964 में राजकपूर निर्देशित 'संगम' प्रदर्शित हुई थी। इसलिए चाहे कितना भी यह मान लिया जाए कि 'जिस देश में...' राधू की ही रचना थी पर भावबोध को नहीं बदला जा सकता। यदि राधू राजकपूर से प्रभावित थे तो इसमें आश्चर्य जैसी कोई बात नहीं है। उन्होंने समूची जिन्दगी राजकपूर के अनेक ख़्वाबों को जिन्दा किया था। वह ख़्वाब भी उसी तरह गढ़ा। यह भी हो सकता है कि जिस प्रकार बरगद के नीचे कोई पेड़ नहीं पनपता उसी तरह अबरार अलवी और राधू कर्मकार गुरुदत्त और राजकपूर के साथ होने के कारण एक निर्देशक के रूप में स्वीकृत नहीं हो सके। इन दोनों के नाम निर्देशकीय खाते में एक-एक फिल्म ही दर्ज होकर रह गई।

जॉगर्स पार्क अनन्त बालानी निर्मित पहली और आखिरी फिल्म है। इसका निर्माण मुक्ता आर्ट्स ने किया है, सुभाष घई ने नहीं, जिसका नाम निर्माता के रूप में दिया गया है। मुक्ता आर्ट्स सुभाष घई की निर्माण संस्था है। इस फिल्म के आरम्भ में दिखलाई जाने वाली मुख्य नामावली में निर्देशक के ठीक पहले सुभाष

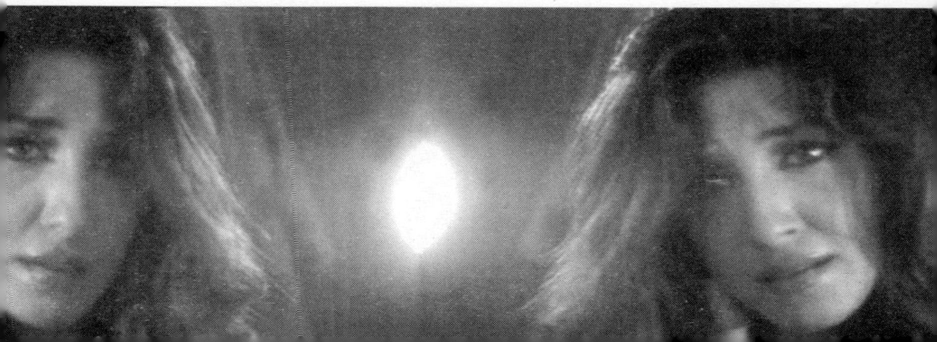

घई का नाम आता है, कॉन्सेप्ट और संवाद लेखक के रूप में। यहाँ यह बात गौरतलब है कि इस फिल्म के कथा लेखक और पटकथा लेखक के रूप में किसी का उल्लेख नहीं किया गया। कला निर्देशक, छायाकार, नृत्य निर्देशक, गीतकार, संगीत निर्देशक वगैरह सभी का उल्लेख है लेकिन कथा और पटकथा लेखक का नहीं। गरज यह कि जो 'कॉन्सेप्ट' है वही कथा-पटकथा है। इसलिए यदि यह माना जाए कि सुभाष घई की पुरानी मान्यताओं को नए जमाने के परिदृश्य में नई फिल्म तकनीक के जरिए अनन्त बालानी 'जॉगर्स पार्क' में पेश करते हैं तो गलत नहीं होगा।

'जॉगर्स पार्क' सुभाष घई की फिल्म नहीं है। सुभाष घई के नज़रिये की फिल्म भी नहीं है। सुभाष घई के अन्दाज का निर्वाह करने वाली फिल्म भी नहीं है। सुभाष घई का किस्सा 180-190-195 मिनिट में बड़ी काट-छाँट के बाद बयान हो पाता है। 160 मिनट से कम अवधि की सुभाष घई निर्देशित शायद ही कोई फिल्म हो। 'जॉगर्स पार्क' कुल 123 मिनिट की फिल्म है और शायद यह सुभाष घई के कॉन्सेप्ट का ही परिणाम है कि 100 मिनट में समाप्त नहीं हो सकी। फिल्म के अन्तिम 20 मिनट सिर्फ विस्तार हैं। हम बेवजह विस्तार नहीं कह रहे हैं। लेकिन विस्तार है। ये 20-25 मिनिट सुभाष घई के फिल्म के आरम्भ में दिए गए वक्तव्य की सार्थकता के विश्लेषण हैं जिन्हें खूबसूरत खामोशी के साथ परदे पर पेश किया गया है तब भी एक विलक्षण खूबसूरत फिल्म की संरचना के ऊपर एक बोझ है। फिल्म तो वहीं समाप्त हो जाती है जहाँ राइड पर जाते हुए अपनी दोस्ती के समापन की सहज स्वीकार्यता के साथ जेनी अपने जेसी को स्मृति चिन्ह के रूप में गले की चेन में लटकता हुआ ॐ का लॉकेट उसके हाथ में देकर मुट्ठी बन्द कर देती है। उसके बाद चन्द अत्यन्त मार्मिक भावविह्वल छवियाँ उभरती हैं और नेपथ्य में मन्द अनुगूँज–

'इश्क होता नहीं... सभी के लिए,
ये बना है... ये बना है
किसी किसी के लिए...

...इसके बाद का दृश्य हमारे ऊपर हथौड़े की तरह पड़ता है। एक सम्पूर्णता

के बाद अनायास दूसरे आरम्भ में जा पड़ने का हादसा। आघात तो लगना ही है पर यहीं सामाजिक उत्तरदायित्व और भावनात्मक उद्वेग के द्वन्द्व का निरूपण आरम्भ होता है जो हमें एक निश्चित निर्णय तक पहुँचाता है। स्वनामधन्य रिटायर्ड जज, ऑनरेबिल पर्सनैतिटी जस्टिस जे.सी. चटर्जी के बम्बई की ग्लैमर बाला जेनी सूरतवाला के साथ लव अफेयर। पैंसठ साल के रिटायर्ड जज की पच्चीस साल की गर्लफ्रैन्ड। उसकी पोती की उम्र की!

यहीं पर सामाजिक नैतिकता और भावनात्मक लगाव की अनन्यता का संघर्ष उभरता है। फिल्म प्रेम के उत्ताप के चरम पर समाप्त नहीं होती। अपने उत्तरदायित्व और पारम्परिक आदर्शों के निर्वाह की सार्थकता की उद्घोषणा में समाप्त होती है। जस्टिस चटर्जी 'जॉगर्स पार्क' की अपनी बान्धवी से प्रेम को अपनी भूल स्वीकार कर बीबी के हाथों खिलायी जाने वाली खीर के सुख के संसार में लौट आते हैं। इतना ही नहीं वे बीबी को खुद अपने हाथों से उसी चम्मच से पहले खीर खिलाते हैं बाद में खुद खाते हैं। शायद इस पर भी 'कॉन्सेप्ट' अपनी सम्पूर्ण निष्पत्ति तक नहीं पहुँचता। इसलिए 'फोर इयर्स लेटर' के टाइटिल के बाद एक और दृश्य उभरता है जिसमें चटर्जी का परिवार एयरपोर्ट पर पूना जाने की तैयारी में है और तभी मोबाइल पर बात करते हुए चटर्जी को जेनी दिखलाई देती है। वह अपने पति के साथ है। उसके पति की गोद में उनका दो साल का बच्चा है। अमिताभ बच्चन की शैली में बढ़ी हुई दाढ़ी में भी दूर खड़े हुए 'अपने जेसी' को जेनी पहचान लेती है और अत्यन्त भावुकतापूर्वक उससे मिलती है।

वह अपने पति से उसका परिचय कराती है—अपने चौथे ब्वायफ्रैन्ड के रूप में। उसमें कहीं कोई दुराव, कोई छुपाव, किसी भूल का अहसास, किसी भी किस्म का रत्ती-भर भी पाप बोध नहीं है। वह निश्छल अभिव्यक्ति है।

...जब चटर्जी ने पहली बार जेनी से पूछा था कि क्या उसने कभी प्यार किया है तब भी उसने ऐसी ही सहजता से तीन उँगलियाँ दिखलाकर साफ-साफ कहा था—हाँ किया है। एक बार नहीं तीन बार। लेकिन वे सब चन्द लम्हों को सजाकर चले गए, अपने-अपने गीत गुनगुनाते हुए। कोई दो साल चला तो कोई महीने दो महीने...

और कहने के बाद बहुत कुछ जो अनकहा छूट जाता है वह पेरिजाद के चेहरे के उतार-चढ़ाव और आँखों की गहराइयों में दहकती झीलें कहती हैं। जेनी किसी झूठ में नहीं जीती। वह अपने पति के साथ भी इस सत्य को जीना चाहती है— मीट दिस पर्सन, जिसने मुझे जिन्दगी में पहली बार बतलाया कि प्यार क्या होता है। जो मुझे तीन-तीन ब्वायफ्रैन्ड नहीं समझा सके।

तुम मेरा सामाजिक स्वीकार्य हो, यह मेरा आत्मिक स्वीकार है। इसी आत्मिक स्वीकार ने मुझे यह क्षमता दी कि मैं तुम्हारी मुहब्बत का मान कर सकूँ। वर्ना मैं माथे पर 'नो ब्वायफ्रैन्ड प्लीज' का साइनबोर्ड चिपकाकर घूमनेवाली लड़की, मैं तुमसे शादी करती! यदि मैं इस आदमी से नहीं मिलती तो यह कभी जान ही नहीं पाती कि जिन्दगी में किसी का साथ कितना खूबसूरत हो सकता है। उन चन्द खूबसूरत पलों के लिए न जाने कितने जन्मों को और कितनी सम्पदाओं को न्यौछावर किया जा सकता है। वे पल मुझे सहज ही उपलब्ध हो गए। वे पल जिन्होंने मुझे सामाजिक उत्तरदायित्व के निर्वाह की गरिमा के आनन्द से परिचित कराया। जिसने समझाया- फॉलिंग इन लव इज़ इटसेल्फ ए निगेटिव टर्म, निगेटिव ऑस्पेक्ट। आपको 'ताल' की दादी माँ याद आ सकती हैं। वो भी यही कहती हैं- बच्चे, प्यार में गिरो मत, उठो। राइज़ इन लव। 'जॉगर्स पार्क' में आने वाले दिलफेंक जुगाड़िये हरीसिंह सरदार जी का भी यही किस्सा है- फॉलिंग इन लव का किस्सा। बच्चे की कमजोरी दूर करने के लिए टीचर को रखा, बच्चा सुधर गया लेकिन सरदार जी और टीचर दोनों बिगड़ गए, फॉलिंग इन लव!

जेनी ने जस्टिस चटर्जी से यही सीखा है—प्यार में गिरो नहीं उठो, यू कैननॉट एवर सेक्रीफाइज़ योर कल्चरल एण्ड सोशल ट्रेडीशन्स। इस आशिकी ने उसे नई जिन्दगी दी।

उसने जाना—बड़ी नाजुक है ये मंजिल, मुहब्बत का सफर है। बताना भी नहीं आसां, छिपाना भी कठिन है। खुदाया किस कदर मुश्किल, मुहब्बत का सफर है।

स्वप्न और कामनाएँ ईश्वरीय निर्मिति हैं लेकिन इस समाज में कैसे रहना है यह हमेशा मनुष्य और समाज ने ही निर्धारित किया है।

अनन्त बालानी निर्देशित इस फिल्म में भी अन्ततः सुभाष घई का दृष्टिकोण

ही उभरता है। हम अपने उन्माद में अपने उत्तरदायित्व से किनारा नहीं कर सकते। प्यार एक भावना की तरह ही अपनी पूर्णता को प्राप्त कर सकता है। जब हम उसे एक सामाजिक बन्धन के रूप में परिवर्तित करते हैं तो उसके साथ जुड़े हुए अनिवार्य उत्तरदायित्व हमारे बन्धन न बनें, यह मुमकिन नहीं है। जीवनरूपी इस कर्मक्षेत्र की इन विडम्बनाओं से किसी की निष्कृति नहीं है। इसीलिए जब जस्टिस चटर्जी की बेटी उनसे उनके ही दृढ़ स्वर में कहती है—आपके ही कारण हम जीवनभर सिर उठाकर जिए, अब आपकी तमन्नाओं की खातिर सिर झुकाकर भी जी लेंगे। हम आपके बहादुर बच्चे हैं। लेकिन बाबा, याद रखियेगा इज़्ज़त बनाने में पूरी ज़िन्दगी लग जाती है और गँवाने के लिए सिर्फ एक भूल की जरूरत होती है। अन्त में उनके ही सूत्रवाक्य को उनपर ही चस्पां करने से भी वह नहीं चूकती- आप ही कहा करते थे कि प्रत्येक व्यक्ति अपना सर्वश्रेष्ठ न्यायाधीश खुद होता है और जो कुछ वह करता है उसे अपने किये की कीमत खुद ही चुकानी होती है।

'जॉगर्स पार्क' में रिटायर्ड जस्टिस जे.सी. चटर्जी के भावजगत को साकार करने में विक्टर बैनर्जी ने अभिनय की जिस तरल सहजता का उदाहरण पेश किया है वह एक प्रतिमान है, लेकिन उनके सामने पेरिजाद जोराबियन ने उसी तुल्य सहजता से तराजू के दूसरे पलड़े को संतुलित किया है, वह उपलब्धि है।

सुभाष घई के इस कॉन्सेप्ट के विस्तार के बावजूद 'जॉगर्स पार्क' सुभाष घई की नहीं अनन्त बालानी की फिल्म है। उनकी एकमात्र फिल्म है। अपनी दूसरी फिल्म 'चमेली' के निर्माण के आरम्भिक काल में ही उनका असामयिक निधन हो गया। पर यही फिल्म उनकी निर्देशकीय प्रतिभा से परिचित कराने में समर्थ है। इतना ही नहीं वह उन्हें एक क्षमतावान निर्देशक की प्रतिष्ठा भी देती है। यह एक सुखद आश्चर्य की तरह है कि कोई युवा निर्देशक अपनी पहली ही फिल्म में अत्यन्त परिपक्व फिल्मकार की तरह सामने आए। और यह तकलीफदेह कि मौत उसे ही अन्तिम बना दे।

'जॉगर्स पार्क' उन लोगों के लिए एक उदाहरण है जो सिनेमा के नए स्वरूप की बातें करते नहीं अघाते। जो सिनेमा और साहित्य को परस्पर सम्बद्ध करने के

खयाली पुलाव पकाते रहते हैं। वे जो तकनीक और भावनात्मक संसार के सहयोग से सौन्दर्य की निर्मिति की परिकल्पना करना ही पाप समझते हैं। वे जो हॉलीवुड की फिल्मों से कहानी और तकनीक सब कुछ उड़ाकर नए-नए चोंचले सँवारा करते हैं—उन सब के लिए 'जॉगर्स पार्क' एक उदाहरण है। हमारी नजर में 'जॉगर्स पार्क' सौ मिनट की फिल्म है। नई निर्देशकीय तकनीक से प्रस्तुत की गई, नए जमाने के संदर्भों को नए कोण के साथ उठाने वाली फिल्म, जिसमें परम्परा और संस्कृति के सौन्दर्य को आधुनिक जीवन के उल्लास के साथ जोड़ दिया गया है। आधुनिक जीवन की वह साफगोई उभरकर आती है जिसमें छल-कपट कहीं नहीं है। जिसमें वास्तविकता का सहज स्वीकार है। कामनाएँ गोपन से छली नहीं जातीं। 'परदा नहीं जब कोई खुदा से, बन्दों से परदा करना क्या'—सिर्फ शब्द नहीं हैं, कोई भावनात्मक उक्ति भी नहीं है, जीने का सलीका है।

हिन्दी की ऐसी सैकड़ों कहानियाँ और उपन्यास हैं जिन्हें इसी नई प्रविधि में खूबसूरत फिल्मों में बदला जा सकता है। निश्चित ही इसके लिए विक्टर चटर्जी और पेरिजाद जैसे अभिनेताओं की आवश्यकता होगी, जो भावना के सूक्ष्म संसार को जीवन की सहज स्थितियों के द्वारा अभिव्यक्त कर सकें। अनन्त बालानी जैसी नई निर्देशकीय दृष्टि की आवश्यकता होगी जो कथा के मूल सूत्र से कहीं भटके नहीं, अपने पात्रों का चरित्र मजबूती से खड़ा करे। उनके बीच घात-प्रतिघात की नाटकीयता को विलोपित कर गहरा ताप पैदा करे। पारम्परिक संगीत की शक्ति को नए साँचे में ढालकर दर्शकों को भावनात्मक अनुराग की डोर से जोड़े रख सके ताकि वह यह भी समझ सके—लाइफ हैज़ डिफरेन्ट म्यूज़िक टू प्ले हियर। जहाँ गुजरा जमाना आराध्य नहीं है। झूठ और सच, पाप और पुण्य की उलझनें बेमानी हो चुकी हैं। जहाँ जिन्दगी के तीव्र परिवर्तन को उसकी सापेक्ष अनिवार्यता में स्वीकार कर लिया गया है। जहाँ एक पल, जिन्दगी को नया अर्थ देने में सक्षम है।

हिन्दी सिनेमा के सामने बार-बार चुनौतियाँ आती रहीं और वह उनसे जूझता रहा है। टेलीविज़न और वीडियो के विस्तार ने सिनेमा को बदलने के लिए मजबूर कर दिया। जब घर बैठे रात-दिन हर तरह का दुनिया-भर का सिनेमा उपलब्ध हो

तब दर्शकों को सिनेमाघरों तक खींच लाना कोई हँसी-मजाक नहीं है। अब हजार-पन्द्रह सौ सीटों वाले सिनेमाघरों का जमाना बीते जमाने की कहानी बनता जा रहा है। मल्टीप्लैक्स संस्कृति धीरे-धीरे महानगरों से प्रदेशों की राजधानियों तक अपने पैर पसार चुकी है। इसका और भी विस्तार तीव्रता से होगा। आज सौ-डेढ़ सौ से ढाई-तीन सौ सीटों वाले सिनेमाघरों का जमाना है। उन फिल्मों का जमाना है जिनके बारह-तेरह घण्टों में छः शो किए जा सकें। जहाँ मनोरंजन के सिनेमा के अतिरिक्त भी अन्य साधन उपलब्ध हो सकें। मल्टीप्लैक्सों और विदेशों में बसे भारतीयों ने हिन्दी सिनेमा को अमीरों का सिनेमा बना दिया है। अब सिनेमा के टिकिट रुपए-दो रुपए तो दूर की बात, दस-बीस-पचास भी नहीं, सौ से पाँच सौ के बीच हो गए है। मल्टीप्लैक्सों में परिवार सहित फिल्म देखने का अर्थ एक हजार रुपए का बजट है। जाहिर है कि यह हिन्दुस्तान के आम आदमी का सिनेमा नहीं है। यह उस उच्च वर्ग का सिनेमा है जिसके पास सुखद स्मृतियों को सहेजने के लिए भी कोई जगह नहीं है। जिसके लिए सिनेमा सिर्फ उसके अनन्त उपभोग के उल्लास का एक जरिया है। मल्टीप्लैक्स संस्कृति ने नए निर्देशकों को नए प्रयोग करने के अवसर दिए हैं। एक से पाँच करोड़ तक की लागत में प्रयोगशील निर्देशक ऐसी फिल्में बनाने में सहज समर्थ हो गए जो मल्टीप्लैक्स के बीस परदों पर भी मात्र हफ्ते-दो हफ्ते दर्शक जुटा लें। आज संतुलित लागत की फिल्मों को कम से कम समय में बना लेने की सुविचारित रणनीति के तहत फिल्म निर्माण पहले जैसा खतरनाक व्यवसाय नहीं रह गया है। नामचीन निर्माता-निर्देशक तो फिल्म प्रदर्शित होने के पूर्व ही अपनी समूची फिल्म की लागत और कुछ तो मुनाफा भी प्राप्त कर लेते हैं पर थोड़ी भी व्यावसायिक समझदारी से बनाई गई कोई भी फिल्म कभी घाटे का सौदा साबित नहीं होती। अधिकांश फिल्मों की व्यावसायिक असफलता का कारण उनको ठीक तरह से प्रदर्शित किए जा सकने की अक्षमता होती है। आज आधी से अधिक फिल्में तो छोटे शहरों और कस्बों के सिनेमाघरों तक पहुँच ही नहीं पातीं। अनेक फिल्में तो महानगरों के मल्टीप्लैक्सों में प्रदर्शित कर सकने के दृष्टिकोण से ही बनायी जाती हैं।

आज फिल्मों को तरह-तरह से बेचा जाता है। ओवरसीज़ टैरेटरी बहुत

महत्त्वपूर्ण हो गई है। वहाँ के भारतीयों द्वारा लुटाए जाने वाले डॉलर हिन्दी के नए सिनेमा की संजीवनी शक्ति हैं। वीडियो, सैटेलाइट चैनल डूबी कस्तियों के भी सहारे बनते हैं। असफल फिल्में दो-चार महीने में ही किसी मूवी चैनल पर आकर कुछ न कुछ वसूल कर ही लेती हैं। गरज यह है कि हिन्दी के व्यावसायिक सिनेमा ने अपने लिए नई राह निकाल ली है।

मल्टीप्लैक्सों के लिए बनाई जाने वाली फिल्मों में सम्पूर्ण तनावरहित संसार है, मस्ती है, मौज है, जिन्दगी का हर मज़ा है। स्त्री की जितनी यौन मुद्राएँ हैं, विशेष रूप से उसके गुप्तांगों से सम्बन्धित, वे सब करोड़ों-करोड़ रूप में उपस्थित हैं। स्त्री की देहयष्टि का यह मादक मांसल संसार देखकर महर्षि वात्स्यायन भी दाँतों तले अँगुली दबा लेते। पुरुष भी इस क्षेत्र में पीछे नहीं है—सलमान खान, अक्षय कुमार, सुनील शेट्टी से लेकर जॉन अब्राहम और डीनो मोरिया तक पुरुष यौन प्रतीकों की लम्बी कतार है। पर सिनेमा के परदे पर अब भी पुरुष के द्वारा स्त्री का यौन मर्दन ही रूपांकित हो रहा है। महेश भट्ट ही इस दिशा में छद्म रूप से एक कदम आगे बढ़े हैं। 'जिस्म' में वे स्त्री के द्वारा पुरुष का यौन मर्दन पिछले दरवाजे से घुसा देते हैं पर वहाँ भी अंततः चाकू पुरुष ही होता है। फर्क क्या पड़ता है—चाकू खरबूजे पर गिरे या खरबूजा चाकू पर। 'जिस्म' में भी स्त्री चाकू नहीं बन पाती। वह एक तरह से दोगुनी इस्तेमाल कर ली जाती है—

वो हमसे कह रहे हैं, हम उनकी मदद करें
चाकू की पसलियों से गुजारिश तो देखिए!

मल्टीप्लैक्स सिनेमा ने हिन्दी सिनेमा की औरत को बाहर से भीतर तक बदल दिया है। मीना कुमारी और नूतन जैसी छवियाँ अब ढूँढ़ने से भी नहीं मिल सकेंगी। आदर्श चरित्र अप्रयोज्य हैं। धन एकमात्र सफलता है। ऐश्वर्य एकमात्र उपलब्धि। पा लेना सर्वोच्च है। खो देने से बढ़कर बेवकूफी और कोई दूसरी नहीं है। नग्न होने की एक से बढ़कर एक घोषणाएँ हैं। उसके महत्त्व, उपयोगिता और बाजार की आवश्यकता को प्रतिपादित करने वाली स्पष्ट स्वीकृतियाँ हैं। बिपाशाओं, मेघनाओं और मल्लिकाओं की लम्बी कतारें हैं। ये छुई-मुई औरतें नहीं हैं। ये वे स्त्रियाँ हैं जो मर्दों के द्वारा सीधे नहीं छली जा सकतीं। मर्द उनका पीछे के दरवाजे से उपयोग करने का दम्भ पाल सकता है लेकिन वे सीधे सामने के दरवाजे से हमला करने में सक्षम हैं। जब हम समाज में स्त्री के यौन उत्पीड़न के दंश को लगातार भयावह होते हुए देख रहे हैं उस समय हिन्दी सिनेमा की स्त्री अपनी निरीहता के पिंजड़े से सामर्थ्यपूर्वक बाहर निकल रही है। टेलीविजन तो कहीं सिनेमा से भी सौ कदम आगे है। इस पर दिखाए जाने वाले धारावाहिकों में स्त्री

को प्रचण्ड षड्यंत्रकारिणी शक्ति बना दिया है। आश्चर्य यह है कि स्त्री की यह नकारात्मक छवि हमारे तथाकथित नैतिक समाज में बड़ी तीव्रता और गंभीरता से लोकप्रिय और स्वीकृत हो रही है। बिपाशाओं, मेघनाओं और मल्लिकाओं पर ही अँगुली उठाकर नजरें चुरा लेने से तस्वीर का दूसरा पहलू अनदेखा रह जाएगा। चाहे वह करीना कपूर हों या धरम-हेमा पुत्री ईशा देओल, अपनी आभामंडित पृष्ठभूमि के बावजूद बाजार निर्मित नारी की उपयोगिता के मानदण्डों को लाँघ नहीं पातीं। फर्क सिर्फ धनराशि की मात्रा का है। छोटे बड़े सैटअप का है।

इक्कीसवीं शताब्दी का यह सिनेमा सदियों की देहवादी निष्ठुर मान्यताओं से नारी को मुक्त कर रहा है। उसकी उपस्थिति मैथिलीशरण गुप्त की काव्य पंक्तियों को झुठलाती ही नहीं तिरस्कृत भी करती हैं। वह अबला नहीं है। उसके आँचल में दूध और आँखों में पानी नहीं है। वह पुरुष के एकाधिकार से मुक्त है। अब उसे आसानी से कुलटा घोषित नहीं किया जा सकता। सिनेमा के परदे पर नारी देह के खुले प्रदर्शन से बालकोचित स्वभाव एवं विवेक रखने वाले सिद्धपुरुषों का विचलित हो जाना स्वाभाविक है। एक अति का दुराग्रह हमेशा किसी दूसरी विपरीत अति तक ले जाता है। आज वे अनेकानेक स्त्रियाँ समाज में अत्यन्त प्रतिष्ठित और महिमान्वित हैं जिन्हें नैतिकतावादी आसानी से कुलटाओं की श्रेणी में रख सकते हैं। आज स्त्री ने इस सत्य को समझ लिया है कि मन अपवित्र होता है, देह नहीं। वह उपभोग के लिए भी मात्र माध्यम है, भोक्ता नहीं। भोक्ता तो मन ही है। मन की अपवित्रता दुखदायी है। देह तो पवित्र-अपवित्र कुछ होती नहीं। पुरुष इस सत्य को हमेशा से जानता था। इसीलिए उसने अपने बनाए कायदों में सिर्फ नारी देह को बाँधा, पुरुष देह को नहीं। नारी की देह ही अपवित्र हुई, पुरुष की देह नहीं। पति की मृत्यु पर पत्नी सती होती है, पत्नी की मृत्यु पर पति 'सता' नहीं होता। चाहे वह हरतालिका व्रत हो या करवाचौथ का, वह पति की मंगल कामना के लिए पत्नी करती है। पुरुष के लिए ऐसा कोई व्रत नहीं है। उसे अपनी पत्नी की मंगल कामना करने की कोई जरूरत नहीं है। इसी तरह संतान सप्तमी का व्रत भी स्त्रियों के लिए ही है। पुरुषों को अपनी संतान की मंगल कामना करने के लिए भी किसी व्रत-उपवास की आवश्यकता नहीं है। नारी शरीर के अंग-अंग पर उन आभूषणों और प्रतीक चिन्हों की भरमार है जिनके द्वारा उसके विवाहित होने की घोषणा होती है और पति के प्रति समर्पण झलझलाता है। पुरुष इस दिशा में भी पूर्ण मुक्त है। आज स्त्री के बदलते हुए स्वरूप को, पुरुषवादी सीमाओं से बाहर निकलने की जद्दोजहद को, जीवन के प्रत्येक क्षेत्र में सामर्थ्यपूर्ण ढंग से उपस्थित हो सकने की उसकी क्षमता को हिन्दी सिनेमा ने बहुत

सामर्थ्य से रेखांकित किया है। यद्यपि उसने बाजार की वासनाओं की पूर्ति के लिए स्त्री देह का विकृत रूप भी गढ़ा है, पर बाजार के इस प्रकोप से तो पुरुष देह भी नहीं बच सकी है। यदि आज भी हम देह की खोखली नैतिकता पर प्रश्नचिन्ह लगाते युवा पीढ़ी के मानस को नहीं पहचान सकते तो भविष्य हमारा उपहास निश्चित उड़ायेगा।

अनन्त बालानी ने जेनी के रूप में नये जमाने की जिस लड़की को गढ़ा है, उसे हम आदर्श आधुनिका कह सकते हैं। यह यथार्थ से बढ़कर आदर्श चरित्र है। ऐसा व्यक्तित्व जो किसी भी किस्म के पापबोध से मुक्त है। जो अपनी बेइमानियों और अपने पतन को भी सहज भाव से स्वीकार कर सकता है। बगैर किसी हिचकिचाहट के। दरअसल, वह पतन नहीं अपनी क्षुद्रताओं से मुक्ति है। पेरिजाद जोराबियन के स्पॉन्टेनियस ओवरफ्लो और डीप सायलेंस के आरोहावरोह ने इसे मोहक बना दिया है। बहती हुई स्वच्छन्द निर्मल धारा के भीतर बैठी गहरी खामोशी। विक्टर बनर्जी जैसे तपे-तपाये सीज़न्ड एक्टर के सामने ऐसी निर्मल उन्मुक्तता के साथ एकाकार हो जाना किसी भी नए कलाकार के लिए एक उपलब्धि और उससे भी आगे एक आश्वस्ति है।

अनन्त बालानी ने नए जमाने की जिस लड़की को प्रस्तुत किया है उसका कॉन्सेप्ट सुभाष घई का है। देह दर्शन की गुंजाइश निकालने की पटकथा में भरपूर जगह थी। नायिका है ही ग्लैमर बाला। मॉडलिंग, सिनेमा आदि से जुड़ी हुई। हीरोइन जोरदार ढंग से घोषणाएँ भी कर सकती थी- पटकथा की डिमांड थी, बाजार की जरूरत थी, मैं नहीं करती तो दस दूसरी तैयार थीं। अनगिनत फिकरे हो सकते थे। पर आधुनिकता से राई-रत्ती परहेज किए बगैर बालानी सौम्यता की हदों को कतई पार नहीं करते। वे सिर्फ यह नहीं दिखलाते कि यह नए जमाने की लड़की है, वे यह भी दिखलाते हैं कि यह नए जमाने की आदर्श लड़की है।

बोल्ड ग्लैमर बाला के रूप में 'ख़्वाहिश' और 'मर्डर' से नाम कमाने वाली मल्लिका सेहरावत भी 'जॉगर्स पार्क' में जेनी की सबसे प्रिय सहेली के रूप में छोटी सी लेकिन महत्त्वपूर्ण भूमिका में मौजूद है। वही लेखक के कॉन्सेप्ट की व्याख्या भी करती है। ड्रीम, डिजायर्स—स्वप्न और कामनाएँ तो भगवान ने बनाई हैं लेकिन इस दुनिया में कैसे रहना है यह समाज ने निर्धारित किया है। इसका निर्माता आदमी है। इसलिए जिन्दगी में कभी-कभी इनका द्वन्द्व भी होता है। जेसी के प्रति अपने तीव्र आकर्षण को लेकर भी जेनी स्पष्ट है कि मुझे नहीं पता कि यह सही है या गलत पर मैं इतना जानती हूँ कि वह मुझसे प्यार करता है। मैं उस प्यार को महसूस करती हूँ। मैं नहीं जानती कि मैं उसे प्यार करती हूँ या नहीं लेकिन

मैं उसे 'मिस' करती हूँ। इस संघर्ष का स्पष्ट लेखकीय निर्णय है—आप अपनी निजी कामनाओं के आगे अपने सामाजिक उत्तरदायित्वों से मुँह नहीं मोड़ सकते। प्यार सिर्फ उद्वेग नहीं, कर्तव्यबोध जागृत करने वाली अदम्य शक्ति भी है। लेकिन तब भी पृष्ठभूमि में यही गूँजता रहता है—इश्क ऐसा नगमा है, इश्क ऐसा ज़ज़्बा है, जब भी अँधेरा बढ़ता है / जलता है दिल, जलता है दिल, जलता है दिल, रोशनी के लिए / प्यार के अफसाने, प्यार तू क्या जाने, इश्क तो करते हैं दीवाने / है जरूरी है जरूरी, है जरूरी है जरूरी, जिन्दगी के लिए / इश्क होता नहीं सभी के लिए / ये बना है ये बना है किसी किसी के लिए!...

'जॉगर्स पार्क' देखते हुए हमें 'तीसरी कसम' याद आती है। प्रेम का सघन अनुभूतिपरक विकास ठीक उसी तरह जेनी और जेसी के बीच होता है जैसा हीराबाई और हीरामन के बीच। कोई अन्तर नहीं, कहाँ है अन्तर—मैं भी हीरा, तुम भी हीरा। नाम एक हों तो मीता कहते हैं। 'जॉगर्स पार्क' में जेनी सूरतवाला, मिस सूरतवाला की तरह नहीं जेनी की तरह पहचाना जाना पसन्द करती है और वह जज साहब, चटर्जी साहब या चटर्जी की जगह जेसी कहना पसन्द करती है। जेनी और जेसी, कहाँ है फर्क? उसी तरह छोटी-छोटी बातें एक-दूसरे के बीच—लम्हों में उस गहन अंतरंगता को जीवन्त करती है जिनके लिए समूची जिन्दगी भी नाकाफी हो सकती है। पानी की बॉटल, जूते जैसी साधारण चीजें असाधारण प्रतीक बनती हैं। खासतौर से जूते। यदि जॉगर्स पार्क आना है तो आपको सिर्फ जॉगर्स पार्क नहीं आना है, उस संस्कृति से भी जुड़ना है जिसका नाम जॉगर्स पार्क है। जस्टिस चटर्जी खुद भी महसूस करते हैं कि उनके पीटी शूज़ के कारण उन्हें जॉगिंग करने में कितनी परेशानी होतो है, कितनी धूल उड़ाते हैं वे। जेनी के द्वारा दिए गए जॉगिंग शूज़ ही अनुरागसूत्र के विकास का आधार बनते हैं। जस्टिस चटर्जी की पत्नी उनसे कहती हैं—चलो किसी चीज में तो दिल लगा, जूते ही सही।

'जॉगर्स पार्क' मूलरूप से दो पात्रों की ही कहानी है। एक हाईकोर्ट का ऑनरेबिल जस्टिस जो अपने कानूनी ज्ञान और जजमेन्ट्स के लिए विख्यात है, जो पैंसठ साल की उम्र तक समाज से बिलकुल अलग-थलग रहा है, जिसके इर्द-गिर्द मान और मर्यादा का निश्चित संसार बना रहा है, जिससे बाहर उसने कभी झाँका नहीं—या अवसर ही नहीं मिला। रिटायर्ड जस्टिस जे.सी. चटर्जी एक सेलीब्रिटी हैं। जिनका नाम सुनकर ही उनके सम्मान में सिर झुक जाता है। सेवामुक्त होने के बाद वे अपने जीवन की एक नई शुरुआत करने के लिए अपने परिवार के मशविरे पर जॉगर्स पार्क ज्वाइन कर लेते हैं। जहाँ युवाओं की अठखेलियाँ और रिटायर्ड लोगों की बिसूरती मजबूरियाँ और उन मजबूरियों का भी

मजा ले सकने की बेवकूफियाँ एक साथ मौजूद हैं। वहीं उनकी मुलाकात जेनी नाम की लड़की से होती है। वह लड़की उनके सामने एक नई दुनिया खोलती है। आज के युवा का अत्यन्त स्पष्टवादी निर्भीक और उन्मुक्त संसार रच देती है। यही नहीं कि पैंसठ वर्षीय जस्टिस चटर्जी ही जेनी में डूब जाते हैं, पच्चीस साल की जेनी में उतनी ही शिद्दत से पैंसठ साल के जेसी की दीवानी हो जाती है। अतीत और भविष्य वर्तमान के क्षितिज पर मिलते हैं। इस उन्माद में सेक्स की संभावनाओं को भी निर्देशक कहीं नहीं नकारता किन्तु उनका स्पष्ट प्रक्षेपण भी नहीं करता। विक्टर बनर्जी के कल्पनालोक में जेनी की कुछ आकृतियाँ अपने अन्य मित्रों के साथ उभरती हैं और वे ही उस संभावना के संसार को रचती हैं। फिल्म के लगभग 60 मिनट इन दोनों के बीच अनुराग के अंकुरण, प्रस्फुटन और पल्लवन के हैं। यहाँ तक 'जॉगर्स पार्क' मूलरूप से इन्हीं दोनों की फिल्म है। यहीं पर वह अपने मूल मंतव्य को भी प्रस्तुत कर देती है कि जेनी और जेसी एक-दूसरे के साथ भावना की तरह तो रह सकते हैं लेकिन जीवन साथ नहीं गुजार सकते। इसके बीच राह में रोड़ा सिर्फ उम्र नहीं है वे सामाजिक उत्तदायित्व भी जुड़े हुए हैं जिनका निर्वाह करना जस्टिस चटर्जी के जीवन की अनिवार्यता है। यह भी बहुत मुमकिन है कि प्यार के उद्वेग में उठाया गया यह कदम बन्धन में विकर्षण का कारण बन जाए। याद कीजिए 'ताल' की ममता शंकर (मीता वशिष्ठ) को जो मानसी (ऐश्वर्या) को समझाते हुए कहती है–'अब जिन्दगी चैप्टर्स में आती है। एक खत्म, दूसरा शुरू।' यह ठीक है कि जेसी उसके लिए सब कुछ छोड़ने के लिए तैयार है, पर वह तैयार नहीं है। उसका निर्णय व्यावहारिक है। वह साफ कहती है–इट वॉन्ट वर्क..., इसलिए कि जीवन की भौतिक सच्चाइयों को नकारकर खड़े हो जाना न मुमकिन है और न ग्राह्य।

फिल्म के अंतिम दृश्य में भी हिचकिचाहट जेसी में है जेनी में नहीं। वह पहले की तरह उन्मुक्त है। इस बात से उसे कोई फर्क नहीं पड़ा है कि उसका विवाह हो गया है और उसका पति उसके साथ है। वह उसी उन्मुक्तता से जेसी से मिलती है। जेसी उसके जीवन से किसी पछतावे की तरह नहीं उपलब्धि की तरह जुड़े हैं। वह इस सम्बन्ध पर शर्मिन्दा नहीं है, गर्व महसूस करती है। इस रिश्ते की सुगंध से वह अपने दाम्पत्य जीवन को सुरभित रखना चाहती है। एक भूल की तरह उसे दफन कर उससे आक्रान्त नहीं होना चाहती। वह देवी नहीं है, राक्षसी भी नहीं है–मानवी है। वह इस रूढ़ि के पाप बोध से युवामन को मुक्त करती है कि विवाह पूर्व प्रेम गुनाह है। अनुराग के विकास का ऐसा सूक्ष्म चित्रांकन हिन्दी सिनेमा में विरल ही संभव हो सका है। हिन्दी के नए प्रयोगशील

निर्देशकों के लिए यह फिल्म एक साफ इशारा भी करती है कि बदलते जमाने के साथ बाह्य रेखाकृतियों में परिवर्तन के बावजूद मानवीय संवेदनाओं का संसार अविचलित रहता है। वे रूप बदल सकती हैं लेकिन खारिज नहीं हो सकतीं। इसलिए कि उनकी अनुपस्थिति में जीवन का पटाक्षेप ही अवश्यम्भावी है। इसलिए यह अपरिहार्य है कि फिल्मकार भावना संसार के नए रूप के ताप को महसूस कर प्रक्षेपित कर सके। भावनात्मक आवेग के अभाव में वातावरण का यथार्थ भी निर्जीव उपस्थिति ही होगा।

'जॉगर्स पार्क' नई संभावनाओं की फिल्म है लेकिन 'राहुल', 'बधाई हो बधाई', 'एक और एक ग्यारह' जैसी फिल्में सुभाष घई के निर्माण संस्था के लिए इसी प्रकार उपयोगी साबित नहीं हुईं। ये सिर्फ संख्या में बढ़ोत्तरी करती हैं। यश और धन दोनों ही दृष्टि से ये निरर्थक साबित होती हैं। हिन्दी सिनेमा में धूमकेतु की तरह उभरे रामगोपाल वर्मा ने 'कॉरपोरेट' होने के वास्तविक अर्थ को जमीनी हकीकत की तरह पहचाना और फिल्म को फैक्ट्री के एक प्रॉडक्ट के रूप में तब्दील कर दिया। आज आदित्य चोपड़ा भी यशराज फिल्म्स के बैनर के अन्तर्गत रामगोपाल वर्मा का अनुसरण कर रहे हैं। वे नए-नए निर्देशकों को अवसर दे रहे हैं। यशराज फिल्म्स के अन्तर्गत 2004 में 'धूम', 'हम तुम' और 'वीर-जारा' का निर्माण हुआ। तीनों ही फिल्में कामयाब हुईं। जहाँ आदित्य चोपड़ा और करण जौहर बाजार की दुनिया के बड़े खिलाड़ी हैं, वहीं रामगोपाल वर्मा छोटे से, लेकिन सबसे शातिर खिलाड़ी हैं। उनकी फैक्ट्री एक साल में पाँच-छः फिल्मों तक का उत्पादन करने लगी है और अमिताभ बच्चन से मोहित अहलावत तक सब उन पर मोहित हैं।

सुभाष घई भी इसी दिशा में अग्रसर हैं और निश्चित ही वे आगे संख्या से बढ़कर सार्थकता को महत्त्व देने को बाध्य होंगे। उन जैसे फिल्मकार की इससे निष्कृति नहीं है। 'जॉगर्स पार्क' एक ऐसी फिल्म है जो नए जमाने के सिनेमा को नई दिशा देते हुए अपनी समर्थ मौजूदगी दर्ज करती है। वे निरंतर अपनी निर्माण संस्था के अन्तर्गत अन्य निर्देशकों को अवसर दे रहे हैं। अपनी निर्माण संस्था के स्वरूप को भव्य से भव्यतर बनाते चले जाने के लिए यह आवश्यक है कि वे लगातार बाजार में उपस्थित रहें। एक निर्देशक की तरह अपनी उपस्थिति दर्ज कराने में भले ही वे तीन-चार वर्षों का समय लें लेकिन एक निर्माता की तरह उनका लगातार फिल्म बाजार में बने रहना आवश्यक है। 2004 में अब्बास-मस्तान निर्देशित 'एतराज' और 2005 में नागेश कुकनूर निर्देशित 'इकबाल' के जरिये वे फिल्म दर्शकों के सामने आए।

'एतराज' ने भले ही बड़ी व्यावसायिक सफलता अर्जित नहीं की और इसे एक सामान्य रूप से सफल फिल्म की तरह ही फिल्म बाजार में आँका गया, तब भी इसने नई पीढ़ी को आकर्षित किया। आज के गहन महत्त्वाकांक्षी युग में पुरुष ही औरत को सफलता की सीढ़ी के रूप में इस्तेमाल नहीं करता, अपितु स्त्री भी पुरुष का इस्तेमाल कर सकती है। 'एतराज' की विषयवस्तु के इस पेंच ने फिल्म की सफलता में सबसे बढ़कर भूमिका अदा की।

नागेश कुकनूर निर्देशित नाममात्र के बजट में बनाई गई 'इकबाल' ने समीक्षकों की अपार प्रशंसा अर्जित की। अपनी तमाम आंतरिक और बाहरी मजबूरियों से जूझते हुए एक किशोर के शीर्ष संधान की इस गाथा में कलाकारों के उत्कृष्ट अभिनय के बावजूद यह सामान्य दर्शकों को आकर्षित नहीं कर सकी। मुम्बई महानगर के अलावा सर्वत्र इसका प्रदर्शन निराशाजनक ही रहा, तब भी यह सुभाष घई के लिए यह एक उत्साहजनक फिल्म बनती है। इसलिए कि यह मात्र डेढ़-दो करोड़ के बजट में बनाई गई थी और यह मामूली लागत टिकिट खिड़की पर फिल्म के फ्लॉप घोषित हो जाने के बाद भी वापस लौट ही आती है। इसके साथ ही यह सुभाष घई को एक प्रयोगशील निर्माता के रूप में भी स्थापित करती है।

लार्जर दैन लाइफ

'कर्मा' ने सुभाष घई के लिए एक नया विशेषण गढ़ा – शोमैन। यह हिन्दी सिनेमा में सबसे पहले राजकपूर को दिया गया विशेषण है। बाद में यह भी कहा गया कि हिन्दी सिनेमा के पहले शोमैन महबूब खान थे। राजकपूर खुद कहते थे कि दुनिया का सबसे पहला शोमैन तो सिसिल बी. डिमैलो था। महबूब खान हिन्दी सिनेमा में राजकपूर की पूर्वज पीढ़ी के फिल्मकार थे। जब राजकपूर ने 1948 में पहली बार निर्देशक के रूप में 'आग' के द्वारा अपनी उपस्थिति दर्ज की तब तक महबूब अनेक कामयाब फिल्मों का निर्माण कर चुके थे जिनमें 'तकदीर', 'हुमायूँ', 'नज़मा', 'अनमोल घड़ी', 'औरत' और 'रोटी' जैसी फिल्में थीं। 'औरत'

को ही उन्होंने सत्रह साल बाद 1957 में 'मदर इंडिया' के रूप में फिर से बनाया जो सिर्फ महबूब की ही नहीं समूचे हिन्दी सिनेमा की सार्वकालिक सर्वश्रेष्ठ कृतियों में एक है। इतना ही नहीं हम विश्वास के साथ इसे दुनिया की किसी भी सर्वश्रेष्ठ फिल्म के समक्ष गौरवपूर्वक प्रस्तुत कर सकते हैं।

महबूब खान ने हिन्दी सिनेमा में एक मामूली कामगार की तरह कदम रखा और बेताज बादशाह की शख़्सियत तक पहुँचे। उन्होंने जो कुछ पढ़ा था वह जिन्दगी की पाठशाला में पढ़ा था। वर्ना दुनियावी मामला तो ये था कि मसि कागद छुओ नहीं, कलम गही नहीं हाथ। कहा जाता है कि उन्होंने बहुत बाद में आर्थिक जरूरतों के कारण चैक पर दस्तखत करना सीखा। महबूब खान अपनी फिल्मों को अपनी आँखों से गढ़ते थे। जो उनकी आँखे पढ़ती थीं वही वे कैमरे की आँख के जरिये अपनी फिल्मों में उतारते थे। उन्होंने साल-दर-साल अपने एक से बढ़कर एक सहयोगी विकसित किए थे। 1948 तक पहुँचते-पहुँचते वे अपने आप में एक संस्था बन चुके थे। 1946 में प्रदर्शित उनकी फिल्म 'अनमोल घड़ी' ने हिन्दुस्तान के कोने-कोने में डंका बजा दिया था। नूरजहाँ, सुरैया और सुरेन्द्र जैसे अदाकारों और उनके जादुई आवाजों के सम्मोहन के बीच भी 'अनमोल घड़ी' अपने सूत्रधार महबूब खान की महिमा का सृजन सबसे पहले करती है।

1940 में 'औरत' के पहले तक महबूब खान 'मनमोहन', 'डेकन क्वीन', 'जागीरदार' आदि कई फिल्मों का निर्देशन कर चुके थे और सफल भी हो चुके थे लेकिन निर्देशक के रूप में उनकी शख़्सियत 1940 में 'औरत' के जरिये ही बनी जिसे 1942 में प्रदर्शित 'रोटी' ने एक हस्ती बना दिया। 1943 में 'तकदीर' जो नर्गिस की पहली फिल्म थी, 1945 में 'हुमायूँ', 1946 में 'अनमोल घड़ी', 1947 में 'ऐलान', 1948 में 'अनोखी अदा' के बाद 1949 में महबूब खान अपने जीवन की सबसे बड़ी सफलता 'अन्दाज' में अर्जित करते हैं। इसलिए नहीं कि यह एक बहुत ही कामयाब फिल्म है। इसलिए भी नहीं कि यह हिन्दी सिनेमा की एकमात्र वह फिल्म है जो स्वर्ण युग के सबसे प्रमुख तीन सितारों, नर्गिस, दिलीप कुमार और राजकपूर को एक साथ पेश करती है। और इसलिए भी नहीं कि लगभग छः दशक गुजर जाने के बावजूद इसका संगीत अतीत की धरोहर मात्र नहीं है, वर्तमान का आनन्द है, भविष्य का सौन्दर्य है... झूम झूम के नाचो आज, गाओ खुशी के गीत..., टूटे ना दिल टूटे ना...

वरन इसलिए कि 'अन्दाज' से हिन्दी सिनेमा अपनी सृजनात्मकता के नए दौर में प्रवेश करता है। वह स्वतंत्र भारत के स्पन्दन को व्यक्त करने वाली पहली मानवीय दास्तान है। समाज में सामने आकर खड़े हो रहे बदलाव का परम्परा से

अनिवार्य टकराव भविष्य की अनुगूँज की तरह 'अन्दाज़' में सामने आता है। प्रेम त्रिकोण में संघर्ष का त्रिकोण बदल चुका है। अब बाधा दूसरों से नहीं अपने से है। अब माता-पिता प्रतिरोधक नहीं रहे। प्रत्यक्ष रूप से समाज भी हस्तक्षेप नहीं कर रहा। संघर्ष का केन्द्र हमारे अपने भीतर है। हमें खुद अपने आप से लड़ना है। 'अन्दाज़' के तीनों प्रमुख पात्रों का अन्तर्संघर्ष ही उसकी प्रत्यक्ष दीप्ति है। 'अन्दाज़' वह फिल्म है जो महबूब खान को अद्वितीय बनाती है। 'अन्दाज़' हिन्दी सिनेमा को आधुनिक युग में ले आने वाली फिल्म है। इसके पहले वे सम्पूर्णता में इस तरह कामयाब नहीं हुए। 'अन्दाज़' ने ही महबूब खान को सही मायनों में शोमैन बनाया था। उन्होंने यथार्थ के छोटे से टुकड़े को कोमल कल्पनाओं के सौ-सौ पंख लगाकर लाखों लाख दिलों की धड़कनों में शामिल कर दिया था।

1949 ने 'अन्दाज़' के साथ एक और चमत्कारिक सफलता दर्ज की थी जिसे एक चौबीस साल के लड़के ने बनाया था। 'बरसात' भी 'अन्दाज़' के मुकाबले की कामयाबी थी। 'अन्दाज़' की तरह इसका संगीत भी हिन्दुस्तान के कोने-कोने में गूँजा था। जहाँ 'अन्दाज़' के संगीतकार नौशाद अली जैसे विख्यात संगीतकार थे वहीं 'बरसात' का संगीत शंकर-जयकिशन ने तैयार किया था जो उनके जीवन की पहली फिल्म थी। राजकपूर 'बरसात' के अभिनेता-निर्माता-निर्देशक तो थे ही, 'अन्दाज़' में भी दिलीप कुमार और नर्गिस के साथ तीसरे कोण के रूप में मौजूद थे। 'बरसात' की कामयाबी इसलिए भी बहुत महत्त्वपूर्ण थी क्योंकि जहाँ 'अन्दाज़' एक सुस्थापित महान फिल्मकार की महान प्रतिभाओं के साथ बनाई गई फिल्म थी वहीं 'बरसात' एक नौसिखिये की बिल्कुल नए लोगों के साथ बनाई गई फिल्म थी।

'बरसात' में राजकपूर को सफलता मिली थी लेकिन 1951 में प्रदर्शित 'आवारा' ने उन्हें अन्तर्राष्ट्रीय स्तर पर स्थापित किया। 'आवारा' का विख्यात स्वप्नदृश्य राजकपूर की शोमैनशिप की आधारशिला है। 'संगम' ने उन्हें सचमुच शोमैन बना दिया। एक मामूली-सी प्रेमकथा के त्रिकोण को उन्होंने एक भव्य फिल्म में रूपान्तरित कर दिया था जिसमें प्रमुख रूप से कुल तीन पात्र थे। इसी फिल्म ने हिन्दी सिनेमा में विदेशों में शूटिंग करने को बढ़ावा दिया। 'संगम' में पहली बार इंग्लैण्ड, इटली, फ्रान्स, स्विटजरलैण्ड आदि देशों का सौन्दर्य बेहद खूबसूरती के साथ उभरा था। लगभग सत्तर मिनिट के दृश्य विदेशों में फिल्माए गए थे जिनमें नायक-नायिका हनीमून मनाते हैं। इन सत्तर मिनटों में कहानी एक कदम भी आगे नहीं बढ़ती लेकिन दर्शक शोमैन के सम्मोहन में डूबा रहता है। यह संगम ही है जिसमें राजकपूर के भीतर से एक नए राजकपूर का उदय देखा

जा सकता है। उन जीवन मूल्यों को पलटते हुए महसूस करता राजकपूर सामने है जिनकी नींव पर उसने अपनी रचनात्मकता की इमारत खड़ी की। संगम में वे पहली बार भव्यता का सम्मोहन रचते हैं। अब वे ऋषि कपूर की पीढ़ी की आँखों से दुनिया देख रहे हैं।

राजकपूर को शोमैन इसलिए कहा गया क्योंकि वह अपनी फिल्मों का निर्माण अत्यन्त भव्य स्तर पर करते थे। मामूली से सन्दर्भ को भी वे इतना चमकदार बना देते थे कि उसकी अहमियत खास हो जाती थी। राजकपूर को शोमैन के तमगे से खासतौर से 'संगम' के बाद नवाजा गया। कुल तीन पात्रों के सीधे-सादे प्रेम त्रिकोण पर, जिसकी कहानी दो पंक्तियों में पूरी हो जाती है, उन्होंने दो-दो मध्यान्तर वाली लगभग 225 मिनट की तब तक की भव्यतम फिल्म का निर्माण किया जिसने व्यावसायिक सफलता के तमाम कीर्तिमान ध्वस्त करते हुए नया इतिहास रचा। 'संगम' से ही विदेशों में बड़े पैमाने पर शूटिंग का रिवाज चल पड़ा। योरोप अपने भव्य सौन्दर्य के साथ पहली बार हिन्दी सिनेमा के पर्दे पर इतने विस्तार के साथ उतरा। 'संगम' एक तरह से राजकपूर का भी नया अवतार थी। आम आदमी के सुख-दुख का चितेरा 'संगम' में प्रेममूर्ति बनकर प्रस्फुटित हुआ था। यह राजकपूर की निर्देशकीय क्षमता और शोमैनशिप का ही कमाल है कि उन्होंने 'मेरा नाम जोकर' के बाद अपनी रचनात्मकता के उत्तरार्द्ध में नए और साधारण कलाकारों के बावजूद विशाल फलक और भव्य निर्माण संसाधनों वाली फिल्मों की रचना की। राजकपूर उन लोगों में-से नहीं थे जो हानि-लाभ को पैमाना बनाकर फिल्मों का निर्माण करते हैं। उन्होंने किसी फिल्म का बजट निर्माण के पूर्व कभी नहीं बनाया। ठीक उसी तरह जैसे उन्होंने किसी लिखी हुई पटकथा को अन्तिम शब्द कभी नहीं माना। उनके लिए सिनेमा की रचना एक जुनून था। अपने इस जुनून पर वे सब कुछ न्यौछावर कर सकते थे। इसी शिद्दत ने उन्हें शोमैन बनाया। यद्यपि उन्हें शोमैन कहना न ही उनकी प्रतिभा का सही मूल्यांकन है और न ही यह शब्द उनके रचनात्मक व्यक्तित्व को अभिव्यक्त करने में समर्थ है लेकिन रूढ़ हो गए विशेषण किसी को आसानी से नहीं छोड़ते।

राजकपूर की मृत्यु के बाद सिने पंडितों ने शोमैन के इस विशेषण से सुभाष घई को नवाजा। सुभाष घई ने 'कर्मा', 'सौदागर' और 'खलनायक' जैसी फिल्मों में ही नहीं 'कालीचरण', 'कर्ज़' और 'विधाता' में भी विशाल कैनवास और भव्यता के प्रति अपनी गहरी रुचि को साफ जाहिर किया है। 'रामलखन' जैसी एक निहायत सीधी-सादी प्रतिशोध गाथा को भी वे अपने इसी तेवर के कारण विशाल फलक पर फैलाने में कामयाब हो जाते हैं। सुभाष घई 1975 के बाद के हिन्दी

फिल्म निर्देशकों में महत्त्वपूर्ण स्थान रखते हैं। बीसवीं शताब्दी की आखिरी चौथाई में जहाँ मनमोहन देसाई और प्रकाश मेहरा जैसे निर्देशकों ने अमिताभ बच्चन के साथ अनेक मनोरंजक प्रतिशोध गाथाओं का निर्माण किया, जिन्होंने सफलता के इतिहास रचे, वहीं यश चोपड़ा और ऋषिकेश मुकर्जी ने सामाजिक पृष्ठभूमि पर श्रेष्ठ फिल्मों की रचना की। यश चोपड़ा और ऋषिकेश मुकर्जी ने भी अमिताभ बच्चन के साथ कई फिल्मों का निर्माण किया। सुभाष घई का निर्देशक के रूप में आगमन ही अमिताभ की सुपरस्टार के रूप में ताजपोशी के बाद हुआ। 1975 में 'दीवार' के साथ ही अमिताभ सर्वोपरि हो चुके थे और सुभाष घई ने 1976 में 'कालीचरण' के द्वारा पहली बार निर्देशक के रूप में अपनी उपस्थिति दर्ज की थी। अमिताभ सुभाष घई को फिल्मों में कहीं नहीं हैं लेकिन जिस दौर में एक से लेकर दस तक सब कुछ अमिताभ ही अमिताभ थे, सुभाष घई ने अनेक सफल और भव्य फिल्मों का निर्माण किया। उन्होंने शत्रुघ्न सिन्हा को खलनायक से नायक के रूप में प्रतिष्ठित किया, दिलीप कुमार, राजकुमार, संजीव कुमार से लेकर शाहरुख खान और ऋतिक रोशन जैसे सितारों के साथ फिल्में बनाईं और जैकी श्रॉफ, विवेक मुश्रान, मनीषा कोइराला, मीनाक्षी शेषाद्रि, माधुरी दीक्षित आदि कई नई प्रतिभाएँ अपनी फिल्मों के द्वारा फिल्मोद्योग को दीं। इसलिए सुभाष घई वाजिब रूप से शोमैन विशेषण के हकदार हैं।

'कर्ज़' के साथ सुभाष घई लगातार मूल्यवान होते चले गए। 'कर्ज़' (1980) से खलनायक (1993) तक घई के निर्देशन में लगातार एक के बाद एक अतिसफल सात फिल्में आईं। वे रोजगार की दुनिया में 'लीजेन्ड्री ट्रैक रिकार्ड' के मालिक बन गए। उनकी फिल्मों की निर्माण गुणवत्ता और तकनीकी श्रेष्ठता विश्वस्तरीय मानी गई। वे अपनी फिल्मों को भव्य से भव्यतर बनाते चले गए। वे लगातार दर्शकों की अपेक्षाओं पर खरा उतरने के लिए मनोरंजन के नए आयाम तलाश करते रहे और हिन्दी सिनेमा के ढाँचे में स्वीकृत कथाओं को अपने प्रदर्शन प्रिय अन्दाज में प्रस्तुत कर मैदान लूटते रहे।

'खलनायक' घई की कई दृष्टियों से महत्त्वपूर्ण फिल्म है। फिल्म के नायक संजय दत्त इसी फिल्म के निर्माण के दौरान खतरनाक अवैध हथियार रखने के जुर्म में गिरफ्तार किये गए तथा उन्हें जेल और अदालतों की यंत्रणाओं से गुजरना पड़ा। गरज ये कि 'रील लाइफ', 'रियल लाइफ' में उतरती हुई देखी गई। 'चोली के पीछे क्या है' गीत ने देशव्यापी बवंडर खड़ा किया। भयानक आलोचना प्रत्यालोचना हुई। इस गीत ने उतनी ही सफलता भी प्राप्त की। 1993 का तो यह सर्वाधिक लोकप्रिय गीत था ही, आज भी अपने माधुर्य के जादू के साथ संगीत प्रेमियों के

दिलों में मौजूद है। 'खलनायक' के प्रदर्शन के समय इस बात की तमाम अटकलें लगाई गईं थीं कि यह फिल्म सफल नहीं हो सकेगी। इस फिल्म के प्रदर्शन के समय भी अनेक व्यवधान खड़े हुए। तब भी हर उल्टा फेंका गया पाँसा सुभाष घई के हक में सीधा पड़ा। सिनेमा की दुनिया में विवादों की शतरंज कभी-कभी फिल्मकार खुद भी बिछाया करते हैं। यह भी दर्शकों को आकर्षित करने का एक टोटका माना जाता है। उन्होंने एक बार फिर अपनी भावनात्मक अनुरंजकता से दर्शकों को जीत लिया, भले ही वे समीक्षकों की दृष्टि में कथानक के सफल निर्वाह और मुख्य पात्र के चरित्रांकन में सफल नहीं हो सके।

बीसवीं शताब्दी का आखिरी दशक भारतीय समाज की चिंतनधारा में 'अबाउट टर्न' हो जाने का समय है। रूखी सूखी खाकर ठंडा पानी पीकर सन्तुष्ट होने में यकीन करने वाली मानसिकता हवा हुई। चूपड़ी का लालच सर्वोपरि हो गया। सादा जीवन और उच्च विचार की जगह, उच्चतम जीवन को किसी भी कीमत पर लपक लेने का लालच एकमात्र साध्य बन गया। बेचारे विचार के लिए तो कहीं भी स्थान ही नहीं रहा। उच्च तो दूर, किसी भी किस्म का विचार बाजार के दर्शन ने आस-पास फटकने से भी प्रतिबंधित कर दिया। यह अकेले सुभाष घई की मुश्किल नहीं थी, तमाम फिल्मकार इस मुश्किल से रू-ब-रू हो रहे थे। यश चोपडा जैसे रोमान्स के मसीहा और कोमल भावनाओं के बादशाह 'डर' की विनाशलीला रच रहे थे और 'खुदा गवाह' तक आकर अमिताभ बच्चन जैसे 'वन मैन इण्डस्ट्री' की साँसें उखड़ने लगी थीं। यह वह समय था जब रचनात्मकता पीछे धकेली जा रही थी और आर्थिक सफलता सबसे बढ़कर महत्त्वपूर्ण हो चुकी थी। 'खुदा गवाह' को भी जिस भव्य कैनवास पर बनाया गया था और जिस प्रलयंकारी ढ़ंग से प्रचारित किया गया था, उसने अमिताभ बच्चन की प्रतिष्ठा को बढ़ाने की जगह कुछ कम ही किया था और अमिताभ भी अपना आगामी कदम उठाने के पहले सोच विचार करने के लिए बाध्य हुए। इसके बाद उन्होंने चार-पाँच वर्षों का स्वैच्छिक अवकाश ग्रहण कर लिया। ऋषिकेष मुकर्जी बदले हुए परिदृश्य में स्वयं को असहज महसूस करते हुए लगभग अलग-थलग हो चुके थे। मनमोहन देसाई विदा हो चुके थे। प्रकाश मेहरा अपनी प्रासंगिकता खोकर हाशिये में पहुँच गए थे। सुभाष घई की

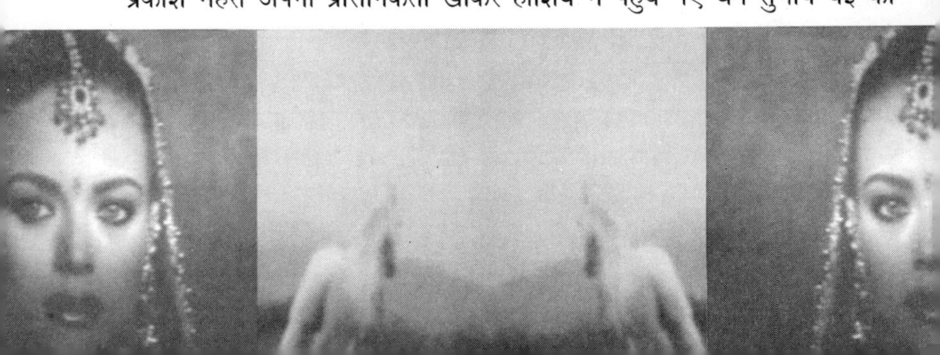

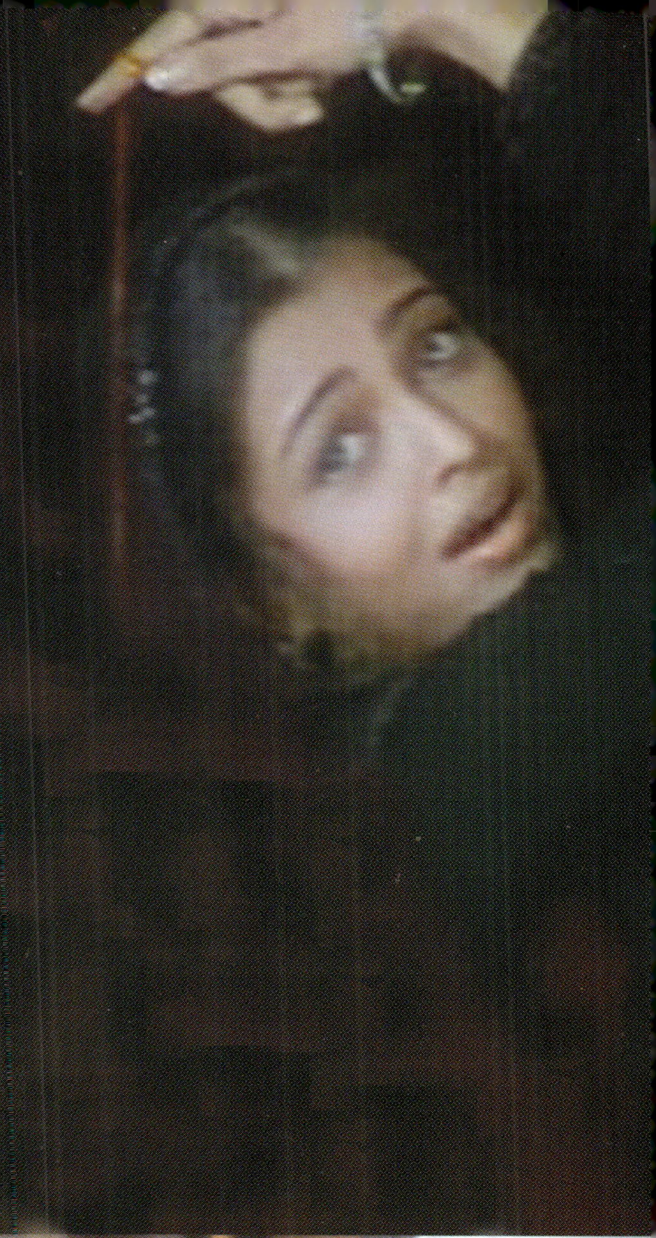

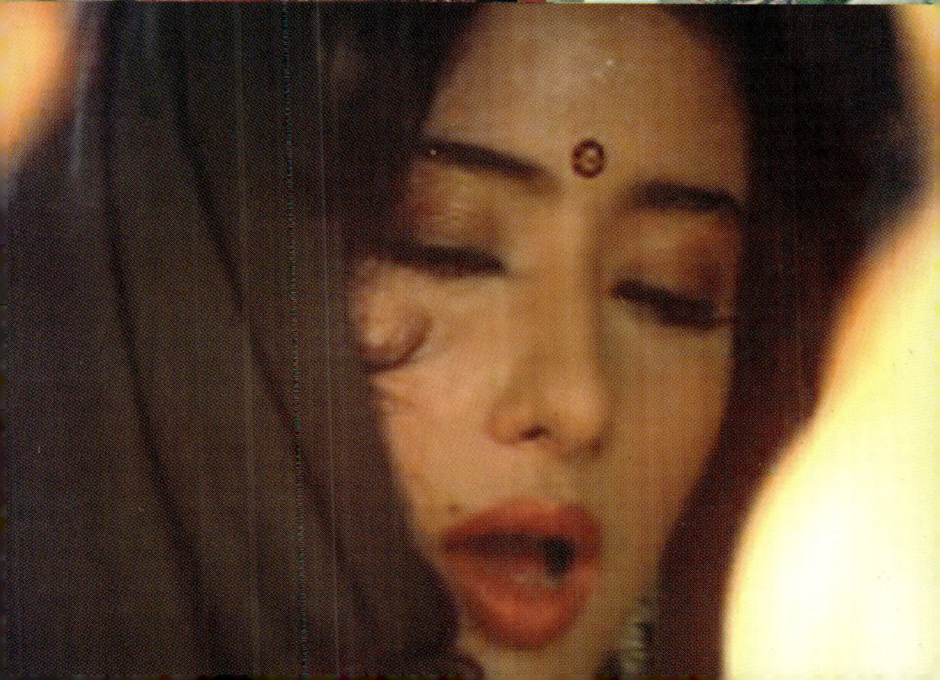

अग्रज पीढ़ी के फिल्मकारों में एक यश चोपड़ा ही अपनी रचनात्मक अभिव्यक्ति में दृढ़ता के साथ अग्रसर थे, तब भी मूल्यों के बदलाव के झटके वे भी शिद्दत से महसूस कर रहे थे।

1994 में सूरज बड़जात्या 'हम आपके हैं कौन' के साथ हिन्दी सिनेमा को एक नए युग में ले जाते हैं। यह हिन्दी की पहली फिल्म है जिसने 100 करोड़ से अधिक का व्यवसाय किया। इसके पहले ऐसी कल्पना तक कर पाना मुश्किल था। सूरज बड़जात्या ने ग़रीबों के सिनेमा को अमीरों का सिनेमा बनाने की शुरुआत की। उन्होंने बम्बई के लिबर्टी और कुछ अन्य जगहों के चन्द सिनेमाघरों को अत्यन्त सुविधाजनक बनाकर और आधुनिक तकनीक से जोड़कर भव्य बनाया और उनमें अपनी फिल्म को प्रदर्शित किया। वे सिनेमा टिकटों के दाम 100 रुपए तक खींचकर ले गए। मल्टीप्लैक्स सिनेमा की शुरुआत की दिशा में सूरज बड़जात्या की 'हम आपके हैं कौन' नींव का पत्थर है। यह उनकी अपनी ही निर्माण संस्था 'राजश्री प्रोडक्शन्स' की 1982 में गोविन्द मूनिस द्वारा निर्देशित 'नदिया के पार' का पुनर्निर्माण था। 'नदिया के पार' की ग्रामीण सादगी यहाँ महानगरीय भव्य चकाचौंध मे परिवर्तित हो जाती है। पर जीवन मूल्य नहीं बदलते और नहीं बदलता, मधुर संगीत का महत्त्व। 'नदिया के पार' के 'जब तक पूरे न हों फेरे सात', 'अँगना में आई बहार भौजी','कौन दिशा में लेके चला रे बटोहिया' की सादगी 'हम आपके हैं कौन' में 'दीदी तेरा देवर दीवाना','पैसे दे दो जूते ले लो','धिकताना धिकताना' वग़ैरह की चपलता में बदल जाती है। 'नदिया के पार' जहाँ सीधी-सादी मिट्टी की सौंधी महक लिए ग्रामीण पृष्ठभूमि की श्वेत-श्याम फिल्म है, वहीं 'हम आपके हैं कौन' उसका महानगरीय रूपांतरण है। यह एक तरह से हिन्दी सिनेमा में ग्रामीण परिवेश के पूरी तरह नेपथ्य में चले जाने की शुरुआत भी बनी।

इसके एक ही वर्ष बाद 1995 में यश चोपड़ा के सुपुत्र आदित्य चोपड़ा ने मात्र चौबीस साल की उम्र में 'दिलवाले दुलहनियाँ ले जाएँगे' की रोमांचक सफलता के द्वारा एक नया इतिहास रचा। यह ठीक उसी तरह का चमत्कार था जिस तरह 1949 में राजकपूर ने 'बरसात' बनाकर किया था। सूरज बड़जात्या ने

जो दिशा दिखाई थी उसको अपने समय की जरूरतों के मुताबिक समृद्ध कर और नए जमाने के मूल्यों के साथ जोड़कर आदित्य चोपडा ने देश से बढ़कर विदेशों में बसे भारतीयों को सम्मोहित कर लिया। वे किताबी ईमानदारी और आन्तरिक श्रद्धा की जगह व्यावहारिकता को आधार बनाते हैं। वे साध्य की साधना का महत्त्व प्रतिपादित करते हैं, साधनों की अनिवार्य पवित्रता उनके पास बेमतलब है। ठीक उसी तरह जैसे आज उपभोक्ता बाजार में यह सूत्र–'फैशन के इस युग में गारंटी की उम्मीद न करें'। 'दिलवाले दुलहनियाँ ले जाएँगे' ने हिन्दी सिनेमा के ओवरसीज मार्केट को फिल्मकारों के लिए प्रबलतम आकर्षण बना दिया। पूरे जीवन में यश चोपड़ा जितनी बड़ी आर्थिक सफलता हासिल नहीं कर सके थे, उनके बेटे ने अपनी पहली ही फिल्म में हासिल कर ली। यश चोपड़ा ने कहा कि मेरे बैंक खाते में इतना पैसा कभी नहीं रहा।

'दिलवाले दुलहनियाँ ले जाएँगे' में सहायक रहे उनके समवयस्क मित्र और निर्माता वितरक यश जौहर के सुपुत्र करण जौहर ने 1997 में 'कुछ कुछ होता है' के द्वारा अपने मित्र गुरु द्वारा अर्जित बेमिसाल कामयाबी को एक बार फिर दोहराया। इन सभी फिल्मों ने 100 करोड़ से ऊपर का व्यवसाय किया। 'दिलवाले दुलहनियाँ ले जाएँगे' ने मुम्बई के मराठा मंदिर सिनेमाघर में लगातार पाँच सौ सप्ताह चलकर पुराने सारे प्रतिमान ध्वस्त कर दिये। हिन्दी सिनेमा में एक नई पीढ़ी का उदय हो चुका था जिसने अपनी अग्रज पीढ़ी के सामने नई चुनौतियों के सामने टकराने की जरूरत खड़ी कर दी थी।

1993 में 'खलनायक' के बाद बदलते जमाने की नब्ज पहचानकर अपने व्यक्तित्व और निर्माण संस्था में बड़ा परिवर्तन करते हैं। वे निर्देशक के रूप में तकनीकी महारत रखने वाले और 'हम','अग्निपथ' और 'खुदा गवाह' जैसी अमिताभ बच्चन की फिल्मों के निर्देशक मुकुल आनन्द को अपनी आगामी भव्यतम फिल्म 'त्रिमूर्ति' के लिए अनुबंधित करते हैं। 'खलनायक' के बाद शाहरुख खान और जैकी श्रॉफ के साथ सुभाष घई के निर्देशन में बनने वाली 'शिखर' का भी जोर-शोर से मुहूर्त हुआ था, लेकिन यह योजना मुँडेर नहीं चढ़ सकी। शाहरुख की प्राथमिकता सुभाष घई नहीं बन सके। आदित्य चोपड़ा और

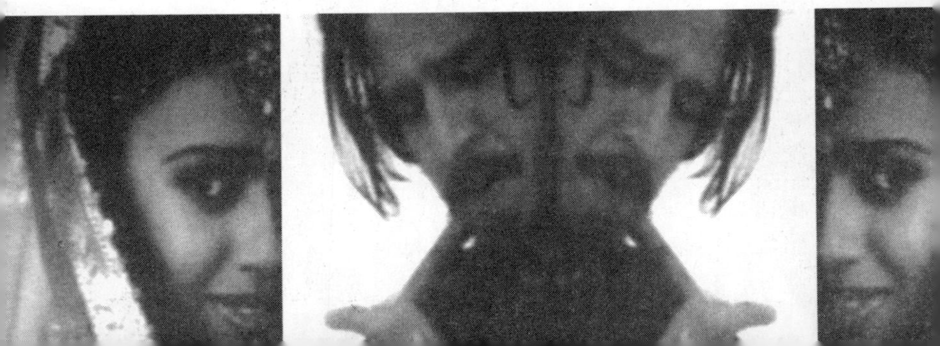

करण जौहर उसके लिए आज भी पहली पायदान पर हैं। 'त्रिमूर्ति' और 'परदेस' के बाद तो शाहरुख का जैसे सुभाष घई से मोहभंग ही हो गया। घई अपने समय के सर्वाधिक लोकप्रिय सितारों के साथ काम करते हुए एक लम्बा रास्ता तय करने के बाद नई पीढ़ी के सितारों के साथ पहले की तरह दूध-पानी नहीं हो सके। शाहरुख ही नहीं, ऋतिक रोशन और विवेक ओबेराय के साथ भी वे सफलता का नया इतिहास नहीं लिख सके। आज सुभाष घई की 'मुक्ता आर्ट्स इंटरनेशनल' के कार्यक्षेत्र में बहुत विस्तार हुआ है। सुभाष घई शीघ्र ही भव्य एक्टिंग स्कूल भी शुरू करने जा रहे हैं। फिल्म निर्माण सम्बन्धित विभिन्न तकनीकी संस्थान उन्होंने खड़े किये हैं। सुभाष घई ने फिल्मों से जो भी पैसा कमाया उसे अन्य सुरक्षित धंधों में लगाने की जगह उन्होंने फिल्म व्यवसाय में ही लगाया। 'त्रिमूर्ति' की भयावह असफलता के बाद भी उन्होंने पीछे मुड़कर नहीं देखा और 'परदेस' तथा 'ताल' के जरिये एक बड़ी हद तक अपने चमत्कार का जादू जगाया। तब भी ये सफलताएँ किसी भी कोण से इतनी महत्त्वपूर्ण नहीं थीं कि सुभाष घई सर्वोपरि हो सकते। इसी समय सुभाष घई ने 'मुक्ता आर्ट्स' के अन्तर्गत प्रकाश झा, अनन्त बालानी, डेविड धवन, सतीश कौशिक, अब्बास-मस्तान को फिल्में निर्देशित करने के अवसर दिये। इस प्रक्रिया में फिल्मों की संख्या अवश्य बढ़ी लेकिन एक 'जॉगर्स पार्क' को छोड़कर कोई अन्य फिल्म किसी तरह से कोई बड़ी उपलब्धि प्रमाणित नहीं हुई।

इक्कीसवीं शताब्दी में एक फिल्मकार के रूप में घई की शुरुआत निराशाजनक हुई। वे 'यादें' के साथ मैदान में उतरे थे। 'यादें' में उनके प्रिय सितारे जैकी श्रॉफ केन्द्रीय भूमिका में थे। उन्होंने एक ऐसे संवेदनशील पिता की भूमिका निभाई थी जो अपनी पत्नी की मृत्यु के पश्चात इस तरह लालन पालन करता है कि उन्हें माँ की कमी महसूस नहीं होने देता। वह उनसे मित्रवत व्यवहार रखता है। उनकी भूलों का भी सम्मान करता है और जहाँ-जहाँ वे डगमगाती हैं उन्हें सहारा देता है। ऋतिक रोशन और करीना कपूर के बीच अटूट प्यार की भावना को समझते हुए भी दोस्ती के फर्ज को निभाते हुए उन्हें दूर करने की कोशिश करता है जो आखिरी में गलतफहमियाँ दूर होने पर मिल जाते हैं। यहाँ भी घई नई पीढ़ी के उल्लास

और उनकी मान्यताओं को बाहरी स्तर पर ही पकड़ते हैं। नैतिकता की अन्तर्धारा प्रवाहित होती रहती है। प्रवासी भारतीयों को आकर्षित करने के लिए 'परदेस' और 'ताल' की श्रृंखला में 'यादें' तीसरी फिल्म है। 'परदेस' और 'ताल' को भले ही करण जौहर और आदित्य चोपड़ा की फिल्मों जैसी सफलता नहीं मिली लेकिन उन्होंने भी अपनी जगह बनाई। लेकिन यादें कहीं कोई प्रभाव पैदा नहीं कर सकी। यादें में भावनात्मक आरोह-अवरोह और व्यक्तित्वों के टकराव अपने आवेग से दर्शकों के भीतर हलचल पैदा नहीं कर पाते। सुभाष घई की फिल्मों का प्रबल आकर्षण संगीत भी कोई प्रभाव पैदा नहीं कर सका। 'यादें' का कोई भी गीत दर्शकों की गुनगुनाहटों में शामिल नहीं हो सका। आनन्द बख्शी के भावनाप्रधान गीतों को अनु मलिक वैसी ही दिलों में उतर जाने वाली धुनों में बाँधने में सफल नहीं हुए।

ऋतिक रोशन अपनी पहली ही फिल्म 'कहो न प्यार है' की अपार सफलता के द्वारा सुपरस्टार घोषित हो गए थे। 2001 में वे नौजवानों के दिलों की धड़कनों में ऐसी गहराई से उतरे हुए थे जिससे शाहरुख खान का सिंहासन भी डोलता हुआ नजर आने लगा था। सिर्फ ऋतिक रोशन को ही नहीं, दर्शकों को भी सुभाष-ऋतिक कॉम्बिनेशन से जबरदस्त हिट की उम्मीद थी। अनन्त संभावनाओं और आकांक्षाओं का उत्ताप पैदा कर देना दर्शकों की अपेक्षाओं को पूरी करने की क्षमता के पैमाने पर पूरा नहीं उतरता। 'यादें' ने ऋतिक प्रेमियों को निराश किया। 'कहो न प्यार है' में अमीषा पटेल के पहले करीना कपूर को नायिका की तरह प्रस्तुत किया जाना था। लेकिन तब यह मुमकिन नहीं हो सका था। इसे सुभाष घई ने 'यादें' में मुमकिन बनाया। ऋतिक की ही भाँति करीना का जबरदस्त आकर्षण दर्शकों की दिलचस्पी बढ़ाने में सहायक हुआ। 'यादें' से जितनी बड़ी उम्मीदें दर्शकों को थीं, उससे कम उससे जुड़े सितारों और खुद सुभाष घई को भी नहीं थी। लेकिन इसने सबको निराश किया। यह एक व्यावसायिक ही नहीं रचनात्मक असफलता भी साबित हुई। घई ऋतिक रोशन की स्थापित सितारा छवि को और अधिक चमकाने से भी बचते हैं तथा उसमें कुछ नया जोड़ भी नहीं पाते। हर रचनात्मक व्यक्ति की जिन्दगी में ऐसा मुकाम आता ही है जहाँ वह अपनी ही निर्मित रूढ़ियों का शिकार खुद होने लगता है। वह यह महसूस नहीं कर पाता है कि सफलता प्राप्ति उसके उपर एक दबाव की तरह हावी हो गई है।

'यादें' की असफलता घई को विचलित करती है लेकिन तब भी, वह उत्ताल उमंग ही क्या जिसका हौसला टूट जाए। इस विफलता से जूझने के लिए वे अपने साम्राज्य का चौतरफा विस्तार करते हैं। लेकिन निर्देशक के रूप में 'यादें' के चार

साल बाद 2005 में 'किसना' के साथ ही सामने आते हैं। इस बीच उनकी निर्माण संस्था की कई फिल्में प्रदर्शित होती हैं तथा 'एक के बाद एक' और 'एतराज़' को औसत सफलता भी मिलती है। 'किसना' का प्रदर्शन एकाधिक बार आगे बढ़ाया गया। पहले इसे दीपावली 2004 पर रिलीज करने की घोषणा की गई, पर बाद में इसकी जगह 'एतराज़' रिलीज की गई। शायद ऐसा यश चोपड़ा और शाहरुख खान की 'वीर-ज़ारा' से टकराने से हो सकने वाले आर्थिक नुकसान के मद्देनजर किया गया। पर तब भी जब इसे जनवरी 2005 में रिलीज किया गया तो सुभाष घई को वितरकों से मुँहमाँगी कीमत नहीं मिली। जो कीमत वितरक देना चाहते थे, वह सुभाष घई को भी कुबूल कैसे हो सकती थी। अन्ततः उन्होंने भी वितरकों की माँगों के आगे घुटने टेकने की जगह खुद अपने बूते फिल्म रिलीज की।

'किसना' घई के लिए 'यादें' से भी बड़ा हादसा साबित हुई। अर्श पर उड़ने वाले विवेक ओबेराय फर्श पर औंधे मुँह गिरे। वे 'किसना' के जरिए सुपरस्टारी का सपना देख रहे थे। इसके पूर्व अगस्त 2004 में उनकी तथाकथित बहुप्रचारित प्रेमिका ऐश्वर्या राय (जिसके लिए उन्होंने सलमान खान से खुल्लमखुल्ला पंगा लिया था) के साथ बोनी कपूर की अमिताभ बच्चन के सितारा नेतृत्व वाली 'क्यूँ हो गया न' की असफलता ने उन्हें त्रिशंकु की तरह अधर में लटका दिया। 'किसना' ने बची-खुची कसर पूरी कर दी। सुभाष घई की ही भाँति विवेक ओबेराय के लिए भी 'किसना' एक दुःस्वप्न बन गई।

'किसना' सुभाष घई के लिए बहुत महत्त्वपूर्ण थी। इक्कीसवीं सदी के पाँच वर्षों में मुक्ता आर्ट्स के अन्तर्गत सात फिल्मों का निर्माण किया गया। इनमें से पाँच अन्य निर्देशकों ने तथा दो सुभाष घई ने निर्देशित कीं। सुभाष घई निर्देशित दोनों फिल्में उनके ट्रैक रिकार्ड के विपरीत टिकिट खिड़की पर धराशाई हो गईं। ऐसा पहले कभी नहीं हुआ था। इसके पूर्व सुभाष घई निर्देशित चौदह फिल्मों में से मात्र एक 'क्रोधी' को ही असफलता का मुँह देखना पड़ा था। इसकी असफलता सुभाष घई से बढ़कर निर्माण प्रक्रिया में होने वाले विलम्ब और इसके निर्माताओं की अक्षमता की असफलता अधिक थी। इसके पूर्व सुभाष घई निर्मित-निर्देशित तो कोई फिल्म कभी असफल हुई ही नहीं थी। सुभाष घई निर्देशित 'यादें' और 'किसना' की असफलता ने उनके सामने एक बड़ी चुनौती खड़ी कर दी है, जिससे जूझना उनके लिए बहुत आसान नहीं होगा। सिनेमा में अनेक ऐसी असफलताएँ हैं जिनका गुणगान किया जाता है, जिन असफलताओं ने इतिहास रचा है, जिन असफलताओं को सफलताओं से बढ़कर सम्मान प्राप्त है, पर 'यादें' और 'किसना' ऐसी असफलताएँ नहीं हैं। ये सफलता की कामना में सर्जक के व्यक्तित्व के

भ्रमित होने की असफलताएँ हैं। अपने समय की सजग पहचान न कर पाने की असफलताएँ हैं। वर्तमान समय की युवा पीढ़ी की मानसिकता के साथ सामंजस्य स्थापित न कर पाने की असफलताएँ हैं। सुभाष घई को सदैव यह गुमान रहा है कि वे युवामन की स्पष्ट पहचान रखते हैं और परिस्थितियों के बदलाव के साथ ही बदलते युवा संसार को अपनी फिल्मों में इस तरह उकेरते हैं कि वह अपनी उमंगों और भावनाओं को उनकी फिल्मों में साकार होता हुआ पाता है। पर इंटरनेट और नए तकनीकी संसाधनों का प्रयोगमात्र नई पीढ़ी की कामनाओं से नहीं जोड़ सकता। बाजार के साम्राज्य में युवा शक्ति का इस्तेमाल अप्रतिहत भोग की ज्वाला प्रज्ज्वलित रखने के लिए ही किया जाना उपजीव्य है।

आज सिनेमाघरों में किसी फिल्म की सफलता तीस वर्ष तक के युवाओं की पसन्दगी की मुहताज है। यूँ तो हमेशा से नौजवान पीढ़ी ही सिनेमा की सबसे बड़ी दर्शक संख्या निर्धारित करती है किंतु वर्तमान समय में सिनेमाघरों की दुर्व्यवस्था और टेलीविजन तथा वीडियो के भयंकर विस्तार ने सिनेमाघरों से बुजुर्ग और पारिवारिक दर्शकों को लगभग दूर ही कर दिया है। यही कारण है कि आज सिनेमा में दो ही तत्त्व प्रमुख रह गए हैं—हिंसा और सेक्स। इस आपाधापी में कोई बमुश्किल ही अपनी रचनात्मकता में वह प्रभाव पैदा कर पाता है जो सबको सम्मोहित कर सके। अपनी विलक्षण उपलब्धियों और फिल्मकला के अनुपम ज्ञान के बावजूद घई अपनी फिल्मों की प्रभावशीलता को इक्कीसवीं सदी में बरकरार रख पाने में सफल नहीं हो सके।

निश्चित ही 'किसना' के बाद भी सुभाष घई रुकने वाले नहीं हैं। वे यह भी जानते हैं कि दर्शक लम्बे समय तक अच्छी फिल्मों को ही याद रखते हैं। तात्कालिक चोंचलेबाजियाँ बहुत जल्दी भुला दी जाती हैं। इसीलिए बीस साल पुरानी 'कर्मा' दर्शकों को 'किसना' के मुकाबले आज भी अधिक अज़ीज़ है। 'किसना' में घई अपनी दोनों नायिकाओं, ब्रितानी मॉडल एंटोनियो बर्नाथ और नई नायिका कत्थक नृत्यांगना ईशा सरवानी के बीच संघर्ष के तनाव का आनन्द पैदा नहीं कर पाते। दर्शकों की दृष्टि में यह भी घई की ही असफलता है। शायद सुभाष घई 'किसना' में इस सत्य को पहचानने से चूक गए कि इस फिल्म में यदि कोई सबसे बड़ा सितारा है तो वह सुभाष घई खुद हैं। फिल्म की असफलता का ठीकरा उनके अतिरिक्त और किसी के सर नहीं फोड़ा जा सकता। अब वे दिन नहीं रहे जब कोई सितारा अपनी किसी फिल्म की असफलता को भी सहजता से ले सकता था। आज एक ही फिल्म किसी को आसमान पर बिठा देती है तो पलक झपकते दूसरी फिल्म की असफलता उसे जमीन पर ला पटकती है। करोड़ों का मोल कौड़ी

हो जाता है। इसलिए कि अब यहाँ पल भर की तात्कालिक जरूरत की अहमियत ही सबकुछ है। हर शुक्रवार नए शिखर गढ़ता है और न जाने कितने पुरानों को ज़मींदोज़ कर देता है। इस माहौल में सुभाष घई का विचलित हो जाना भी कोई बड़ी बात नहीं है। पर यह विचलन भी तात्कालिक ही मानना चाहिए। इसलिए कि जिस सिद्ध सिनेमाप्रेमी सुभाष घई की यह स्पष्ट मान्यता है कि 'सिनेमा से जो कुछ भी ज्ञान, अनुभव और धन मैंने कमाया है उसको नौजवान पीढ़ी को वापस सौंपने के लिए मैं प्रतिश्रुत हूँ।' ('आइ नीड टु गिव बैक व्हाटएवर आइ गॉट फ्रॉम सिनेमा टु द यंगर जनरेशन, वैदर इट इज नॉलेज, एक्सपीरिएंस ऑर वेल्थ.') इंटरनेट पर मुक्ता आर्ट्स की वेबसाइट में इस कथन को पढ़ा जा सकता है। बेशक इस सद्भावना पर शक करने की कोई गुंजाइश नहीं है।

इकबाल बुलंद है

सुभाष घई आज एक विराट फिल्म निर्माण संस्थान के मालिक हैं। मुक्ता आर्ट्स अब मुक्ता सर्चलाइट का दिव्य-भव्य रूप धारण कर चुकी है। फिल्म निर्माण से सम्बन्धित अनेक उपक्रम उन्होंने पिछले एक दशक में खड़े किये हैं। फिल्मकला के बहुआयामी प्रशिक्षण की संस्था 'व्हिशलिंग वुड्स' का शुभारम्भ शीघ्र ही करने की उनकी महत्त्वाकांक्षी योजना है। गरज ये कि सुभाष घई एक व्यक्ति नहीं संस्था हैं। उनके चमत्कारी व्यक्तित्व की माया ने उनके इर्द-गिर्द सैकड़ों करोड़ का व्यावसायिक साम्राज्य खड़ा कर दिया है। अब वे नई-नई प्रतिभाओं को आगे लाने और सजाने-सँवारने का काम करना चाहते हैं। यद्यपि इस दिशा में वे पिछले

एक दशक से सक्रिय हैं पर इसका वास्तविक स्वरूप 2005 में 24 अक्टूबर को उनके द्वारा पाँच फिल्मों के एक साथ निर्माण की घोषणा में देखने को मिलता है। इन पाँच में से सिर्फ एक फिल्म का ही वे स्वयं निर्देशन करने जा रहे हैं। शेष सभी फिल्में अन्य निर्देशकों द्वारा बनाई जाएँगी। इस अवसर पर सुभाष घई यह भी स्पष्ट करने से नहीं चूकते कि इनकी रचनात्मकता में उनका व्यक्तिगत हस्तक्षेप कतई नहीं होगा। वे उन निर्देशकों की स्वतन्त्र रचनाएँ होंगी। इनमें उनका अवदान सिर्फ एक निर्माता के रूप में ही होगा। निर्माता भी व्यक्तिगत रूप से सुभाष घई नहीं अपितु मुक्ता सर्चलाइट होगी। इस तरह सुभाष घई ने अपनी निर्माण संस्था को एक तरह से अपने व्यक्तित्व की छाया से भी मुक्त करने की घोषणा की है।

इस अवसर पर घई ने स्वयं द्वारा निर्देशित की जाने वाली फिल्म के बारे में सिर्फ इतना ही कहा कि वह एक 'म्यूजिकल' होगी। इसके आगे-पीछे कुछ नहीं। जाहिर है कि अभी इसके नाक-नक्श अभी कुछ तय नहीं। घई के दिलो-दिमाग में अभी यह ख्वाब की तरह ही मौजूद है। मुहब्बत का कोई हसीन सपना जिसे वे विराट फलक पर उकेरना चाहते हैं। यह भी तय है कि इसके आनन-फानन में रूपाकार ग्रहण कर सकने की कतई सम्भावना नहीं है। आरम्भिक खबरें यह भी हैं कि इसके नायक सलमान खान होंगे। ये वही सलमान खान हैं जिन्होंने सुभाष घई के साथ कभी बदतमीजी की थी। लम्बे समय तक इस अप्रिय घटना का जिक्र नमक-मिर्च लगाकर तरह-तरह से फिल्म पत्रिकाओं में होता रहा था। बाद में सलमान के पिता प्रसिद्ध लेखक जोड़ी 'सलीम-जावेद' के सलीम खान साहब के बीच बवाव से मामला सुलटा था। सुभाष घई ने भी इस अप्रिय घटना को 'का रहीम प्रभु को घट्यो जो भृगु मारी लात' की तर्ज पर भुला दिया था। ये वही सलमान खान हैं जो बीसवीं शताब्दी के आखिरी दशक में राजश्री प्रोडक्शन्स की 'हम आपके हैं कौन' के नायक थे और, जिसे हिन्दी की पहली अरबपति फिल्म कहलाने का गौरव प्राप्त हुआ। इसके पहले राजश्री की ही 'मैंने प्यार किया' से उनका सितारा बुलन्द हुआ। एक प्रेमिल व्यक्तित्व के रूप में उन्होंने नौजवानों के दिलों में खास जगह बनाई थी, पर आगे चलकर वे अपनी गरिमा को स्थायी नहीं बनाये रख सके। ऐश्वर्या राय से उनके प्रगाढ़ प्रेम सम्बन्ध के टूटने के बाद उनकी सफलता का ग्राफ नीचे उतरना शुरू हुआ। इक्कीसवीं सदी में शाहरुख खान और आमिर खान तो उनसे आगे निकल ही गए। इतना ही नहीं बाजार की दृष्टि से उनका मूल्यांकन रितिक रोशन जैसे नए सितारों की तुलना में भी कम किया जाने लगा। उनकी फिल्में इक्कीसवीं सदी में टिकिट खिड़की पर कुछ खास

कमाल नहीं दिखा सकीं। उन्होंने अनेक निर्देशकों के साथ काम किया। अनेक नई तारिकाओं के साथ अपनी जोड़ी जमानी चाही, लेकिन किसी के साथ भी उन्हें ऐसी उल्लेखनीय सफलता हासिल नहीं हो सकी जो उन्हें अपनी पुरानी बुलन्दी तक पहुँचा सके। चालीस की उम्र पार कर जाने के बाद भी एक नायक के रूप में उनकी माँग अभी बनी हुई है लेकिन जिस ऊँचाई पर उनके समकालीन शाहरुख और आमिर खड़े हुए हैं वहाँ तक पहुँचने के लिए उन्हें जिस बड़ी सफलता की आवश्यकता है, उस तक वे नहीं पहुँच पा रहे हैं। शाहरुख और आमिर ने जिस प्रकार अपने कैरियर को गंभीरतापूर्वक लिया और एक-एक कदम विवेकपूर्ण ढंग से आगे बढ़ाया, उसके ठीक विपरीत सलमान खान ने अहंकार और बचपने के बीच डोलते हुए अपनी राह में खुद ही मुश्किलें खड़ी कीं। यश चोपड़ा और करण जौहर कैम्प जैसे प्रभुताशाली लोग ही नहीं, संजय लीला भंसाली जैसे अत्यन्त प्रतिभावान निर्देशक भी उनसे दूर होते चले गए जिन्होंने उनके कैरियर की 'हम दिल दे चुके सनम' जैसी महत्त्वपूर्ण फिल्म बनाई थी।

सुभाष घई के साथ भी आज के सबसे महत्त्वपूर्ण सितारे शाहरुख खान, आमिर खान और अमिताभ बच्चन काम करने के लिए उत्सुक नहीं हैं। शाहरुख खान का उनके साथ पहले ही मोह भंग हो चुका है। रितिक रोशन 'यादें' की चोट खाए हुए बैठे हैं। विवेक ओबेराय जो एकाएक सुपर सितारा का ख्वाब देखने के लिए मचलने लगे थे, 'किसना' के पहले ही जमीन पर पहुँच चुके थे। बची-खुची कसर 'किसना' की भयानक असफलता ने पूरी कर दी। वर्तमान में ऐसी कोई फिल्म नहीं है जिसके सहारे यह उम्मीद लगाई जा सके कि वे सातवें आसमान पर पहुँच सकते हैं। अभिषेक बच्चन, जॉन अब्राहम, शाहिद कपूर जैसे अभिनेताओं की नई पीढ़ी सुभाष घई से अधिक नई पीढ़ी के निर्देशकों के साथ काम करने की अधिक इच्छुक है। जैकी श्रॉफ और अनिल कपूर जैसे वफादार अब उस आयु सीमा को पार कर चुके हैं जो सुभाष घई की संगीतमय प्रेमकथा को पुष्पित-पल्लवित कर सकें। इसलिए सुभाष घई और सलमान खान दोनों ने ही आपसी मनमुटाव को दूर करने के लिए कदम उठाया तो यह स्वाभाविक ही है। इस समय दोनों को एक-दूसरे की आवश्यकता है। दोनों को ही एक बड़ी सफलता चाहिए। सलमान

खान और सुभाष घई दोनों ही अपने उच्च रचनात्मक अहंकार की सीमाओं को लाँघकर एक-दूसरे के लिए सहयोग करने की आवश्यकता के सामने समर्पित होकर एक संगीतमय प्रेमकथा का सृजन कर सकते हैं। फिर भी इस सफलता को अर्जित करने के लिए उन्हें अत्यधिक आत्मसंयम की आवश्यकता होगी। यह दोनों के लिए अग्नि-परीक्षा का समय है।

सुभाष घई आज विशाल फिल्म साम्राज्य के मालिक हैं। दस-बीस-पचास करोड़ का हानि-लाभ उनके लिए कोई विशेष अर्थ नहीं रखता है। पर सुभाष घई महत्त्वपूर्ण सिर्फ इसलिए हैं कि वे एक श्रेष्ठ फिल्मकार हैं। उन्होंने सितारा वर्चस्व के युग में एक निर्देशक के महत्त्व को अक्षुण्ण बनाए रखने का करिश्मा किया है। उन बीस सालों में जब एक से लेकर दस तक सिर्फ अमिताभ ही अमिताभ थे, तब उन्होंने बगैर अमिताभ के ऐसी बुलन्द सफलताएँ अर्जित कीं कि वितरक सिर्फ उनके नाम पर फिल्में खरीदते थे और मुँहमाँगी कीमत चुकाते थे। इतना ही नहीं उन्होंने 1976 से 1993 तक एक के बाद एक लगातार सफल फिल्मों की रचना की।

1993 के बाद 'परदेस' और 'ताल' ही सफल हुईं। पर ये भी उतनी बड़ी सफलताएँ नहीं थीं कि सुभाष घई के महिमामय व्यक्तित्व का भार ढ़ो पातीं। इनके साथ ही असफलताओं की एक लम्बी कतार भी जुड़ी हुई थी। ये सिर्फ व्यावसायिक असफलताएँ नहीं थीं, ये रचनात्मक असफलताएँ भी थीं। इन्हें 'मेरा नाम जोकर' या 'कागज के फूल' की दृष्टि से नहीं देखा जा सकता था। सुभाष घई सैकड़ों नहीं, हजारों-लाखों-करोड़ों के कारपोरेट साम्राज्य को खड़ा कर महत्त्वपूर्ण नहीं हो सकते। उनसे बढ़कर हजारों साम्राज्य और उनके अधिपति मौजूद हैं, और रहेंगे। वे एक फिल्मकार के रूप में ही अपनी अद्वितीयता प्रमाणित कर महत्त्वपूर्ण बन सकते हैं। वे मुक्ता सर्चलाइट्स के अन्तर्गत अनेक नए लोगों कों अवसर देकर बड़ा काम कर रहे हैं। पर यह बड़ा काम उनसे पहले बहुत मामूली सी पूँजी के बल पर राम गोपाल वर्मा अब तक उनसे कहीं अधिक सफलतापूर्वक कर चुके हैं। राम गोपाल वर्मा के इस दृष्टिकोण को सुभाष घई के पूर्व यशराज फिल्म्स के अन्तर्गत आदित्य चोपड़ा की छत्रछाया में जिस गहरी व्यावसायिक और रचनात्मक

समझदारी के साथ उत्कर्ष पर पहुँचाया गया उसे खुद राम गोपाल वर्मा के लिए छू पाना नामुमकिन सा है। दूसरों के लिए तो यह अभी आकाश कुसुम ही समझा जाना चाहिए। यशराज फिल्म्स के अन्तर्गत एक ही वर्ष में 'वीर-जारा', 'धूम', 'हम तुम', 'बंटी और बबली' और 'सलाम नमस्ते' जैसी सफल फिल्मों का निर्माण किया गया। यह अपने आप में एक अविश्वसनीय किन्तु सत्य स्थिति है। यदि इसे एक चमत्कार भी कहा जाय तो कोई अतिशयोक्ति नहीं है। जहाँ बड़े-बड़े दिग्गज आकाश-पाताल एक कर रहे हैं, वहाँ एक वर्ष में एक ही प्रोडक्शन हाउस द्वारा पाँच सफलतम फिल्मों का निर्माण चमत्कार ही कहा जाना चाहिए। और यह भी कि इनमें से एक भी फिल्म के निर्देशक स्वयं आदित्य चोपड़ा नहीं हैं। इनमें सिर्फ एक 'वीर जारा' का ही निर्देशन उनके पिता यश चोपड़ा ने किया और इसके लेखक आदित्य चोपड़ा ही थे। गहन अन्तर्मुखी व्यक्तित्व के धनी आदित्य चोपड़ा अपने पिता के ऐसे ही सुयोग्य पुत्र साबित हुए हैं, जिस प्रकार पृथ्वीराज कपूर के राजकपूर थे।

आदित्य चोपड़ा ने अब तक कुल दो ही फिल्मों का निर्देशन किया है– 'दिलवाले दुलहनियाँ ले जाएँगे' और 'मोहब्बतें'–पर उन्होंने एक दशक में यशराज फिल्म्स का ऐसा विशाल साम्राज्य खड़ा किया है जो उनके यशस्वी फिल्मकार पिता आजीवन नहीं कर सके। उनकी पहली ही फिल्म 'दिलवाले दुलहनियाँ...' ने एक ही सिनेमाघर में लगातार पाँच सौ सप्ताह चलने का कीर्तिमान बनाकर पिछले सभी कीर्तिमानों को ध्वस्त कर दिया। यह माना जा सकता है कि अभी भी उनके सामने अद्वितीय कृति की संरचना की चुनौती मौजूद है, पर यह तो उनकी अभी शुरुआत ही है। आगे उनके लिए एक लम्बा रास्ता खुला हुआ है। पिछले मात्र दो वर्षों में आदित्य चोपड़ा और उनके अनुजसम मित्र करण जौहर ने हिन्दी सिनेमा का बहुत बड़ा बाजार, आधे से अधिक रोजगार और उसका मुनाफा अपने कब्जे में कर लिया है। आज इस जोड़ी से बड़ी कोई हस्ती हिन्दी सिनेमा में नहीं है। जहाँ करण जौहर अत्यन्त मुखर हैं, वहीं आदित्य चोपड़ा अपनी किसी फिल्म के बारे में बोलना तक पसन्द नहीं करते। उनका यकीन है कि बात बोलेगी, हम नहीं। यही कारण है कि उन्होंने अपने सहयोगियों को इस तरह प्रेरित किया कि वे यशराज फिल्म्स

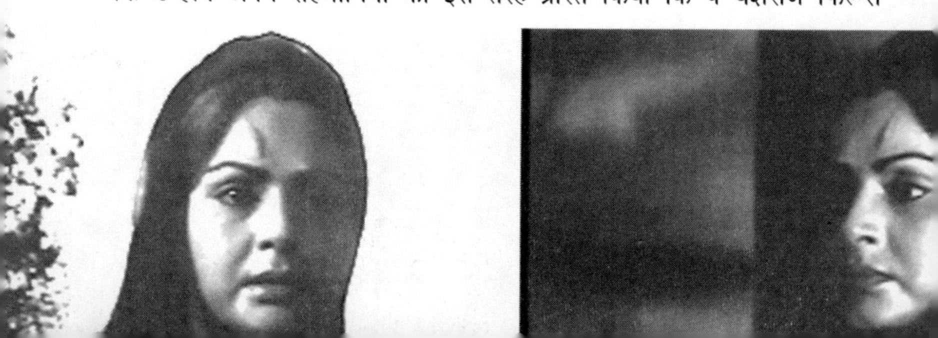

के अन्तर्गत अनेक सफल फिल्मों का निर्माण कर सके। उन्होंने अपनी फिल्मों के लिए ऐसे विषय चुने जिनका इक्कीसवीं शताब्दी के युवा वर्ग ने दिल खोलकर स्वागत किया। विशेष रूप से 'बंटी और बबली' आज के युवा की मानसिकता को पहचानने वाली बेहद महत्त्वपूर्ण फिल्म है। यहाँ इक्कीसवीं सदी का वह दिग्भ्रमित युवामन अपनी पूरी वास्तविकता के साथ मौजूद है जिसके लिए किसी भी कीमत पर प्राप्त की गई सफलता सबसे अधिक महत्त्वपूर्ण है। 'बंटी और बबली' एक लम्बे समय के बाद आई वह फिल्म है जिसके गीत कथा की आत्मा के अभिप्रेत को अभिव्यक्त करने में समर्थ हुए हैं। यूँ गुलजार ने अनेक फिल्मों के लिए श्रेष्ठ गीत लिखे हैं, पर इस तरह किसी फिल्म को व्याख्यायित करने वाले गीत उन्होंने पहली बार लिखे हैं। इस फिल्म का सर्वाधिक लोकप्रिय गीत भले 'कजरारे-कजरारे तेरे कारे कारे नैना...' साबित हुआ हो लेकिन सबसे महत्त्वपूर्ण गीत हैं–'धड़क-धड़क' तथा 'बंटी और बबली'। इन दोनों गीतों में फिल्म की कथा की आत्मिक गहराई को परत दर परत खोल दिया गया है।

यह आकस्मिक नहीं है कि आदित्य चोपड़ा, करण जौहर, सूरज बड़जात्या आदि युवा निर्देशक राजकपूर से बहुत गहराई से प्रभावित हैं। जिसे वे सिर्फ शब्दों के द्वारा ही स्वीकार नहीं करते अपितु अपनी फिल्मों की संरचना के द्वारा भी साबित करते हैं। सुभाष घई ने भी अपने अनेक साक्षात्कारों में राजकपूर को अपने आदर्श के रूप में स्वीकार किया है और राजकपूर के बाद फिल्म समीक्षकों ने राजकपूर को दिये गए विशेषण 'शोमैन' का उत्तराधिकारी भी उन्हीं को घोषित किया। पर उनकी फिल्मों की संरचना में राजकपूर के भव्यता प्रेम के अतिरिक्त उनकी दृष्टि कहीं नहीं दिखाई देती। 'कालीचरण' से 'खलनायक' तक घई की फिल्मों में रोमांच की अत्यधिक भूमिका रही है जो राजकपूर की फिल्मों में आदि से अन्त तक कहीं नहीं है। यहाँ तक कि डाकू समस्या पर आधारित फिल्म 'जिस देश में गंगा बहती है' तक में, उसके क्लाइमैक्स में भी वे एक गोली तक नहीं चलने देते और उसे भी एक निष्कलुष प्रेमकथा की तरह रचते हैं। राजकपूर का यह अनिर्वचनीय प्रेमिल व्यक्तित्व घई की फिल्मों में एक हद तक सिर्फ 'ताल' में उपस्थित हुआ है। घटनाओं की नाटकीयता और पात्रों के बाह्य संघर्ष सुभाष

घई की फिल्मों की कथा के विकास का कारक होते हैं। राजकपूर ठीक इसके विपरीत घटनाओं के संघर्ष को अपनी फिल्मों में पूरी तरह दूर रखते हैं। उनकी समूची लड़ाई अन्तर्जगत के भावोद्वेलन से संघटित होती है। इसलिए राजकपूर और घई के रचनात्मक व्यक्तित्व में कोई समानता नहीं है। वे सिर्फ राजकपूर के उत्तरार्ध की फिल्मों के भव्य चित्रांकन से सम्मोहित हैं। राजकपूर और गुरुदत्त अपनी फिल्मों के गीतों को कथावस्तु के साथ संस्लिष्ट कर जिस भव्य फलक पर उकेरते थे उससे मनमोहन देसाई, यश चोपड़ा और सुभाष घई ही नहीं उसके बाद की पीढ़ी भी प्रेरणा लेती है।

आज जब घई किसी संगीतमय प्रेमकथा के चित्रांकन के संरचना की मनस्संसार में डुबकियाँ लगा रहे हैं, तब उन्हें अपने व्यक्तित्व की प्रतिष्ठा के लिए किसी महानता की ओर टकटकी लगाने की जगह अपने ही भीतर उतरना होगा। वे सलमान खान के ऊपर भी आश्रित नहीं रह सकते। सलमान खान कुछ फिल्मों में जिस प्रकार समूची फिल्म का केन्द्रबिन्दु बने रहने के लिए प्रतिश्रुत रहे हैं उस दृष्टि से वे घई के लिए किसी भी तरह उपयोगी साबित नहीं हो सकते। कोई भी प्रेमकथा स्त्री के मनस्संसार के प्रज्ज्वलन को रूपायित किये बगैर अपने उद्दाम आवेग से दर्शकों को अभिभूत नहीं कर सकती। 'परदेस' की भी यही कहानी है। शाहरुख खान की जगह वहाँ भी महिमा चौधरी केन्द्र में है। यही बात शाहरुख और घई के बीच तालमेल बिगड़ने का भी कारण थी। 'संगम' में राजकपूर फिल्म के सिर्फ निर्देशक ही नहीं थे, नायक भी थे और उनके साथ राजेन्द्र कुमार भी मौजूद थे। वे राजेन्द्र कुमार, लोकप्रिय नायक के रूप में जिनकी पतंग दिलीप कुमार और राजकपूर से भी ऊँची उड़ रही थी, उनको मीडिया ने जुबली कुमार का खिताब सरफराज कर रखा था। 'आई मिलन की बेला', 'आरजू', 'दिल एक मन्दिर' वगैरह कितनी ही फिल्मों ने जनसामान्य के बीच उनकी फिल्मों की धूम मचा रखी थी। ऐसी स्थिति में भी राजकपूर और राजेन्द्र कुमार जैसे दो महामहिम व्यक्तित्व होने के बावजूद फिल्म का केन्द्रीय चरित्र फिल्म की नायिका राधा ही थी। यह अनायास नहीं है कि 'संगम' में राजकपूर को सर्वश्रेष्ठ निर्देशक के लिए पुरस्कृत किया गया था, अभिनय के लिए नहीं। यद्यपि वैजयंतीमाला को सर्वश्रेष्ठ अभिनेत्री का पुरस्कार प्राप्त हुआ। ऐसी ही स्थिति दिलीप कुमार की 'गंगा जमना' में भी थी। वहाँ भी वैजयंतीमाला ने सबसे बाजी मार ली थी। यदि सुभाष घई को अपनी आगामी फिल्म से अपने व्यक्तित्व के लिए शिखर संधान करना है तो उन्हें नायक से बढ़कर नायिका के व्यक्तित्व की स्थापना करनी होगी। इसे वे किस तरह और किस हद तक कर पाते हैं उनकी संगीतमय प्रेमकथा इसका बयान करेगी।

सुभाष घई ने नए सितारों का सृजन भी किया है लेकिन वे मूल रूप से अपनी फिल्मों में सितारों के व्यक्तित्व पर ही आश्रित रहे हैं। दिलीप कुमार के प्रति तो उनका गहरा आकर्षण रहा ही है, अपने समय के सर्वाधिक सफल सितारों को भी उन्होंने अपनी रचनात्मकता के लिए हमेशा उपयोगी माना है। आज से दो दशक पहले जिस तरह सितारे निर्देशक के हाथों की कठपुतली हो सकते थे, आज उसकी संभावनाएँ अत्यन्त क्षीण हो चुकी हैं। सलमान खान किसी भी कीमत पर खुद को सुभाष घई के हाथों सौंप देने के लिए तैयार नहीं हो सकते। उन्हें फिल्म से अधिक अपने व्यक्तित्व की स्थापना की चिन्ता होगी। उनके इसके लिए घई को बाजीगर के समान तनी हुई रस्सी पर सन्तुलन बनाकर चलने का करिश्मा दिखाना होगा। यह बाजीगरी ही अक्सर सारा खेल बिगाड़ देती है। सलमान खान के साथ किसी भी स्थापित नायिका या किसी नयी तारिका का तालमेल बना पाना ही घई की योग्यता प्रमाणित करेगा। इस बात की उम्मीद करना कि सलमान घई के हाथों का औजार बन जाएँगे, निरर्थक आशावादिता के अतिरिक्त और कुछ नहीं है। घई कुछ भी मानते हों और 'कालीचरण' भी चाहे जो कुछ कहती हो लेकिन शत्रुघ्न सिन्हा की इस दृष्टि को नहीं बदला जा सकता कि वे सुभाष घई के गॉडफादर हैं। आज जब शत्रुघ्न सिन्हा फिल्मों से लगभग दूर ही हो चुके हैं, इसके अतिरिक्त वे कुछ और स्वीकार ही नहीं कर सकते।

यह कोई नई बात नहीं ऐसा हमेशा से ही होता रहा है। फिल्मों में सफलता का नशा नायकों के सर चढ़कर बोलता रहा है। इसलिए बड़े से बड़े निर्देशकों को भी अभिनेताओं की अहंकारी वृत्ति के आगे सिर झुकाना पड़ा है या वे उनकी इस घातक वृत्ति से तबाह हुए हैं। आज सुभाष घई अपने जीवन के त्रेसठ वर्ष पूरे कर चुके हैं। वे अपने रचनात्मक जीवन के शिखर काल में हैं। यह तो वे आज से दस वर्ष पहले ही कहते थे कि जिस दिन उन्हें अपने फिल्म के कलाकारों के आगे घुटने टेकने पड़ेंगे उस दिन वे फिल्म बनाने की जगह फिल्म बनाने को ही अलविदा कह देंगे। लेकिन कहना और वास्तविक जीवन में उसको प्रत्यक्ष में प्रस्तुत करना दो अलग-अलग चीजें हैं। 'यादें' के बाद रितिक रोशन ने कहा था कि उसने घई सर की मान्यताओं के आगे कभी सिर नहीं उठाया। उसने पूरी तरह अपने निर्देशक की मान्यताओं का अनुसरण किया। गरज यह कि असफलता अभिनेता की नहीं, निर्देशक की थी। 'यादें' और 'किसना' का सच यही है कि वे निर्देशक की असफलताएँ हैं। यदि आज सलमान सुभाष घई के साथ काम करने के लिए प्रस्तुत हुए हैं तो इसका कारण यह कतई नहीं है कि सुभाष घई को महान निर्देशक समझकर उनके पास आए हैं। आज वे खुद शीर्ष के वर्चस्व की लड़ाई

में जूझ रहे हैं। उन्हें आदित्य चोपड़ा, करण जौहर और यहाँ तक कि संजय लीला भंसाली भी उपलब्ध नहीं हैं। डेविड धवन और अनीस बजमी जैसे तमाशेबाज निर्देशक तक उन्हें सोलो हीरो की तरह इस्तेमाल कर फिल्म बनाने के मूड में नहीं हैं। इन मल्टीस्टार फिल्मों में भी 'नो एंट्री' को छोड़कर बॉक्स ऑफिस पर कोई भी बड़ा कमाल नहीं कर सकी। 'नो एंट्री' अपनी व्यावसायिक सफलता के बावजूद एक फूहड़ फिल्म के अतिरिक्त और कुछ नहीं है। यह वैसी ही सफलता है जैसे एक मदारी डुगडुगी बजाकर हासिल किया करता है।

मलयालम के सफल फिल्मकार प्रियदर्शन ने पिछले एक दशक में हिन्दी फिल्मों में अपने लिए खास जगह बनाई है। विशेष रूप से पिछले दो-तीन वर्षों में अपनी हास्य फिल्मों के द्वारा टिकिट खिड़की पर अपनी पकड़ साबित की। ऐसा संभवतः हिन्दी फिल्मों में पहली बार ही हुआ कि एक ही निर्देशक की दो फिल्में एक साथ एक ही दिन सारे भारत में प्रदर्शित हुई हों। यह करिश्मा 2005 की दीपावली पर प्रियदर्शन ने ही किया जब उनकी अक्षय कुमार, जॉन अब्राहम अभिनीत 'गरम मसाला' और सलमान खान, करीना कपूर अभिनीत 'क्योंकि...' एक साथ सिनेमाघरों में प्रदर्शित हुईं। जहाँ 'गरम मसाला' कामयाब साबित हुई, वहीं 'क्योंकि...' ढेर हो गई। गरज यह कि सलमान के सितारे गर्दिश में हैं। उन्हें कोई मामूली सफलता नहीं चाहिए। अपने समकालीनों की प्रतिद्वंद्विता में खड़े रहने के लिए उन्हें एक बुलन्द कामयाबी की सख्त जरूरत है। ठीक यही स्थिति सुभाष घई की भी है। इसलिए घई और सलमान का यह सम्मिलन राम मिलाई जोड़ी की तरह है। सफलता प्राप्ति के लिए इस तालमेल को यह हकीकत पहचाननी होगी कि वे अपने-अपने व्यक्तिगत लाभ के लिए एक दूसरे का व्यक्तिगत इस्तेमाल नहीं कर सकते। खास तौर से सलमान खान। निर्देशक के हाथों में खुद को सौंपे बगैर किसी भी अभिनेता की निष्कृति नहीं है। वहीं निर्देशक के लिए भी यह बेहद जरूरी है कि वह अभिनेता की क्षमताओं का सिर्फ इस्तेमाल ही नहीं करे, अपितु उसके भीतर छिपी हुई आग को गहराई में पहचानकर नए क्षितिज प्रदान करने की चेष्टा करे। खासतौर से उस समय जब एक सार्थक रचना की तलाश उनके लिए जीवन-मरण का प्रश्न हो।

सुभाष घई खुद यह मानते हैं कि एक निर्देशक और अभिनेता की मैत्री सिर्फ सफलता के गणित पर आधारित होती है। यदि वे इस सफलता को हासिल न कर सकें तो फिर उनके बीच मित्रता भला किस चिड़िया का नाम है। वे यह भी मानते हैं कि एक निर्देशक और अभिनेता के बीच सम्बन्धों में लेन-देन का मामला ही सर्वोपरि है। इतना ही नहीं, इस लेन-देन में भी निर्देशक की ओर से देन अधिक

होगी और लेन कम। वे अपने ही इस दृष्टिकोण से अपनी पिछली दोनों फिल्मों 'यादें' और 'किसना' में मैत्री निर्वाह के सफल कारक प्रमाणित नहीं होते। यहाँ तक कि शत्रुघ्न सिन्हा को, जिन्हें वे अपने जीवन का अन्तिम पृष्ठ मानते हैं, उनके बारे में भी उनका यही विचार है कि जिस दिन वे उन्हें केन्द्र में रखकर किसी फिल्म का निर्माण करने की योजना बनाएँगे उसी दिन उनके बीच की खुन्नस मुहब्बत में बदल जाएगी—'आखिर इस इण्डस्ट्री में झगड़ा और प्यार क्या है? सम्बन्ध यहाँ जरूरतों के आधार पर बनते और बिगड़ते हैं, मुहब्बत के आधार पर नहीं।'

जब अपने सबसे प्रिय मित्र के साथ रिश्तों की बुनावट पर उनका यह दृष्टिकोण है, तब सलमान के साथ सम्बन्धों की क्या स्थिति हो सकती है इस बारे में कुछ न कहना ही ज्यादा बेहतर है। जरूरत के मुताबिक बने इस रिश्ते पर खरे उतरने की जवाबदारी जितनी सलमान खान के ऊपर होगी उससे कहीं बहुत-बहुत अधिक सुभाष घई पर।

फिल्म इंडस्ट्री में सम्बन्ध भले ही मुहब्बत की जगह जरूरतों के आधार पर बनते बिगड़ते हों लेकिन एक हरदिलअजीज फिल्म सिर्फ सम्पूर्ण समर्पण से ही बनती है जो अपनी रचनात्मकता से गहरी मुहब्बत के जरिए ही मुमकिन है। आज नहीं तो कल सुभाष घई को अपने व्यक्तित्व को प्रकाशित करना होगा कि उनकी रचनात्मकता किसी सितारे की मोहताज नहीं है। वे मिट्टी की मूरतों में भी फिर प्राण-प्रतिष्ठा कर सकते हैं। जमाना तो हर पीढ़ी के साथ बदलता है लेकिन मुहब्बत की कशिश वही होती है। मुहब्बत के दैहिक दलदल के बीच सृजन के विराट फलक का अनुसंधान आज बहुत बड़ी चुनौती है। इसमें आकंठ डूबी हुई नई पीढ़ी ही आज इससे उबरने की छटपटाहट में देखी जा सकती है। 'देवदास', 'जॉगर्स पार्क', 'परिणीता', 'पहेली', 'स्वदेस', 'बंटी और बबली' जैसी अनेक फिल्में इसका प्रत्यक्ष प्रमाण हैं। बस कहीं एक दुविधा है जो नहीं टूट रही है।

वह बाजार जो भारतीय समाज के सामने सिर्फ एक दशक से चुनौती बना है वह हिन्दी सिनेमा के लिए तो उसके जन्म से ही चुनौती रहा है। सिने निर्मिति जो कतई व्यापार नहीं है, हर हाल में बाजार से जूझने के लिए मजबूर है। बाजार से मुँह चुराकर यहाँ रहा ही नहीं जा सकता। यहाँ अन्तर्विरोध साधने वाला निर्देशक ही किसी कृति की रचना में समर्थ होता है। एकाधिक पीढ़ियों को लुभाने की सामर्थ्य रखने वाली कोई फिल्म दर्शकों की पसन्द के मुताबिक नहीं बनती। निर्देशक की अपनी ऊँचाइयों की पसन्द के मुताबिक बनती है। समूचा सिनेमा इसकी गवाही देगा। करोड़ों-करोड़ के ऐश्वर्य संस्थानों की नींव में भी निर्देशक की

यही कूवत होती है।

सुभाष घई का सिनेमा जीवन की बहुविध रंगीनियों का सिनेमा है। उनकी सम्पूर्णता की ख्वाहिश आत्मजगत की निर्विकल्प रंगीनियों का सिनेमा हो सकता है। है भी। न होता तो वे 'यादें' और 'किसना' क्यों बनाते, जिनमें वे बाजार की नजरों में भी नाकामयाब हुए। पर ये सफर के पड़ाव हैं। गिरते हैं शहसवार ही। ताल से हुई इस शुरुआत में किसी अद्वितीय मुकाम तक पहुँचने की अनन्य चाहत भरी उमंग पोशीदा है।

'परदेस' के प्रदर्शन के अवसर पर सुभाष घई ने यह भी कहा था कि मेरी जिन्दगी का सबसे बड़ा कॉम्प्लीमेंट किसी व्यक्ति द्वारा कहा गया यह वाक्य है कि वह एक दिन सुभाष घई बनना चाहता है। इस पर सुभाष घई का प्रत्युत्तर था कि अभी तो खुद मेरे लिए सुभाष घई बनना बकाया है। शायद हँसी-मजाक में या उक्ति-वैचित्र्य की तरह कहा गया यह वाक्य आज सुभाष घई के लिए सबसे बड़े मार्गदर्शक का काम कर सकता है। बेशक सुभाष घई ने कामयाबी का एक लम्बा सफर तय किया है जिसमें नाकामयाबियों के भी कुछ छोटे-मोटे पड़ाव हैं। पर वह शिखर संधान अभी बकाया है जो उनकी रचनात्मकता में लगातार स्थगित होता रहा है। वही अनुपमेय अपरिहार्य शिखर आरोहण सुभाष घई को सुभाष घई बनाने में समर्थ है।

सुभाष घई : रचना यात्रा

1976 - 2005

कालीचरण (1976)

बैनर पार्थिव फिल्म्स
निर्माता एन.एन. सिप्पी
निर्देशक सुभाष घई
संगीत कल्याणजी आनन्दजी
गीत राजकवि तुलसी, रवीन्द्र जैन
कथा बी.बी. भल्ला, सुभाष धई
पटकथा रामकेलकर
संवाद जैनेन्द्र जैन
कला निर्देशक एस.एस. समेल
सम्पादन वामन भोसले, गुरुदत्त शीराली
छायांकन के.के. महाजन
कलाकार शत्रुघ्न सिन्हा, रीनाराय, प्रेमनाथ, अजीत, अलका,मेंकमोहन, डैनी, मदनपुरी, कृष्ण धवन

विश्वनाथ (1978)

बैनर रामायण चित्र
निर्माता पवन कुमार
कथा, संवाद एवं निर्देशक सुभाष घई
संगीत राजेश रोशन
गीत विट्ठलभाई पटेल, एम.जी हशमत, राजकवि तुलसी, अनजान
पटकथा राम केलकर
कला निर्देशक एस.एस. समेल
सम्पादन वामन भोसले, गुरुदत्त शीराली
छायांकन कमलाकर राव
ध्वनि नरेन्द्र सिंह
नृत्य सुरेश भट्ट
कलाकार शत्रुघ्न सिन्हा, रीना राय, प्रेमनाथ, प्राण, परीक्षित साहनी, रीता भादुड़ी, सुलोचना, सुधीर, मुकरी, इफ्तखार, मदन पुरी

गौतम गोविन्दा (1979)

बैनर मुरगन इन्टरप्राइजेज़
निर्माता श्यामसुन्दर शिवदसानी
निर्देशक-लेखक सुभाष घई
संगीत लक्ष्मीकान्त प्यारेलाल
गीत आनन्द बख़्शी
कथा श्रीमती मुक्ता घई
संवाद एम.जी. हशमत
कला निर्देशक एन.आर. जोशी
सम्पादन कमलाकर
छायांकन प्रमोद मित्तल

कलाकार शशि कपूर, शत्रुघ्न सिन्हा, रीना राय, मौसमी चटर्जी, प्रेमनाथ, निरूपा राय, अरुणा ईरानी

कर्ज़ (1980)

बैनर मुक्ता फिल्म्स
निर्माता जगजीत खुराना, अख्तर फारुखी
निर्देशक सुभाष घई
संगीत लक्ष्मीकान्त प्यारेलाल
गीत आनन्द बख़्शी
पटकथा सचिन भौमिक
संवाद डॉ. राही मासूम रजा
कला निर्देशक सुधेन्दु राय
सम्पादन वामन भोसले, गुरुदत्त शीराली
छायांकन कमलाकर राव
कलाकार ऋषि कपूर, टीना मुनीम, सिमी गरेवाल, प्रेमनाथ, राजकिरण, अरुणा ईरानी

क्रोधी (1981)

निर्माता रंजीत विर्क
कथा, संवाद, निर्देशन सुभाष घई
संगीत कल्याणजी आनन्दजी
गीत राजकवि तुलसी, रवीन्द्र जैन
पटकथा नवेन्दु घोष
कला निर्देशक एस.एस. समेल
सम्पादन वामन भोसले, गुरुदत्त शीराली
छायांकन कमलाकर राव
कलाकार शशि कपूर, धर्मेन्द्र, जीनत अमान, मौसमी चटर्जी, प्रेमनाथ, सचिन, प्राण, अमरीश पुरी, भारत भूषण, रणजीत, हेमा मालिनी

विधाता (1982)

बैनर त्रिमूर्ति फिल्म्स
निर्माता गुलशन राय
निर्देशक सुभाष घई
संगीत कल्याणजी आनन्दजी
गीत आनन्द बख़्शी
कलाकार दिलीप कुमार, शम्मी कपूर, संजीव कुमार, संजय दत्त, अमरीश पुरी, पद्मिनी कोल्हापुरे, मदनपुरी, सुरेश ओबेराय, श्रीराम लागू, सुधीर, कृष्ण धवन

हीरो (1983)

बैनर मुक्ता आर्ट्स
निर्माता-निर्देशक सुभाष घई
संगीत लक्ष्मीकान्त प्यारेलाल
गीत आनन्द बख़्शी
कलाकार जैकी श्रॉफ, मीनाक्षी शेषाद्री, शम्मी कपूर, संजीव कुमार, बिन्दु, अमरीश पुरी, शक्ति कपूर

मेरी जंग (1985)

बैनर एन.एन. सिप्पी प्रोडक्शन
निर्माता एन.एन. सिप्पी
निर्देशक सुभाष घई
संगीत लक्ष्मीकान्त प्यारेलाल
गीत आनन्द बख़्शी

लेखक जावेद अख़्तर
कलाकार नूतन, अनिल कपूर, मीनाक्षी शेषाद्री, प्रेमनाथ, खुशबू, अमरीश पुरी

कर्मा (1986)

बैनर मुक्ता आर्ट्स
निर्माता-निर्देशक सुभाष घई
संगीत लक्ष्मीकान्त प्यारेलाल
गीत आनन्द बख़्शी
कलाकार दिलीप कुमार, नूतन, अनिल कपूर, जैकी श्रॉफ, नसीरुद्दीन शाह, श्रीदेवी, पूनम ढिल्लो, अनुपम खेर, मुकरी, दारा सिंह

राम लखन (1989)

बैनर सुनेहा आर्ट्स
निर्माता अशोक घई
लेखक-निर्देशक सुभाष घई
संगीत लक्ष्मीकान्त प्यारेलाल
गीत आनन्द बख़्शी
पटकथा राम केलकर
संवाद अनवर खान
कला निर्देशक समीर चन्द
सम्पादन वामन भोसले, गुरुदत्त शीराली
छायांकन अशोक मेहता
नृत्य सरोज खान
एक्शन रवि दीवान
ध्वनि अखिलेश
कलाकार अनिल कपूर, जैकी श्रॉफ, माधुरी दीक्षित, डिंपल कपाड़िया, राखी, अमरीश पुरी, अनुपम खेर, गुलशन ग्रोवर, दिलीप ताहिल, परेश रावल, सतीश कौशिक, सईद जाफरी, अन्नु कपूर, रजा मुराद

सौदागर (1991)

बैनर मुक्ता आर्ट्स
लेखक-निर्माता-निर्देशक सुभाष घई
संगीत लक्ष्मीकान्त प्यारेलाल
गीत आनन्द बख़्शी
पटकथा सचिन भौमिक
संवाद कमलेश पाण्डेय
नृत्य सरोज खान
सम्पादन वामन भोसले, गुरुदत्त शीराली
छायांकन अशोक मेहता
कलाकार दिलीप कुमार, राजकुमार, मनीषा कोइराला, जैकी श्रॉफ, विवेक मुश्रान, मुकेश खन्ना, दीप्ति नवल, दीना पाठक, गुलशन ग्रोवर, पल्लवी जोशी, शुभा खोटे, अमरीश पुरी, अनुपम खेर

खलनायक (1993)

बैनर मुक्ता आर्ट्स
लेखक-निर्माता-निर्देशक सुभाष घई
संगीत लक्ष्मीकान्त प्यारेलाल
गीत आनन्द बख़्शी
पटकथा राम केलकर
संवाद कमलेश पाण्डेय
कला निर्देशक विजनदास गुप्ता
सम्पादन वामन भोसले, गुरुदत्त शीराली
छायांकन अशोक मेहता

ध्वनि अखिलेश
एक्शन रवि दीवान
नृत्य सरोज खान
कलाकार संजय दत्त, जैकी श्रॉफ, माधुरी दीक्षित, राखी, ए.के. हंगल, प्रमोद माउथो, नीना गुप्ता, रमया कृष्णन, सुष्मिता मुखर्जी

त्रिमूर्ति (1995)

बैनर मुक्ता आर्ट्स
निर्माता सुभाष घई
निर्देशक मुकुल आनन्द
संगीत लक्ष्मीकान्त प्यारेलाल
गीत आनन्द बख़्शी
कलाकार शाहरुख खान, अनिल कपूर, जैकी श्रॉफ, मोहन अगाशे, प्रिया तेंदुलकर, अंजली जठार, गौतमी

परदेस (1997)

बैनर मुक्ता आर्ट्स
कथा-पटकथा-निर्माता-निर्देशक सुभाष घई
संगीत नदीम-श्रवण
गीत आनन्द बख़्शी
पटकथा सहयोगी नीरज पाठक
संवाद जावेद सिद्दीकी
कला निर्देशक आर. वर्मन
सम्पादन रेनू सलूजा
छायांकन कबीर लाल
ध्वनि राकेश रंजन
नृत्य सरोज खान, अहमद खान
एक्शन शाहिद अली
पार्श्व संगीत वनराज भाटिया
कलाकार शाहरुख खान, महिमा चौधरी, अपूर्व अग्निहोत्री, अमरीश पुरी, आलोक नाथ, दीना पाठक, हिमानी शिवपुरी, पवन मल्होत्रा, स्मिता जयकर

ताल (1999)

बैनर मुक्ता आर्ट्स
लेखक-निर्माता-संपादक-निर्देशक सुभाष घई
संगीत ए.आर. रहमान
गीत आनन्द बख़्शी
पटकथा सचिन भौमिक, सुभाष घई
संवाद जावेद सिद्दीकी, सुभाष घई
कला निर्देशक श्रमिष्ठा राय
ध्वनि अंकन राकेश रंजन
छायांकन कबीर लाल
नृत्य निर्देशक सरोज खान, अहमद खान, शाईमक डाबर
कलाकार अक्षय खन्ना, ऐश्वर्या राय, अनिल कपूर, अमरीश पुरी, आलोक नाथ

राहुल (2000)

बैनर मुक्ता आर्ट्स
निर्माता प्रकाश झा प्रोडक्शन
निर्देशक प्रकाश झा
संगीत अनु मलिक
गीत आनन्द बख़्शी
कलाकार नेहा, महेश ठाकुर, राजेश्वरी सचदेव, गुलशन ग्रोवर, मीना

कुलकर्णी, परीक्षित साहनी, ईशा कोप्पिकर, यश पाठक

यादें (2001)

बैनर मुक्ता आर्ट्स
निर्माता-निर्देशक सुभाष घई
संगीत ए.आर. रहमान
गीत आनन्द बख़्शी
कलाकार जैकी श्रॉफ, करीना कपूर, ऋतिक रोशन

बधाई हो बधाई (2002)

बैनर मुक्ता आर्ट्स
निर्माता सुभाष घई
निर्देशक सतीश कौशिक
कलाकार अनिल कपूर, शिल्पा शेट्टी

एक और एक ग्यारह (2003)

बैनर मुक्ता आर्ट्स
निर्माता सुभाष घई
निर्देशक डेविड धवन
कलाकार संजय दत्त, गोविन्दा

जॉगर्स पार्क (2003)

बैनर मुक्ता आर्ट्स
निर्माता मुक्ता आर्ट्स लिमिटेड
निर्देशक अनन्त बालानी
संगीत तबून सूत्रधार
गीत समीर, जमीर काज़मी, उषा उथुप, सुभाष घई
कॉन्सेप्ट एवं संवाद सुभाष घई
कला निर्देशक गायत्री मरवाह
सम्पादन श्रीनिवास पात्रो
छायांकन संजय नायर
ध्वनि अक्की हेमचन्द
नृत्य टोनी वर्मा
कलाकार अनिल चटर्जी, पेरिजाद जोराबियान, दिव्या दत्ता, आभा धूलिया, मल्लिका सेहरावत, खालिस सिद्दीकी, विवेक वासवानी, अनन्त महादेवन, फरहान खान

ऐतराज़ (2004)

बैनर मुक्ता आर्ट्स
निर्माता सुभाष घई
निर्देशक अब्बास मस्तान
कलाकार अक्षय कुमार, करीना कपूर, प्रियंका चोपड़ा

किसना (2005)

बैनर मुक्ता आर्ट्स
निर्माता-निर्देशक सुभाष घई
संगीत ए.आर. रहमान, इस्माइल दरबार
गीत आनन्द बख़्शी
कलाकार विवेक ओबेराय, ईशा श्रावणी, एंटोनियो बर्नाथ, ओमपुरी

इकबाल (2005)

निर्माता मुक्ता सर्चलाइट, सुभाष घई
निर्देशक नागेश कुकनूर
कलाकार नसीरूद्दीन शाह, गिरीश कर्नाड, श्रेयस तलपड़े

●●●